Detlef W. Promp · Sozialisation und Ontogenese

Sozialisation und Ontogenese

– ein biosoziologischer Ansatz

Dipl.-Päd. Dr. Detlef W. Promp

Mit 15 Abbildungen

Verlag Paul Parey · Berlin und Hamburg

Anschrift des Verfassers:
Dipl.-Päd. Dr. Detlef W. Promp
Pestruper Str. 93a
D-2878 Wildeshausen

CIP-Titelaufnahme der Deutschen Bibliothek

Promp, Detlef W.:
Sozialisation und Ontogenese: ein bio-soziologischer Ansatz /Detlef W. Promp. – Berlin; Hamburg: Parey, 1990
(Biologie und Evolution interdisziplinär)
ISBN 3-489-64334-8

Einband: Sigrid Samieske, Dipl.-Grafik Designerin, D-1000 Berlin 41, nach einer Vorlage des Autors

 Anschriften: Lindenstr. 44–47, D-1000 Berlin 61; Spitalerstr. 12, D-2000 Hamburg 1

ISBN 3-489-64334-8 . Printed in Germany

Satz: PLS-PareyLaserSatz,
D-1000 Berlin 61
Schrift: Korpus Times Roman (Satzsystem apple IIe/Macintosh)
Druck: WB-Druck, Buchproduktion
D-8959 Rieden
Bindung: Buchbinderei Bruno Helm,
D-1000 Berlin 30

»*The discussion of socialization* had for many years, and to some extent still has, a polemical import. It *has been another way of downgrading biological factors* and emphasizing the dependence of man on social learning.«

G. Jaeger and Ph. Selznick
(A Normative Theory of Culture, ASR 29/5, S. 656)

Vorwort

Biologie und Sozialwissenschaften scheinen sich seit einiger Zeit aufeinander zu zu bewegen. Das vorliegende Buch soll auch einen Beitrag dazu leisten. Es stellt den Versuch dar, ein Sozialisationskonzept – zumindest ansatzweise – auf verhaltensbiologischer Basis zu entwickeln. Zwar befassen sich beide, Sozialisationsforschung und Verhaltensbiologie, mit dem Menschen, aber die Gemeinsamkeiten sind aus verschiedenen Gründen doch noch recht gering. Die Vermittlung zweier so unterschiedlicher Disziplinen geht deshalb nicht ohne Reibungen ab, Kritik muß geübt werden, und es wird auch Kritik erwartet. Weit davon entfernt, meinen Vermittlungsversuch für vollständig geglückt zu halten, denke ich aber, er könnte eine gute Grundlage für weitere fachübergreifende Diskussionen abgeben.
Während seiner Erarbeitung habe ich von vielen Seiten gute und nützliche Hinweise erhalten. Dankbar bin ich besonders Herrn Prof. Dr. Robert Hepp, Universität Osnabrück, Herrn Prof. Dr. Heiner Flohr, Universität Düsseldorf, und Herrn Prof. Dr. Paul Leyhausen, Max-Planck-Institut für Verhaltensphysiologie, für ihre wohlwollende und stets hilfreiche Kritik, ebenso Herrn Prof. Dr. Max Liedtke und Herrn Ak. Rat. Dr. Johann Günther Muhri (†), beide Universität Erlangen-Nürnberg, die mir in einem frühen Stadium der Arbeit wertvolle Anregungen gaben. Weiterhin danke ich Herrn Hanno Siebörger, der die Zeichnungen angefertigt hat, und dem Verlagshaus Paul Parey, das sich in jeder Hinsicht verständnisvoll und entgegenkommend zeigte. Schließlich möchte ich mich noch bei meiner Frau und unseren vier Kindern bedanken, die durch ihre Geduld am Zustandekommen dieser Arbeit wesentlichen Anteil haben.

Wildeshausen, im Frühjahr 1989 — Detlef W. Promp

Inhalt

1 Entwicklung der Fragestellung

Die Absicht, den vielen Arbeiten über das Sozialisationsphänomen eine weitere hinzuzufügen, bedarf wohl einer Rechtfertigung. Mit allen Sozialisationstheorien und -konzepten sind irgendwelche Vorstellungen vom Menschen verbunden. In der deutschen Sozialisationsforschung ist es üblich, sich hinsichtlich anthropologischer Fragen auf die Biologie zu berufen. Wir werden zeigen – und damit rechtfertigen wir unsere Arbeit –, daß das, was als »biologische Orientierung« ausgegeben wird, jedoch keineswegs dem derzeitigen Erkenntnisstand der biologischen Anthropologie entspricht. Die Frage, welche Konsequenzen sich für die Sozialisationsforschung ergäben, wenn ihre anthropologischen Grundlagen modernisiert würden, stellt sich dann von selbst.

1.1 Die Ausgangslage

1.1.1 Pädagogische Soziologie: Der Mensch als »animal socialisandum«

Mit dem Sozialisationsphänomen sind legitimerweise wenigstens zwei wissenschaftliche Disziplinen befaßt: Soziologie und Erziehungswissenschaft. Soweit diese Disziplinen gemeinsam oder auch jede für sich Sozialisationsforschung betreiben, werden wir sie als »pädagogische Soziologie« bezeichnen (1).

Die Verwendung des Sozialisationsbegriffs ist in der pädagogischen Soziologie nicht einheitlich. Es lassen sich aber mit Hurrelmann drei Verwendungsbereiche feststellen (2):
1. Sozialisation bezeichnet alle gesellschaftlichen Aktivitäten und Vorkehrungen, die direkt oder indirekt auf die Ausbildung der Persönlichkeitsstrukturen der Gesellschaftsmitglieder Einfluß nehmen (Erziehung im weitesten Sinne).
2. Sozialisation bezeichnet die Persönlichkeitsentwicklung selbst, soweit diese durch Umwelteinflüsse bestimmt wird (in Konkurrenz zum psychologischen Entwicklungsbegriff).
3. Sozialisation bezeichnet den Prozeß der Vermittlung von gesellschaftlichen Normen und Handlungsmustern, in dessen Verlauf das Gesellschaftsmitglied erst zu einem potentiell handlungsfähigen menschlichen Subjekt wird (Vergesellschaftung der menschlichen Natur).

Wegen der Ausdehnung des Begriffs und der damit gegebenen Unschärfe haben andere Autoren versucht, ihn auf einen einzigen Verwendungsbereich zu beschränken und andere Verwendungsbereiche mit besonderen Begriffen zu kennzeichnen (3). Da das in durchaus unterschiedlicher Weise geschah, trugen die Bemühungen trotz der guten Absicht nicht eben zu einer Klärung der Begriffe bei.

Auch hinsichtlich der theoretischen Konzepte, mit denen der Sozialisationsbegriff verbunden ist, herrscht verwirrende Vielfalt. Ulich sieht sich aus diesem Grunde zu der Bemerkung veranlaßt, es sei inzwischen »nicht mehr klar, welche Sachverhalte, Themen und Theorien eigentlich *nicht* zum Gegenstandsbereich der Sozialisationstheorie gehören«, und er klagt, Theorien unterschiedlichster Provenienz würden rücksichtslos vereinnahmt (4).

Bei der Durchsicht von Einführungen in die Sozialisationsforschung oder von Übersichtswerken fällt tatsächlich sofort die breite Streuung der Theorien auf, bei denen An-

leihen gemacht werden. Nur zwei Beispiele:
Nach Kamper (1974) tragen folgende Disziplinen bzw. Theorien zum Sozialisationskonzept bei, oder besser gesagt: sie konstituieren *verschiedene* Sozialisationskonzepte. Es werden genannt:
- Humanbiologie und Verhaltensforschung,
- Entwicklungspsychologie,
- Lerntheorie,
- Psychoanalyse,
- Symbolischer Interaktionismus,
- Rollentheorie.

Mühlbauer (1980) führt folgende »allgemeinen Modelle zum Sozialisationsprozeß« auf:
- Psychoanalyse,
- Eriksons psychosozialer Ansatz der Persönlichkeitsentwicklung,
- strukturell-funktionale Systemtheorie,
- Versuch der begrifflichen Differenzierung Wurzbachers,
- Symbolischer Interaktionismus,
- Sozialisation als Lernen von Strategien,
- kritische Theorie,
- materialistische Sozialisationstheorie.

Angesichts der theoretischen Überfrachtung des Begriffs und der Uneinheitlichkeit seines Gebrauchs müssen wir uns entscheiden, ob wir den Sozialisationsbegriff jetzt schon festlegen wollen, oder ob wir mit Hurrelmann (zunächst) von einer exakten Definition absehen und den Begriff nur als »kategorialen Sammelbegriff« gelten lassen, als einen »weitgefaßten Begriff für den Prozeß der Vergesellschaftung der menschlichen Natur« (5), der nach Mühlbauer »Vergesellschaftung und Individuierung gleichermaßen umfaßt« (6). Für die im folgenden darzustellenden Zusammenhänge scheint es sinnvoller zu sein, den letztgenannten Weg zu wählen. Zwei wichtige Gründe sprechen dafür:
1. werden wir pädagogisch-soziologische Arbeiten referieren, die den Sozialisationsbegriff ähnlich weit fassen,
2. werden bestimmte Aspekte des Gesamtzusammenhanges von Entwicklung, Erziehung und »Vergesellschaftung« Gegenstand der vorliegenden Arbeit sein.

Im Verlaufe unserer Untersuchung wird sich aber zeigen, daß der Sozialisationsbegriff möglicherweise doch noch präzisiert werden muß. Bis das der Fall ist, reicht jedoch die weite Definition völlig aus; eine engere Definition wäre dem Verständnis sogar eher abträglich.

Nach Griese (1976) liegen allen Sozialisationskonzepten und -theorien anthropologische Prämissen zugrunde. Sie entstammen – zumindest in Deutschland – im wesentlichen einer Grundlagenwissenschaft, die als »biologisch-philosophische Anthropologie« bezeichnet werden könnte (7). Als ihren Gegenstand nennt Griese den »Mensch-Tier-Vergleich«. Dieser habe zum Ziel, »Wesensunterschiede von Mensch und Tier« zu entdecken (8). Nachdem Griese »Mensch« und »Tier« zunächst strikt getrennt hat (9), sieht er sich später doch veranlaßt, diese Gegenüberstellung wieder aufzugeben und den Menschen stillschweigend in das Tierreich zurückzustellen. Dort wird ihm nun aber eine Sonderstellung zugewiesen, die aus Befunden der »biologisch-philosophischen Anthropologie« abgeleitet ist. Griese charakterisiert sie wie folgt:

»Der Mensch ist das einzige Wesen im Tierreich, das sozialisiert werden muß ... Das Angewiesensein auf Sozialisation ist eine Eigenart des Menschen. In dieser Hinsicht ist er einzig im Reich der Natur.« (10)

Der Mensch kommt nach Griese nicht als eigentlich menschliches Wesen zur Welt. Der blanke Organismus, der geboren wird, muß erst zum Menschen werden (11). Für Griese ist deshalb die »Vergesellschaftung der menschlichen Natur« gleichbedeutend mit der

»Menschwerdung des Menschen« (12): Der bloße menschliche Organismus wird erst durch Sozialisation zum handlungsfähigen »Vollmenschen«.

Mit diesem Fazit aus der »biologisch-philosophischen Anthropologie« bewegt Griese sich vollständig im Rahmen üblicher Orientierungen innerhalb der pädagogischen Soziologie (13). Das unbestreitbare Angewiesensein auf Erziehung – oder im weiteren Sinne: Sozialisation – wird meist als vollkommene Plastizität des Verhaltens gedeutet.

Habermas hat einmal mit Blick auf die Anthropologie Gehlens davor gewarnt, »geschichtlich Gewordenes schlechthin als 'Natur' auszugeben und als Norm zu suggerieren« (14). In der sinngemäßen Umkehrung dieses Satzes könnte man fragen, ob nicht in der pädagogischen Soziologie das »geschichtliche *Werden*« als die wahre und eigentliche »menschliche Natur« ausgegeben werden soll. Dieser Verdacht läßt sich noch erhärten. Mit Kob kann die These von der natürlichen Strukturlosigkeit menschlichen Verhaltens dahingehend zusammengefaßt werden, »daß das menschliche Individuum von sich aus ohnmächtig und lebensunfähig sei, daß es erst in und durch seine jeweilige Gesellschaft zur handlungsfähigen Person würde, daß damit aber auch die eigentlich wesentlichen Bestandteile seiner psychischen und geistigen Strukturen nicht aus ihm selbst stammten, sondern Produkte sozialer Zwänge seien« (15). »Diese – von Nietzsches Formel vom Menschen als 'nichtfestgelegtem Wesen' (sic!) abgeleiteten Grundthesen«, so erläutert Kob in einer Anmerkung, »sind zweifellos *fast axiomatische Grundsätze* nicht nur jeder Sozialisationstheorie, sondern jeglicher Soziologie« (16). Damit schrumpft die anthropologische Grundlegung der pädagogischen Soziologie zum »biologisch-philosophischen« Nachweis einer schon vorher gewußten Formbarkeit des menschlichen Verhaltens zusammen. Wenn das »menschliche Wesen in seiner Wirklichkeit« das »Ensemble der gesellschaftlichen Verhältnisse« sein soll (17), dann *muß* der Mensch als unbeschriebenes Blatt zur Welt kommen. Bestenfalls kann man ihm einige vitale Bedürfnisse zugestehen. Ein entsprechender »biologischer« Befund wird von der Anthropologie verlangt – und mittels der philosophischen Methode des »sinnverstehenden Deutens« biologischer Erkenntnisse auch erbracht (18). Das Angewiesensein auf Sozialisation als »Menschwerdung des Menschen« kann, so scheint es, nur auf der Basis dieses »biologisch-philosophischen« Befundes problemlos zum »Wesensmerkmal« des Menschen erklärt werden (19).

Wenn es aber stimmt, daß

1. die hier grob skizzierte Auffassung vom Menschen als einer tabula rasa aus »biologischen Fakten« philosophisch abgeleitet wird, und
2. diese Auffassung vom Menschen eine wesentliche Grundlage der Sozialisationsforschung ist,

dann läßt sich daraus die Frage ableiten, ob ein neues Sozialisationskonzept notwendig wird, falls es sich zeigen läßt, daß in zahlreichen Fällen die angeblichen »Fakten« längst abgelegte oder inzwischen modifizierte biologische Hypothesen sind oder daß sie in einigen Fällen nicht einmal der Biologie entstammen, sondern philosophische Lehrmeinungen darstellen. Um den Sachverhalt zu überprüfen, müßten die »biologisch-philosophische Anthropologie« und ihre Rezeption durch die pädagogische Soziologie daraufhin untersucht werden, ob die angeführten »biologischen Fakten« wirklich Fakten sind oder, wenn nicht, ob die damit gemeinten Konstrukte dem heutigen Stand der biologischen Theoriebildung und Modellkonstruktion entsprechen. Das soll nun anhand eines Beispiels geschehen.

1.1.2 Anthropologische Konstanten in der pädagogischen Soziologie

Mit Griese hatten wir festgestellt, daß alle Sozialisationskonzepte und -theorien auf anthropologischen Prämissen beruhen, und wir konnten zeigen, daß letztere die Sozialisationsbedürftigkeit des Menschen belegen sollen. Oft wird die Sozialisationsbedürftigkeit des Menschen aber auch einfach stillschweigend vorausgesetzt, und die anthropologischen Prämissen werden dann natürlich nicht im einzelnen dargelegt. Andererseits gibt es eine ganze Reihe pädagogisch-soziologischer Arbeiten, die ihre anthropologischen Voraussetzungen genau explizieren. Genannt seien hier nur Stieglitz (1970), Roth (1971), Gottschalch u. a. (1971), Israel (1977) und Henecka (1980). Wir wählen als Beispiel für die Untersuchung der »biologischen Fakten« die »Pädagogische Soziologie – begründet von Carl Weiß« in der Neufassung von Eggers und Steinbacher (1979), weil sie eine sehr ausführliche und klar gegliederte »anthropologische Grundlegung« enthält. Außerdem ist diese Arbeit relativ jung, so daß davon ausgegangen werden kann, daß sie dem neuesten Stand pädagogisch-soziologischer Theoriebildung entspricht.

Nach Eggers und Steinbacher knüpft die philosophische Anthropologie nicht erst an Nietzsches »Formel« an, sondern sie finden »immer wieder Bezüge zu dem Philosophen J. G. Herder, welcher den Menschen als den ersten Freigelassenen der Natur definiert« (20). Die philosophische Anthropologie nahm aber erst in den 20er Jahren unseres Jahrhunderts konkrete Formen an. Schelers programmatische Schrift »Die Stellung des Menschen im Kosmos« (1928) gab einen wesentlichen Anstoß zu ihrer Entwicklung (21). Von vornherein wurde der Anschluß an die Biologie gesucht, zumal sowohl Plessner als auch Portmann, zwei ihrer führenden Vertreter, ursprünglich Zoologen waren. Insbesondere hat jedoch Gehlen, obwohl selbst kein Fachbiologe, kenntnisreich das biologische Wissen seiner Zeit aufgegriffen. Seine anthropologischen Schlüsse wurden nicht nur biologisch untermauert, sie wirkten sogar ihrerseits auf die Biologie zurück (22).

Es ist nur zu verständlich, daß die damals unbestreitbar vorhandene Konvergenz philosophischer und biologischer Anschauungen vom Menschen zum Aufkeimen einer »basalen« oder »integralen« Anthropologie führte, die sowohl philosophisch war als auch den Ansprüchen der Biologie genügte. Mit ihr war die Hoffnung verbunden, sie möchte zur Entwicklung eines einheitlichen und wissenschaftlich gültigen Menschenbildes führen (23). Dieses in Ansätzen zwar verwirklichte, dennoch aber wegen divergierender Standpunkte nicht zu vereinheitlichende »Menschenbild«, das die seit Dilthey getrennten Bereiche von Natur- und Geisteswissenschaften wieder versöhnen sollte, ist in dieser oder jener Ausformung noch heute die Grundlage aller wissenschaftlichen Disziplinen, die aus den Geisteswissenschaften hervorgegangen sind, selbst wenn sie sich inzwischen als empirische Handlungs- oder Gesellschaftswissenschaften begreifen.

Die Mitbegründung der philosophischen Anthropologie durch Zoologen darf nicht darüber hinwegtäuschen, daß es sich, wie Habermas sagt, um eine »reaktive philosophische Disziplin« handelt, die der Verteilung der Menschenforschung auf verschiedene Wissenschaften entgegenwirken sollte (24). Nun ist der Versuch, die wissenschaftlichen Erkenntnisse einer Zeit zusammenzufassen, sicher berechtigt, und die philosophische Anthropologie stellte einen solchen Versuch dar. Es sollte sich aber niemand der Tatsache verschließen, daß die naturwissenschaftliche Erforschung des Menschen seither Fortschritte gemacht hat, die in der philosophischen Anthropologie noch kaum berücksichtigt wurden. Nicht von ungefähr haben sich die Naturwissenschaften inzwischen mit einer eigenen biologischen Anthropologie von der philosophischen abgesetzt (25)! Beide als »biologisch-philosophische Anthropologie« nun wieder durcheinanderzubringen, kann daher nicht korrekt sein.

Dem ersten Anschein nach wird dieser Sachverhalt von Eggers und Steinbacher berücksichtigt. Sie verwerfen die an Herder orientierte philosophische Anthropologie, die sie mit Namen wie T. de Chardin, Plessner, Scheler, Bollnow und Derbolav in Verbindung bringen, ebenso wie die marxistische Anthropologie, und wollen sich lieber an die objektive Naturwissenschaft halten: »Auf gesicherterem Boden steht hingegen die biologisch orientierte Anthropologie.« (26) Es zeigt sich aber dann sehr schnell, daß Eggers und Steinbacher keineswegs an die außerhalb der philosophischen Anthropologie fortentwickelte biologische Anthropologie anschließen, sondern *innerhalb* der zwar biologisch angereicherten, aber trotzdem philosophischen Anthropologie differenzieren, indem sie die (auch an Herder orientierte) Argumentation Gehlens und Portmanns für »biologischer« halten als die der von ihnen abgelehnten Philosophen und Pädagogen.

Zur Illustration dieses Sachverhalts und beispielhaft für die »fast axiomatischen Grundsätze« der pädagogischen Soziologie werden nachfolgend ihre zehn »anthropologischen Kriterien« – auch »anthropologische Konstanten« genannt – vorgestellt, »welche sowohl für das menschliche Sozialleben im engeren Sinne als auch für den Erziehungszusammenhang von großer Bedeutung« sein sollen (27). Diese Kriterien vermitteln nicht nur ein gutes Bild des philosophisch-anthropologischen Theorie-Gerüsts. Durch den Hinweis auf abweichende neuere Erkenntnisse der Biologie kann daran auch verdeutlicht werden, wie sehr sich die naturwissenschaftliche Anthropologie tatsächlich von der philosophischen fortentwickelt hat, die praktisch den biologischen Erkenntnisstand der 40er Jahre konserviert – und kurioserweise nicht selten gegen den heutigen ins Feld zu führen versucht.

Die einzelnen Kriterien werden nun verkürzt wiedergegeben und mit kritischen Anmerkungen versehen.

❑ Erstes anthropologisches Kriterium:
»Im Vergleich zu den außermenschlichen Lebensbereichen (Tierspezies) läßt die Natur des Menschen eine unvergleichliche *Offenheit* und *Unfestgelegtheit* erkennen. Die Spezies Homo vermag durch die verschiedenartigsten Sozialisationsvorgänge in die verschiedenartigsten Systeme eingeführt zu werden.« Deshalb muß dem Menschen »ohne Überheblichkeit eine Sonderstellung in der Natur eingeräumt werden«. (28)

Schon dieses erste Kriterium knüpft direkt an Herder und Nietzsche an. Zudem wird das Angewiesensein auf Sozialisation – bei Griese erst Fazit – von vornherein zur Kennzeichnung einer Sonderstellung des Menschen im Tierreich herangezogen. Dabei ist ein Versuch zur *biologischen* Begründung hier nicht erkennbar, es sei denn, man erachtet den Hinweis auf die sehr zweifelhaften Berichte über sogenannte »Wolfskinder«, den Eggers und Steinbacher in diesem Zusammenhang geben, als einen solchen (29). Eventuell verbirgt er sich aber auch in der trotz Rückversicherung bei Portmann biologisch schwer zu deutenden Aussage, möglicherweise sei »die anthropologische Konstante der Offenheit überhaupt nur ... durch die Evolution dieser Spezies im Medium der Kultur« zu erklären (30). Das kann hier nicht entschieden werden. Es bleibt lediglich festzustellen, daß die Begriffe »Offenheit« und »Unfestgelegtheit« eindeutig der *philosophischen* Anthropologie entstammen, und daß es offenbar gleichgültig ist, ob das Sozialisationsphänomen durch die Sonderstellung des Menschen in der Natur begründet wird oder ob es seinerseits jene begründet.

❑ Zweites anthropologisches Kriterium:
»Der Mensch besitzt im Verhältnis zu allen übrigen biologischen Arten eine nur schwer vergleichbare *Unspezialisiertheit* und *Weltoffenheit* ... Es gibt keine eindeutige, dem Menschen vorgezeichnete Daseinsweise. Wo immer er auftritt, entwickelt er eine Welt seiner Kultur, welche der Natur oft diametral entgegengesetzt ist. Es existiert keine Gesellschaftsordnung, die dem Menschen vorgegeben ist. Das Wesen menschlicher Gesellschaftsordnung besteht darin, daß sie in ihren entscheidenden Dimensionen vom Menschen gefunden werden muß. Und es gibt auch kein vorgegebenes Erziehungsschema, weil jeder realistische Erziehungsvorgang einen Sozialisationsprozeß darstellt und die Bedingungen der Sozialisation geschichtlich variieren.« (31)

Die hier herausgehobenen Begriffe »Unspezialisiertheit« und »Weltoffenheit« sind praktisch deckungsgleich mit den vorigen und wie diese *philosophischen* Ursprungs. »Weltoffenheit« geht auf Scheler zurück, es ist *der* Grundbegriff der philosophischen Anthropologie. »Unspezialisiertheit« ist zwar prinzipiell ein biologischer Begriff, wird aber von Gehlen mit dem Herderschen »Mängelwesen« in Zusammenhang gebracht und hat seitdem ebenfalls einen festen Platz in der philosophischen Anthropologie als ein nachträgliches biologisches Argument für die schon vorher gewußte »Weltoffenheit«. Daß die relative Unspezialisiertheit tatsächlich ein bedeutsames biologisches Merkmal des Menschen ist, ist freilich nicht zu bestreiten. Ein geringer Grad an Spezialisierung besagt aber für sich noch nicht mehr als das Fehlen spezifischer Anpassungen an besondere Umweltbedingungen. Wenig spezialisierte Kosmopoliten sind z. B. die Wanderratte und der Kolkrabe (32). In wesentlich höherem Maße als bei diesen gehen beim Menschen mit der Unspezialisiertheit angeborene Möglichkeiten zu individuellem Erfahrungserwerb einher. Dazu kommt noch die Fähigkeit, in die Umwelt handelnd einzugreifen und sie den eigenen Bedürfnissen, die auch ein wenig spezialisierter Organismus durchaus hat, besser anzupassen. Diese Eigenschaften des Menschen haben dazu verleitet, ihm eine undifferenzierte »Weltoffenheit« zuzuschreiben, in deren Namen dann eine unbegrenzte Plastizität des Verhaltens oder eine »unendliche« Lern- und Erziehungsfähigkeit behauptet werden kann (33). In der Biologie dagegen zieht man es vor, das menschliche Verhaltenssystem zu analysieren, um herauszufinden, in welchen Bereichen welche Anpassungen stattgefunden haben und wie Lernen und Kulturschaffen aus diesem Verhaltenssystem heraus zu verstehen sind. Diese Bemühungen haben inzwischen zu einem äußerst komplizierten Modell menschlicher Verhaltenssteuerung geführt, das mit dem Begriff »Weltoffenheit« kaum adäquat umschrieben werden kann.

❑ Drittes anthropologisches Kriterium:
Hier wird das Phänomen der *»Fötalisation«* angesprochen, ein im Verlauf der stammesgeschichtlichen Entwicklung des Menschen feststellbares Persistieren fötaler Merkmale. Dieses von Bolk 1926 beschriebene Phänomen hat besondere Beachtung in Gehlens Anthropologie gefunden, wird aber auch von Lorenz erwähnt (34). Im Nachvollzug seiner Ausführungen schreiben Eggers und Steinbacher: »Jedenfalls steht das Phänomen menschlichen Neugierverhaltens (Neotenie) in einem direkten Zusammenhang zum Phänomen der Fötalisation. Bei jeder Tierspezies erlischt das Neugierverhalten nach Abschluß der Jugendphase. Nur der Mensch besitzt Aufgeschlossenheit gegenüber Innovationen, außergewöhnliche Lernfähigkeit sowie Lernbereitschaft ein Leben lang.« (35)

Zunächst: Neugierverhalten ist keineswegs identisch mit »Neotenie«. Dieser Begriff geht auf Kollmann (1885) zurück und bedeutet lediglich die Beibehaltung larvaler Merkmale über die Geschlechtsreife hinaus. Er ist also etwa deckungsgleich mit dem Begriff der Fötalisation (36).

Nun zum dritten Kriterium selbst. Zutreffend ist, daß lebenslanges Neugierverhalten in der Biologie als ein neotenes Merkmal angesehen wird, weil viele Tierarten es nur während der Kindheit zeigen, während es z. B. bei Haustieren, die domestikationsbedingt pädomorphe (Pädomorphose ebenfalls = Fötalisation) Züge aufweisen, auch oft lebenslang anhält (37). Neben anderen neotenen Merkmalen besitzt der Mensch sicherlich auch dieses – vielleicht aufgrund der von Lorenz behaupteten Selbstdomestikation. Nur sollten aus der Fötalisation als solcher besser keine allzu weitreichenden Schlüsse hinsichtlich des Ausmaßes der Lernfähigkeit gezogen werden. Diejenige Menschenrasse nämlich, bei der die Fötalisation am weitesten fortgeschritten ist, scheint nicht auch zugleich die lernfähigste zu sein, wenn man dem bekannten Rassenforscher Baker glauben darf:

»Obgleich die Menschheit insgesamt pädomorph ist, haben jene ethnischen Taxa, die wie die Saniden (Buschleute, D. P.) ausgeprägte pädomorphe Züge an sich tragen, nie aus eigenem Antrieb eine Zivilisation oder etwas ähnliches zustande gebracht, woraus man wohl den Schluß ziehen darf, daß eine über ein gewisses Maß hinausgehende Pädomorphose dem rein intellektuellen Fortschritt abträglich ist.« (38)

Unabhängig vom Phänomen der Fötalisation wird auf Neugier und Lernen unter biologischem Aspekt noch ausführlich zurückzukommen sein. Das gilt auch für eine ganz besondere Form des Lernens, auf die Eggers und Steinbacher im Zusammenhang mit ihrer dritten »anthropologischen Konstante« eingehen: die »Prägung«. Dieser Begriff hat eine genau festgelegte Bedeutung in der Verhaltensbiologie. Es ist, und das muß hier schon gesagt werden, falsch und irreführend, wenn *unter Hinweis auf die (einmalige und irreversible) Folgeprägung bei Graugänsen* behauptet wird: »Große Teile des menschlichen Gehirns sind dagegen permanent prägungsfähig.« (39) Hier wird ein wohldefinierter Begriff in Zusammenhänge gebracht, in die er einfach nicht hineingehört!

Erstens sind Einmaligkeit und Irreversibilität wesentliche Bestandteile der Definition des ethologischen Prägungsbegriffs. Wenn mit diesem Begriff gearbeitet wird, dann ist »permanente Prägungsfähigkeit« ein Widerspruch in sich.

Zweitens hat das Nichtvorhandensein von Prägungserscheinungen im Sinne der Definition beim Menschen – über sogenannte prägungsähnliche Lernprozesse wird noch zu sprechen sein – absolut nichts mit der Fötalisation zu tun. Wäre das (bei Graugänsen und einigen anderen Tierarten anzutreffende) Phänomen der Prägung auch ein Merkmal der Gattung Homo, dann würde Fötalisation ja gerade bedeuten, daß auch der erwachsene Mensch noch *einmalig* und *irreversibel* prägbar wäre!

Drittens meinen Eggers und Steinbacher mit »permanenter Prägungsfähigkeit« die altersmäßig unbegrenzte »Disposition zur Verhaltensänderung, also die Lernfähigkeit« (40), was der besonderen Bedeutung des Prägungsbegriffs in keiner Weise gerecht wird.

Viertens ließe sich der rein quantitativen Aussage, »große Teile des menschlichen Gehirns« könnten permanent lernen, die sachlich ebenso richtige These gegenüberstellen, große Teile des menschlichen Gehirns seien absolut unfähig zu lernen. Es kommt in diesem Zusammenhang doch wohl eher auf die Qualität des Lernens und des zu Lernenden an sowie insbesondere auf die Wechselwirkungen des Lernens und des Gelernten mit den unbelehrbaren Anteilen des menschlichen Verhaltens. Eggers und Steinbacher weisen sogar selbst darauf hin. Der Mensch sei keineswegs eine »tabula rasa«, nicht »total programmierbar durch Lernprozesse und erzieherische Einflußnahmen«, denn die Verhaltensforschung habe »in jüngster Zeit eine Vorprogrammierung menschlichen Verhaltens festgestellt« (41). Es ist nur zu bedauerlich, daß keinerlei Konsequenzen aus dieser Einsicht gezogen werden. In der vorliegenden Arbeit werden wir uns dafür um so intensiver damit zu befassen haben, denn gerade die »Tabula-rasa-Theorie« erfreut sich faktisch in der pädagogischen Soziologie größter Beliebtheit, und das Bekenntnis zu den Entdeckungen der Ethologie bleibt, wo es überhaupt einmal geleistet wird, zumeist ein bloßes Lippenbekenntnis.

❑ Viertes anthropologisches Kriterium:

Portmann gelangte durch Vergleich der Geburtszustände, relativen wie absoluten Geburtsgewichte u. ä. zu der Auffassung, der menschliche Säugling müßte theoretisch zwölf Monate länger ausgetragen werden, um den seiner Meinung nach zu erwartenden Endzustand eines Nestflüchters zu erreichen. Tatsächlich aber dauert die Tragzeit nicht so lange. Deshalb sei die noch fehlende Zeit als »extrauterines Frühjahr« zu verstehen, d. h. der menschliche Fötus soll – als »sekundärer Nesthocker« – mehr als die Hälfte seiner Entwicklung außerhalb des Mutterleibes vollziehen. Dieses seiner Meinung nach im Tierreich einzigartige Phänomen bringt Portmann in Zusammenhang mit der »Weltoffenheit«: »Weltoffenem Verhalten der Reifeform ... entspricht der einzig dem Menschen zukommende frühe Kontakt mit dem Reichtum der Welt.« (42) Darauf abstellend schreiben Eggers und Steinbacher: »In dieser Phase erfährt der Mensch gewissermaßen eine zweite Geburt als soziokulturelles Lebewesen (R. König). Jedenfalls wird ihm in diesen ersten Monaten seines Lebens der Stempel seiner kulturellen Umwelt aufgedrückt. Jetzt erfolgen die ersten Programmierungen seiner sekundären Umwelt (Kultur) mit allen ihren Präferenzen und Aversionen, mit ihren Begriffen von Gut und Schlecht. Durch intentionale und funktionale erzieherische Maßnahmen nimmt das soziokulturelle System über die Sozialisationsagenten Vater und Mutter Einfluß auf das Individuum in der Phase seiner höchsten Prägbarkeit.« (43)

Wiederum ist der Begriff der Prägung in irreführender Weise verwendet, was hier aber nicht mehr Gegenstand der Betrachtung sein soll. Ebensowenig soll diskutiert werden, ob in die menschliche Säuglingszeit nicht zuviel hineingesehen wird (44). Hier interessiert vielmehr, daß Eggers und Steinbacher mit ihrem vierten Kriterium eine weitere wichtige »biologische« Stütze der philosophischen Anthropologie angesprochen haben. Die aus dem Nesthocker-Nestflüchter-Vergleich abgeleitete Theorie der »physiologischen Frühgeburt« bzw. des »extrauterinen Frühjahrs« rangiert noch vor der Unspezialisiertheit, wird aber meist mit dieser im Zusammenhang gesehen.

Die grundlegende These Portmanns, der Mensch sei eigentlich ein Nestflüchter, der lediglich durch seine im Laufe der Stammesgeschichte normalisierte Frühgeburt sekundär zum Nesthocker werde, findet kaum noch Zustimmung in der Biologie, seit Hassenstein die Einteilung der Säugetierjungen in nur zwei Typen analog denen der Jungvögel als unzureichend kritisiert hat. Fliegende und baumlebende Säugetiere passen nämlich in dieses Schema nicht hinein. Weibliche Fledertiere, Riesengleitflieger, Faultiere, Ameisenbären, Schuppentiere, Halbaffen und Affen einschließlich der Menschenaffen tragen ihre Jungen mit sich herum, wobei diese sich am Muttertier festklammern. Ähnliche Verhältnisse finden sich auch bei baumlebenden Beuteltieren, z. B. beim Koala und beim Opossum (45). Hassenstein prägte für diesen Typ des von der Mutter getragenen Jungen die Bezeichnung »Tragling« (46). Alle Traglinge – Beuteltiere freilich erst, wenn sie den Beutel selbständig verlassen können und sich nun *aktiv* anklammern – entsprechen zwar rein äußerlich dem Nestflüchter-Typ, sind aber nicht fähig, wie diese der Mutter gleich nach der Geburt – bzw. nach Verlassen des Beutels – aus eigener Kraft zu folgen. Durch Untersuchungen von Peiper, Prechtl und anderen ist belegt, daß menschliche Säuglinge (und besonders Frühgeburten) mit Händen und Füßen so fest zugreifen können, daß sie mitunter ihr eigenes Körpergewicht zu tragen imstande sind. Dabei reagieren sie am stärksten auf Haare (47). Die besonders starke Ausprägung dieses sogenannten »Handgreifreflexes« bei Frühgeburten verweist auf Haeckels »Biogenetisches Grundgesetz«. Deshalb kommt Hassenstein zu folgendem Schluß: »Der menschliche Säugling ist biologisch kein ehemaliger Nesthocker oder Nestflüchter, sondern ein *ehemaliger Tragling.*« (48) Da der menschliche Geburtszustand und die an die Geburt anschließende Lebensphase evolutionär aus dem *allgemeinen Primatentyp* hervorgegangen sind und diesem auch noch weitgehend entsprechen (49), sollten daraus – wie schon aus der Fötalisationstheorie – besser keine allzu weitreichenden Schlüsse gezogen werden. Denn wenn der Mensch gar nicht eigentlich Nestflüchter ist, muß er auch nicht als »sekundärer Nesthocker« ein »extrauterines Frühjahr« verbringen, um diesen Zustand zu erreichen. Vielmehr gehört das Menschenkind – wie die Kinder anderer Primaten – einem Typ an, der eine ursprüngliche Anpassung an das Baumleben darstellt und der weder einmalig ist noch notwendig mit späterer »Weltoffenheit« einhergehen muß, auch nicht bei relativer Unspezialisiertheit. Dennoch wird natürlich nicht bestritten, daß die *lange Unselbständigkeit des Primatenjungen* eine wichtige *Präadaptation* ist, die die Entwicklung bestimmter menschlicher Eigenarten überhaupt erst ermöglichte. Aber diese Eigenarten sind wiederum differenziert zu sehen, statt sie in Bausch und Bogen in eine allgemeine »Weltoffenheit« umzumünzen.

❑ Fünftes anthropologisches Kriterium:

»Menschliches Verhalten ist gekennzeichnet durch die *Auflockerung der Instinktzusammenhänge.* Während tierisches Verhalten weitgehend festgelegt ist durch artspezifische Verhaltensauslöser und dementsprechend festgelegte Reaktionsprogramme, sind bei der Spezies Homo zwischen Auslöser und Reaktion kulturelle Institutionen zwischengeschaltet (A. Gehlen). Anders ausgedrückt: Menschliches Verhalten wird überwiegend durch soziokulturelle Systeme mit unabsehbarem und traditionellem Hintergrund bestimmt.« Insbesondere Erziehung und Bildung »programmieren den Einzelmenschen im Sinne des kulturtragenden und kulturdurchdrungenen Gesellschaftssystems; und sie reproduzieren das

Gesellschaftssystem im Generationenwechsel« ... »Die zunehmende Regulierung menschlicher Verhaltensprogramme durch sekundäre Traditionssysteme bietet der Spezies Homo grundsätzlich die Möglichkeit, sowohl Chancen als auch Risiken unter eigener Regie zu produzieren oder – wie es die philosophische Anthropologie ausdrückt – sich in der Geschichte selbst zu konstruieren.« (50)

Auch hier ist die Orientierung an der *philosophischen* Anthropologie offensichtlich. Die für den angesprochenen Sachverhalt zuständige Ethologie wird nicht einmal erwähnt. Trotzdem muß gesagt werden, daß Eggers und Steinbacher ethologische Theorie durchaus richtig wiedergeben. Bis in die 50er Jahre hinein waren die Verhaltensforscher tatsächlich der Meinung, beim Menschen hätte im Verlauf der Stammesgeschichte eine *Instinktreduktion* stattgefunden (51). Diesen Standpunkt haben sie aber inzwischen aufgegeben. Warum sie sich dazu veranlaßt sahen, wird noch ausführlich zu behandeln sein. Hier ist indes nur festzustellen, *daß* diese Hypothese – sie ist zugleich das wichtigste Argument für die »Weltoffenheit« – in der Ethologie aus guten Gründen fallengelassen und durch andere Hypothesen ersetzt worden ist.

An dieser Stelle soll aber kurz auf den Gedankengang selbst eingegangen werden. Ausgehend von den wegen ihrer artspezifischen invariablen Verlaufsform gut zu beobachtenden Instinkthandlungen zerebral weniger hoch organisierter Tiere (hauptsächlich Insekten, Fische und Vögel) und ihrem offensichtlichem Fehlen beim Menschen wurde angenommen, der Mensch verfüge nur noch über ein allgemeines und unspezifisches Antriebsreservoir. Die Triebenergie müßte deshalb kanalisiert werden – und das geschehe während der Sozialisation. Das Fehlen der Instinkte – sozusagen ein Spezialfall der Unspezialisiertheit – wird deshalb als die letzte Ursache für die Plastizität menschlichen Verhaltens angesehen. Im Zusammenhang mit dem »extrauterinen Frühjahr« sollte die »Instinktreduktion« das Sozialisationsphänomen erklären: das »extrauterine Frühjahr« ermöglicht es bloß, die »Instinktreduktion« jedoch erhebt es zur biologischen Notwendigkeit.

Nun ist natürlich gegen die Notwendigkeit der Sozialisation an sich gar nichts zu sagen. Das Problem liegt auch hier wieder darin, daß aus dem »anthropologischen Kriterium« Schlüsse gezogen werden, die viel zu global sind. Die neueren Erkenntnisse der Verhaltensbiologie verlangen eine wesentlich differenziertere Sichtweise. Die Behauptung, die Instinktzusammenhänge seien »aufgelockert« (im Verstande von Eggers und Steinbacher, d. h. im Sinne von »Instinktreduktion« (52)) und deshalb könne der Mensch Kultur und Gesellschaft in einer Beliebigkeit produzieren, die nur noch von historischen und sozialen Zwängen abhängt, ist jedenfalls durch die ethologische Theorie in ihrer heutigen Form nicht mehr gedeckt. Aber das wird noch Gegenstand eingehender Erörterung sein.

❑ Sechstes anthropologisches Kriterium:

»Ein oft vernachlässigtes anthropologisches Kriterium findet sich in der '*zentralen Raumrepräsentanz*' (K. Lorenz).« (53) Hierbei handelt es sich um eine weitere Präadaptation des Menschen. Sie hat sich stammesgeschichtlich zusammen mit der Greifhand und dem binokularen Sehen als Anpassung an das Baumleben bei den Primaten entwickelt. Dem Menschen ermöglicht sie u. a. räumliche Vorstellung und räumliches Denken.

Eggers und Steinbacher ist zuzustimmen, wenn sie meinen, das Kriterium der »zentralen Raumrepräsentanz« sei »bisher von der Forschung allerdings wenig in Anspruch genommen worden« (54). Die Sozialisationsforschung hat damit noch nichts anfangen können, obwohl die »zentrale Raumrepräsentanz« das menschliche Vorstellungs- und Denkvermögen vollständig vorstrukturiert: Der Mensch ist außerstande, sich mehr als drei räumliche Dimensionen zu veranschaulichen, selbst nicht-räumliche Begriffe werden in den Raum projiziert, und auch die Zeit wird als »Zeitraum« oder »Zeitachse« begriffen (55). Diese menschliche Eigenart ist auch eine wesentliche Bedingung für bestimmte Formen des Lernens. Darauf werden wir dann noch zurückkommen.

❑ Siebtes anthropologisches Kriterium:
»In engem Zusammenhang mit den bisher genannten Kriterien steht das anthropologische Prinzip der *Imaginationsfähigkeit* (A. Portmann). Die Vorstellungsfähigkeit und die Imaginationskraft des Menschen sind tatsächlich unvergleichbar.« (56)

Das ist vollkommen richtig. Die Vorstellungswelt anderer Arten – falls es eine solche gibt, und nichts spricht bisher dagegen (57) – ist der direkten Beobachtung verschlossen, da sie nur introspektiv erfahrbar und mit einiger Sicherheit nur innerhalb der eigenen Art generalisierbar ist. Aber Eggers und Steinbacher meinen es auch wohl anders, nämlich daß die Vorstellungswelt des Menschen unvergleichbar komplex sei. Auch das trifft sicher zu. Allerdings besagt dieses Kriterium lediglich etwas über mögliche Planungen, aber nichts über deren Beweggründe und erst recht nichts über ihre Realisierbarkeit. Hier ist uns also wiederum eine differenziertere Sichtweise aufgegeben.

❑ Achtes anthropologisches Kriterium:
»Nur der Mensch besitzt die Fähigkeit zur *Kultursprache*, was bereits den Philosophen J. G. Herder bewog, ihn als Sprachgeschöpf zu klassifizieren ... Das Spezifische der menschlichen Sprache ist durch ihre kulturgeschichtliche Dimension gekennzeichnet ... Über das Medium seiner Kultursprache ist der Mensch zu Denkprozessen imstande. Welt wird analysiert und in Kategorien zerlegt, die zur Disposition stehen.« (58)

Der Hinweis auf die Kultursprache ist angebracht, bleibt aber unvollständig, wenn nicht auch in diesem Zusammenhang die Präadaptation genannt wird, die jene erst ermöglicht. In jüngster Zeit konnte nämlich gezeigt werden, daß zumindest Schimpansen über eine gewisse »Sprachkompetenz« verfügen und imstande sind, grundlegende grammatische Regeln zu beherrschen. Allerdings nicht in einer Lautsprache – zur Produktion differenzierter Klangbilder fehlt ihnen die organische Ausstattung –, sondern die Inhalte mußten mit anderen Symbolen (Taubstummensprache, Plastikformen) verschlüsselt werden (59). Das bedeutet, daß die Fähigkeit zum Umgang mit Symbolen möglicherweise stammesgeschichtlich älter ist als die Fähigkeit zur Lautsprache.

Der grundsätzliche Einwand gegen Eggers und Steinbacher ist aber der, daß sie die Sprache nur als ein Medium zur kategorialen Differenzierung der Umwelt betrachten. Wichtig ist doch auch ihre kommunikative Funktion – vielleicht sogar wichtiger (60)! Eggers und Steinbacher werden dem Phänomen »Sprache« jedenfalls nicht gerecht, wenn sie mit Blick auf die Verteilung von Bildungschancen bemerken: »Die Differenziertheit dieses kategorialen Systems ist von Prozessen der Sozialisation abhängig.« (61) Unter biologischem Aspekt erscheinen die Beziehungen zwischen Sprache und Sozialisation als sehr vielschichtig und komplex. Das wird später noch zu thematisieren sein.

❑ Neuntes anthropologisches Kriterium:
»Das Zusammenspiel menschlicher Spezifika erschließt eine Möglichkeit, die in ihrer Konsequenz von ungeheurer Reichweite ist: die Fähigkeit, *Einsicht* zu nehmen in den *Zweck-Mittelzusammenhang* ... Wer die Kausalzusammenhänge zu durchschauen vermag, ist grundsätzlich in der Lage, das Dasein zu analysieren, es in seine Komponenten zu zerlegen, um es in das eigene artspezifische Regelsystem umzufunktionieren.« (62)

Daß auch andere Primaten Einsicht in Zweck-Mittelzusammenhänge haben können, ist seit Köhlers »Intelligenzprüfungen an Menschenaffen« (1921) bekannt (63). Es dürfte sich also kaum um eine Konsequenz aus dem Zusammenspiel der zuvor genannten »menschlichen Spezifika« handeln – oder die ersten acht »anthropologischen Konstanten« stellen keine »menschlichen Spezifika« dar. Trotzdem enthält die Aussage von Eggers und Steinbacher eine grundlegend richtige und wichtige Einsicht, vorausgesetzt, mit dem »eigenen artspezifischen Regelsystem« ist das von der Biologie erforschte gemeint und nicht das von der philosophischen Anthropologie behauptete. Unter dieser Voraussetzung wird das neunte Kriterium unabhängig von der Frage, ob Einsicht in Zweck-Mittelzusammenhänge »menschliches Spezifikum« ist oder nicht. Denn das, was dann die menschliche

Besonderheit ausmacht, ist *das arttypische Verhaltenssystem, das die Zwecke setzt und die Modalitäten ihrer Erfüllung vorgibt.*

❑ Zehntes anthropologisches Kriterium:

»Zu den spezifisch menschlichen Eigenschaften zählt auch die Fähigkeit, Irrationales mit rationalen Methoden zu manifestieren. Der Mensch allein ist Schöpfer der *Kunst* in jenem vor- und überrationalen Sinne, daß er durch Komposition von Formen und Klängen menschliche Thematik verdichtet, sich selbst darstellt und gleichzeitig entlastet.« Kunst wird dabei abhängig von »sozio-kulturellen Faktoren«. (64)

Nun, daran ist nichts auszusetzen, solange diese Abhängigkeit nicht absolut gesetzt wird. Denn schließlich hat Gehlen selbst im Rahmen seiner Theorie von der Entdifferenzierung der Instinkte versucht, die biologischen Wurzeln der Kunst freizulegen (65). Ein Produkt, das die natürlichen Grundlagen des Empfindens nicht ansprechen kann, hat keinen ästhetischen Reiz (66). Ob es sich dann noch als »Kunst«, »Antikunst« o. ä. an den Mann bringen läßt, hängt davon ab, ob gewitzte Manager es schaffen, die Signatur des »Künstlers« zum Prestigeobjekt hochzustilisieren, das Produkt unter Umgehung des Ästhetischen auf anderen Wegen dem Publikum schmackhaft zu machen – etwa indem nur für sachverständig gilt, wer kritiklos die Auslegungen der Kritiker akzeptiert – oder ob es einfach durch massenmediale Verbreitung als jedermanns Geschmack entsprechend hingestellt wird. Damit gewinnen natürlich sozio-kulturelle Faktoren ungemein an Gewicht; die Frage ist nur, ob es sich dabei noch um Kunst (im Sinne von Eggers und Steinbacher) handelt. Das kann hier aber nicht entschieden werden und ist auch nicht weiter Gegenstand dieser Arbeit.

Soweit die kritische Darstellung der anthropologischen Grundlagen der pädagogischen Soziologie am Beispiel der »anthropologischen Kriterien« von Eggers und Steinbacher. Andere Autoren mögen in Einzelheiten geringfügig abweichende Kriterien entwickeln. Im Grundsätzlichen herrscht jedoch weitgehende Übereinstimmung, so daß sich aus den anthropologischen Prämissen der pädagogischen Soziologie folgendes Bild ergibt:

1. Der Mensch ist instinktarm und auch sonst unspezialisiert und kommt noch nicht einmal halb ausgetragen zur Welt.
2. Daraus resultiert »Weltoffenheit«. Sein Verhalten ist plastisch, unfestgelegt und erst noch zu orientieren und festzulegen.
3. Deshalb ist er angewiesen auf Sozialisation im allgemeinen und auf Erziehung im besonderen.
4. Alles, was er später tut und denkt, ist von sozio-kulturellen Einflüssen gestaltet, weshalb die Phrase, der Mensch »produziere sich selbst« (67), schon fast zum geflügelten Wort avanciert ist.

Diese typische Einstellung – es ließen sich entsprechende Zitate in beliebiger Menge anführen – verführt trotz des gelegentlichen Hinweises auf vorhandene biologische Vorprogrammierungen dazu, den Menschen für uneingeschränkt modifizierbar zu halten. Da aber nicht nur der Mensch sich selbst produziert – um diesen Sprachstil einmal beizubehalten –, sondern er damit zugleich auch das gesellschaftliche und kulturelle System *reproduziert*, kann auch dieses als mit der Modifikabilität des Menschen beliebig veränderbar gedacht werden. Auf solchem Boden können dann spekulativ-utopische Entwürfe eines zukünftigen »neuen« Menschen in einer zukünftigen »neuen« Gesellschaft als sogenannte »Realutopien« erscheinen, in denen das Wünschbare auch für machbar gehalten wird.

Das derzeitige anthropologische Credo der pädagogischen Soziologie entstammt (zumindest in Deutschland) der philosophischen Anthropologie, die zwar während ihrer Entstehung in den 20er bis 40er Jahren biologisch orientiert war, dann aber den Anschluß an die naturwissenschaftliche Menschenforschung verloren hat. Wie wir zeigen konnten, bescherte die Durchleuchtung der »anthropologischen Konstanten« ein ganzes Bündel von Problemen, die im Lichte der neueren biologischen Theoriebildung wieder aufgerollt werden müssen. Wenn heute noch aufgrund philosophisch-anthropologischer Argumentation im Namen der Biologie behauptet wird, Geschichtlichkeit sei die »wahre menschliche Natur«, dann ist diese Behauptung so lange zurückzuweisen, bis die als problematisch erkannten Detail-Aussagen dem derzeitigen Erkenntnisstand angepaßt sind. Erst dann kann entschieden werden, ob die bisherigen anthropologisch begründeten Sozialisationskonzepte und -theorien unverändert beibehalten werden können, modifiziert oder gar durch ein neues Konzept ersetzt werden müssen. Nur so ist der Anspruch auf Übereinstimmung mit naturwissenschaftlichen Erkenntnissen, den die philosophische Anthropologie inzwischen zu Unrecht noch erhebt, aufs neue einzulösen. Die Alternative dazu heißt, ihn aufzugeben. Wenn man sich aber schon dazu entschließt, den Menschen als stammesgeschichtlich gewordenes Lebewesen in die pädagogische Soziologie – oder in die Human- und Gesellschaftswissenschaften überhaupt – einzuführen, dann werden spätestens von dem Augenblick an, da Evolutionsforschung, Genetik, Ethologie, Neurobiologie und andere biologische Disziplinen zu Erkenntnissen gelangen, die von den bisher für richtig gehaltenen abweichen, diese für eine biologisch-anthropologisch orientierte Grundlegung pädagogisch-soziologischer Theoriebildung relevant und sind zu berücksichtigen.

1.2 Biosoziologie

1.2.1 Bestimmung des Begriffs

Die Entscheidung, *erstens* den Menschen als Lebewesen in die gesellschaftswissenschaftliche Theoriebildung einzubringen, und *zweitens* zu diesem Zweck biologische Theorien und Konstrukte zu verwenden, legt die pädagogische Soziologie auf eine bestimmte Perspektive fest. Man könnte sie als »biologisch-anthropologische Perspektive« bezeichnen. Da aber die biologische Anthropologie häufig mit der philosophischen verwechselt und vermengt wird, halten wir es für günstiger, eine andere Bezeichnung zu wählen. Wir nennen die Perspektive die »biosoziologische«, und Soziologie, die aus dieser Perspektive betrieben wird, soll »Biosoziologie« heißen. Aber auch dieser Begriff ist schon im Gebrauch. Er bietet jedoch den Vorteil, daß er als bisher nicht exakt und auf allgemein anerkannte Weise definiert gilt (68) und zudem selten gebraucht wird. Damit sind wir frei, ihm eine besondere Bedeutung zu verleihen.

Wir definieren Biosoziologie als eine Sozialwissenschaft, die durch folgende Grundannahmen charakterisiert ist:

1. Die menschliche Spezies ist als Teil der belebten Natur auf dem Wege natürlicher Entwicklung (Evolution) entstanden.
2. Die allgemeinen und speziellen Gesetzlichkeiten, die in Struktur, Funktion, Verhalten sowie onto- und phylogenetischer Entwicklung von Organismen zu erkennen sind, werden von der Biologie mit ihren Methoden erforscht.
3. Nach den Erkenntnissen der Biologie sind allgemeine und spezielle biologische Gesetzlichkeiten auch für die Spezies Mensch als gültig anzunehmen.

Die Biosoziologie stimmt darin mit früheren sozialtheoretischen Ansätzen überein. Insofern stellt sie nichts Neues dar. Sie kann sich sogar auf eine Tradition berufen, die bis zu den Anfängen der Soziologie bei Comte und Spencer zurückreicht.

Spencer, der als Begründer des Sozialdarwinismus gilt, vertrat die Auffassung, die menschliche Gesellschaft sei ein Teil der Natur, weshalb auch die Gesetze der Natur auf sie Anwendung finden müßten. Er stellte daher die Soziologie folgerichtig in eine umfassende Kosmologie hinein. Noch vor Darwin formulierte er ein allgemeines Evolutionsgesetz, das für die anorganische, die organische und damit auch für die soziale Welt gleichermaßen

Geltung beanspruchte. Später übernahm er von Darwin das Prinzip der natürlichen Auslese, was dieser Denkrichtung zu ihrem Namen verhalf. Die Formeln vom »Kampf ums Dasein« (Darwin) und »Überleben des Tüchtigsten« (Spencer) werden häufig als – leicht zu mißdeutende – Schlagworte zur Etikettierung des Sozialdarwinismus herangezogen.

Die Lehre, daß die gesellschaftliche Entwicklung auf natürlicher Selektion beruhe, die in einem »Angebot« an unterschiedlich befähigten Menschen wirksam würde, gewann in der zweiten Hälfte des 19. Jahrhunderts besonders in Amerika rasch Anhänger, wobei sich der Calvinismus fördernd auswirkte. Sie ist als der »klassische« Sozialdarwinismus bekannt (69). Als Anfang der 70er Jahre unseres Jahrhunderts die Soziobiologie als die jüngste Variante neodarwinistischer (synthetischer) Theorie sich zu formieren begann, bildete diese Lehre den Kristallisationskern der alsbald einsetzenden Diskussion zwischen Biologen und Soziologen (70). Trotz aller ideologischer Differenzen konnte sie sich in den Vereinigten Staaten derart unbefangen entwickeln, daß Wiegele (1982) den Beginn der Revolutionierung der Sozialwissenschaften durch die soziobiologische Selektionstheorie glaubte feststellen zu können (71).

In Deutschland entwickelte sich der sozialdarwinistische Ansatz in Verbindung mit der eugenischen Bewegung und beflügelt durch die Fortschritte der Erbbiologie zur Gesellschafts- oder Sozial- (auch National-)biologie als einer *biologischen* Disziplin (72). Zugleich stellte er eine wesentliche Grundlage der nationalsozialistischen Ideologie dar. Die unter Berufung auf biologische Theorien und Hypothesen – nicht nur in Deutschland und unter der nationalsozialistischen Herrschaft – getroffenen politischen Entscheidungen haben schließlich biologische Sozialtheorien in Mißkredit gebracht und lassen seither – besonders in Deutschland – eine über den Rahmen der philosophischen Anthropologie hinausreichende biologische Orientierung in den Gesellschaftswissenschaften suspekt erscheinen (73). Aus diesem Grunde ist wohl auch die heftige Diskussion um die Soziobiologie von deutschen Soziologen bisher noch wenig beachtet worden (74).

Wenn man sich angesichts dieser reservierten Haltung dazu entschließt, dennoch den biosoziologischen Standpunkt einzunehmen, wird man gut daran tun, möglichen Einwänden rechtzeitig zu begegnen und gute Argumente für seinen Entschluß anzuführen. Wir werden das im folgenden versuchen.

1.2.2 Einige mögliche Einwände

Wollte man etwas Grundsätzliches gegen den biosoziologischen Standpunkt vorbringen, müßte man schon nachweisen, daß der Mensch entweder eine Sonderschöpfung darstellt, daß aus irgendwelchen Gründen anderer Art biologische Gesetzlichkeiten für ihn nicht gelten oder daß der Mensch überhaupt kein Lebewesen ist. Ist er aber eins, und niemand wird das abstreiten, dann ist bis zum Beweis des Gegenteils davon auszugehen, daß für ihn ausnahmslos alle jene *allgemeinen* Gesetzlichkeiten gelten, die für Struktur, Funktion und Verhalten lebender (= Energie und Information erwerbender) Systeme überhaupt als gültig erkannt wurden.

Soll der Mensch eine Sonderschöpfung sein, dann muß man zeigen können, daß er auf keinen Fall das Produkt stammesgeschichtlicher Entwicklung ist oder daß Evolution nicht stattgefunden haben kann. Nun sind aber die Übereinstimmungen mit bestimmten anderen Arten von Lebewesen groß. Aufgrund dieser Übereinstimmungen wird er in der Biologie nach immer spezielleren Gemeinsamkeiten als tierischer Organismus, als Wirbeltier, Säugetier, Primat und Hominoide klassifiziert. Erst auf der Ebene der Gattung (Homo, mit einer einzigen rezenten Art: Homo sapiens) tritt uns das spezifisch Menschliche entgegen. Das bedeutet, daß z. B. der Unterschied zwischen Schimpansen und Amöben ungleich größer ist als der zwischen Schimpansen und Menschen, und daß die Unterscheidung zwischen Mensch und Tier auf derselben Ebene liegt wie die zwischen Auto und Fahrzeug.

Die Übereinstimmungen in Anatomie, Histologie, Physiologie und verschiedene andere Tatbestände (75) legen die Vermutung nahe, daß der Mensch mit anderen Arten verwandt ist und daß er diese Verwandtschaft einer gemeinsamen Stammesgeschichte verdankt. Zudem sind bis auf die rekonstruierbaren Zustände im sogenannten Urozean (»Ursuppe«) vor ungefähr vier Milliarden Jahren keine Bedingungen bekannt, unter denen lebende Materie anders als durch Fortpflanzung – gleich welcher Art – vermehrt werden kann. Empirische Befunde, die für die Möglichkeit einer Sonderschöpfung komplizierter Organismen sprächen, sind bisher ebenfalls nicht bekannt. Wohl treten im Verlauf der Stammesgeschichte neue Lebensformen auf, aber auch dabei wird nach heutiger Kenntnis kein einziges Naturgesetz und auch keine biologische Gesetzlichkeit außer Kraft gesetzt oder eingeschränkt (76).

Die letzte Möglichkeit besteht darin, den Menschen zwar als Produkt der Stammesgeschichte und als Teil der Natur zu betrachten, ihm aber eine Sonderstellung zuzuweisen. Wenn Sonderstellung heißen soll, beim Menschen seien biologische Gesetzlichkeiten außer Kraft oder eingeschränkt, die für die verschiedenen systematischen Taxa, denen er zugerechnet wird, sonst charakteristisch sind, dann muß für jedes Taxon begründet angegeben werden können, um welche Gesetzlichkeiten es sich jeweils handelt. Das ist bisher nirgendwo geschehen (77). Ist mit Sonderstellung aber gemeint, für den Menschen seien alle biologischen Gesetzlichkeiten gültig, die für seinen Stamm gefunden wurden, darüber hinaus aber noch spezielle gattungs- bzw. artspezifische, dann ist aus biologischer Sicht nichts dagegen einzuwenden. In diesem Sinne hat praktisch *jede* Spezies eine Sonderstellung dadurch inne, daß sie sich von anderen Arten derselben Gattung unterscheidet. Besteht eine Gattung aus nur einer Art, dann kommt die Sonderstellung der Gattung zu, und entsprechend größere Diskrepanzen sind zu erwarten.

Man kann auch mit Lorenz die Auffassung vertreten, daß mit der menschlichen Fähigkeit zur »Vererbung erworbener Eigenschaften« (Tradierung) die höchste »Stufe des realen Seins« (Hartmann) erreicht ist, während das Leben als solches die nächstniedrigere Stufe darstellt (78). Da in Hartmanns Modell in jeder höheren Stufe alle niedrigeren *enthalten* sind (ein »geschachteltes« Modell, kein Schichtmodell!), schließt die durch Tradierung charakterisierte Sonderstellung die Gültigkeit biologischer Gesetzlichkeiten nicht aus und schränkt sie auch nicht ein, sondern es setzt sie geradezu voraus. Auch in dieser Form stellt die Sonderstellungs-These keinen Einwand gegen die Biosoziologie dar.

Damit haben wir drei der möglichen Einwände gegen die Biosoziologie, nämlich
– der Mensch ist kein Lebewesen,
– der Mensch ist eine Sonderschöpfung,
– der Mensch hat eine Sonderstellung im Reiche der belebten Natur inne, die durch Außerkraftsetzung oder Einschränkung biologischer Gesetzlichkeiten charakterisiert ist,
zurückgewiesen. Die Zuweisung einer Sonderstellung aus taxonomischer Rücksicht und auch ihre Zuweisung im Rahmen der Hartmannschen Ontologie sind demgegenüber nicht als Einwände gegen die Biosoziologie zu werten.

Meistens wird aber gar nicht auf dieser sachlichen Ebene gegen den biosoziologischen Standpunkt argumentiert, sondern auf weltanschaulich-politischer Ebene. Weltanschaulich-politischen Einwänden kann grundsätzlich mit dem Argument begegnet werden, daß die Zuverlässigkeit einer Theorie nicht davon abhängt, wozu, von wem, zu welcher Zeit und unter welchen Umständen sie entwickelt, verfochten oder auch politisch mißbraucht wurde, sondern ausschließlich davon, wie genau sie die realen Verhältnisse beschreibt (79). Weltanschaulich-politische Gründe und auch selbst der Nachweis, bestimmte politische und soziale Verhältnisse hätten die Entstehung einer biologischen Theorie begünstigt (80), scheiden damit für die Zurückweisung des biosoziologischen Standpunktes aus.

Wenn man überhaupt anerkennt, daß der Mensch wirklich ein Lebewesen ist, dann dürfte es kaum eine vertretbare Alternative zur Biosoziologie geben. Die Argumente, mit denen wir einigen möglichen Einwänden begegnet sind, rechtfertigen auch wohl die Einnahme des biosoziologischen Standpunktes, von dessen Warte aus der Mensch als Produkt der stammesgeschichtlichen Evolution erscheint, das in der zoologischen Systematik seinen Ort hat.

1.2.3 Holarchie und Systemtheorie

Unser Verständnis der Realität ist ein »geschachteltes« oder hierarchisches. In seiner Auseinandersetzung mit dem Reduktionismus (Ein Mensch *ist nichts als* seine Organe) und Holismus (Ein Mensch ist ein Mensch *und sonst nichts*) entwickelte Koestler (1978) den Begriff der *Holarchie*. Gemeint sind damit die Gesetzlichkeiten offener hierarchischer Systeme (OHS) (Ein Mensch kann zwar in seine Organe zerlegt werden, die dann aber kein Mensch mehr sind, sondern Herz, Leber usw., als Mensch ist er jedoch immer mehr als seine Organe, nämlich ein Mensch). Es gibt nach Koestler in OHS immer Ebenen des Teils und Ebenen des Ganzen, und zwar dergestalt, daß der Teil als Ganzes erscheinen kann, das seinerseits wieder zerlegbar ist (Die Organe können in ihre Gewebe und Zellen zerlegt werden), und das Ganze als Teil (Der Mensch als Teil seiner Umwelt). Dieses Prinzip hat Koestler schon früher so formuliert:

»Im Grunde *gibt es nirgendwo 'Ganze' und 'Teile' in diesem absoluten Sinne des Wortes* ... Was wir vorfinden, sind intermediäre Strukturen auf allen Stufen der Hierarchie, die mit jeder Stufe aufwärts komplexer werden: Sub-Einheiten, die – je nachdem, wie man sie betrachtet – gewisse Eigenschaften aufweisen, die ganzheitlich, und andere, die fragmentarisch sind.« (81)

»Offen« werden solche hierarchischen Systeme deshalb genannt, weil sich praktisch jedes System nach »oben« mit weiteren Systemen zum Gesamtsystem »Kosmos« vereinigt und sich nach »unten« auf einer Ebene unterhalb der subatomaren Partikel (Energie?) verliert. Alle OHS sind somit Subsysteme des Gesamtsystems »Kosmos« und beruhen alle auf einer gemeinsamen Basis, auf der Materie und Energie nicht mehr unterscheidbar scheinen. Für jedes System bildet die übergeordnete Ebene die Systemumwelt, mit der es auf gesetzmäßige Weise verbunden ist.

Da Systeme aus dieser Sicht als Teile der realen materiellen Welt erscheinen, dürfen sie nicht mit Begriffssystemen verwechselt werden, in denen der Begriff einer höheren Ebene Sammel- und Oberbegriff ist für die Begriffe der niederen.

Die begriffliche Klassenbildung ist eine »Abstraktionshierarchie« mit dem *Eigennamen* (oder einem Äquivalent) auf der untersten Ebene und dem abstrakten »Sein« auf der höchsten.

Der holarchische Systembegriff deckt sich auch nicht mit dem der Sozialwissenschaften. Soziale Systeme werden dort meistens als *Handlungssysteme* definiert. Ihre Subsysteme können das politische (Handlungs-)System und das ökonomische (Handlungs-)System darstellen. Zur Systemumwelt zählen andere soziale Systeme, die physische Umwelt, das »Persönlichkeitssystem« der einzelnen Aktoren des sozialen Systems u. a. m. Das kulturelle (Handlungs-)System gilt teilweise als Subsystem, teilweise aber auch als Bestandteil der Systemumwelt.

Wenn man versuchen würde, den holarchischen Systembegriff auf ein soziales System anzuwenden, dann würde man feststellen, daß soziale Systeme zwar formal vieles mit Holarchien gemeinsam haben, dennoch aber – entgegen Koestlers eigener Auffassung – keine OHS sind. Soziale Systeme haben Subsysteme, diese zerfallen wieder in Institutionen, die ihrerseits selbst hierarchisch organisiert sind. In allen Institutionen gibt es aber Positionen, die eine klar definierte unterste Ebene darstellen: Es ist dies die Ebene, auf der es keine Untergebenen mehr gibt, sondern nur noch Vorgesetzte. Daneben existieren noch Positionen, die zwar den Subsystemen zugerechnet werden, die sich aber nicht als Unter-

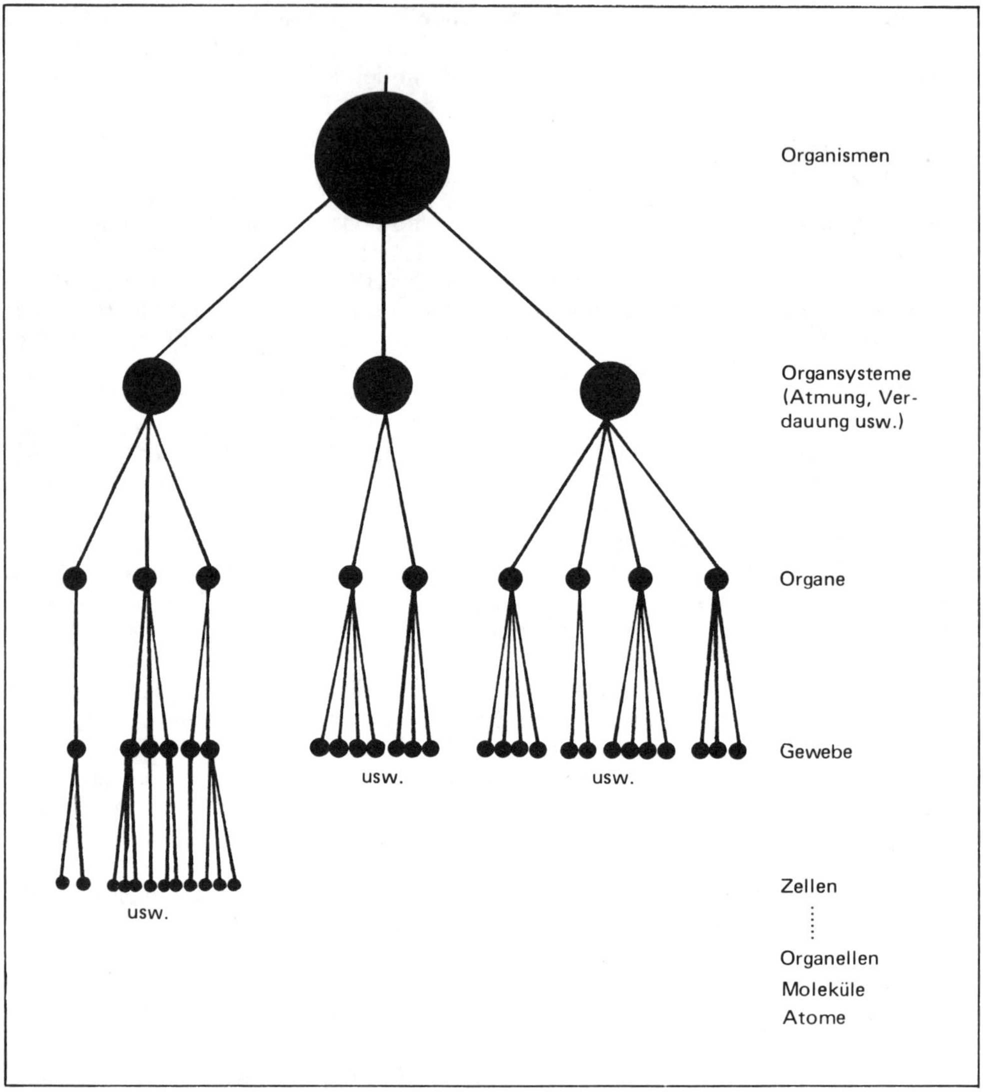

Abb. 1: Schematische Darstellung des OHS »Organismus« nach Koestler, 1978, S. 40 f.

gebene und auch nicht als Vorgesetzte definieren lassen: der Bürger, der Klient, der Kunde usw. Auch nach oben sind soziale Systeme begrenzt. Man spricht vom sozialen System eines Stammes, Volkes oder Staates. Man könnte sogar noch einen Schritt weiter gehen und sagen, alle sozialen Systeme der Erde treten mittels ihrer Subsysteme in mehr oder weniger geordnete Beziehungen zueinander und bilden als »Weltgesellschaft« eine Art Supersystem. Damit wäre dann aber auch endgültig die oberste Ebene erreicht.

Es ist nicht die Frage »Offen oder begrenzt?«, die das Hauptunterscheidungskriterium zwischen sozialen und holarchischen Systemen abgibt. Von viel größerer Wichtigkeit ist, daß die Holarchie die Bedingungen in *materiellen Systemen* beschreibt, während soziale Systeme *ideelle Systeme* darstellen. Soziale Systeme lassen sich als Geflechte von Posi-

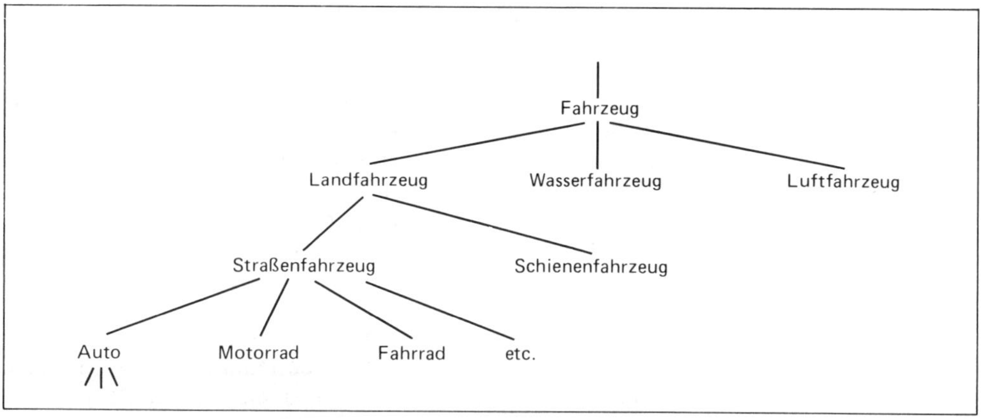

Abb. 2: Schematische Darstellung einer Begriffshierarchie

tionen bzw. Rollen und ihren Beziehungen untereinander beschreiben. In einem holarchischen sozialen System dagegen kann man oberhalb der materiellen Organismus-Ebene nicht plötzlich zur ideellen Institutionen-Ebene übergehen. Wenn man das Holarchie-Modell Koestlers durchhalten will, dann muß die nächste Ebene die übergeordneter materieller Ganzheiten sein. Hier kommt nun nicht etwa die Gruppe oder Familie in Frage, sondern, da der Definition nach die nächsthöhere Ebene die Systemumwelt für die Organismen darstellen muß, kann dies nur die Ebene des Ökosystems sein!

Man könnte jetzt fragen, warum wir uns mit der Holarchie aufhalten, wenn soziale Systeme keine holarchischen Systeme sind. Der Grund ist der, daß ideelle soziale Systeme von materiellen Organismen hervorgebracht werden. Die Organismen, die Positionen einnehmen und in Rollen schlüpfen, die selbst irgendwann einmal von Organismen definiert worden sind, bilden den Schnittpunkt zwischen sozialen Systemen und holarchischen Systemen. Inter- und Intra-Rollenkonflikte sind nur möglich, wenn lebendige Organismen miteinander interagieren. Handlungsbeziehungen außerhalb der institutionalisierten kann es in sozialen Systemen nur geben, wenn einzelne Organismen ganze Bündel von sonst beziehungslosen Rollen (z. B. Buchhalter, Mutter, Autofahrer, Kunde) auf sich vereinigen. Von lebendigen menschlichen Organismen entleerte soziale Systeme haben weder auf ihre Homöostase zu achten, noch haben sie Probleme der Integration, der Anpassung, der Verwirklichung von Zielen oder der Aufrechterhaltung ihrer Grundstrukturen zu lösen. Sie sind reine Gedankengebilde. Soziale Systeme entstehen und entwickeln sich nur durch menschliche Interaktion und Tradition. Die Sichtweise, daß das Persönlichkeitssystem oder das Antriebs- und Bedürfnissystem Elemente der System*umwelt* seien, stellt die Verhältnisse geradezu auf den Kopf. *Menschen* sind es, die *mittels sozialer Systeme* ihre Probleme der Integration, Anpassung, Verwirklichung von Zielen zu bewältigen suchen, weshalb sie bewährte Strukturen erhalten und verteidigen. Alle sozialen Systeme sind Produkte der Spezies Mensch, so verschieden sie sich auch in den einzelnen Traditionsströmen entwickelt haben mögen. In den sozialen Systemen manifestiert sich – genau wie in der übrigen Kultur (82) – menschliche Natur.

In einem holarchischen System ist die nächsthöhere Ebene dadurch definiert, daß die Elemente der niedrigeren auf gesetzmäßige Weise miteinander in Beziehung treten, wodurch die höhere Ebene »Umwelt« wird. Wenn für Organismen das Ökosystem die nächsthöhere Ebene und Umwelt darstellt, dann heißt das, daß nicht nur Organismen mit ihresgleichen in Beziehung treten, sondern auch mit unbelebten Elementen, die damit im Ökosystem den gleichen Rang einnehmen wie die Organismen. Klimatische Bedingungen, Boden- und Gewässerbeschaffenheit entscheiden genauso über den Zustand eines Ökosystems wie die Zusammensetzung der beteiligten Organismenarten. Die gesetzmäßigen Beziehungen zwischen den Elementen eines Ökosystems umfassen also nicht nur die Beziehungen zwischen den Angehörigen einer Spezies in einem Biotop, sondern auch die zwischen den Spezies und die zwischen den Organismen und ihrer physischen Umwelt. Wenn wir den Menschen als Schnittpunkt zwischen holarchischem und sozialem System bezeichnen, dann können wir das soziale System nunmehr als den Ausschnitt aus dem Beziehungsgeflecht eines Ökosystems definieren, der die geregelten Beziehungen des Menschen zu seinen Artgenossen umfaßt (83). Damit hätten wir beide »Systeme« in einen sinnvollen Zusammenhang gebracht.

Diese Definition des sozialen Systems macht auch das Homöostase-Phänomen erklärbar. Ein rein ideelles System kann ja kein Homöostat sein, bestenfalls die Beschreibung eines solchen. Ökosysteme dagegen sind selbstregulierende Systeme, und die Beziehungen zu Artgenossen sind Bestandteil dieser Selbstregulation. Die sozialen Beziehungen können daher von den Beziehungen zur übrigen Umwelt nicht isoliert gesehen werden. Wichtig ist, daß das Beziehungsgefüge nicht von einer Instanz außerhalb des Systems vorgegeben wird, auch nicht vom Gesamtsystem, sondern es ergibt sich aus der Beschaffenheit der Elemente des Systems, die ja durch ihre Beziehungen untereinander das System höherer Ordnung erst hervorbringen. Die Ordnung eines Systems wird gestört, wenn sich die Beschaffenheit eines Elements oder mehrerer Elemente ändert. Verfügt das System über ausreichende Rückkopplungskreise, dann können diese Elemente ausgesondert oder die Änderungen neutralisiert werden. Ist die Störung aber so groß, daß diese Möglichkeiten ausscheiden, dann pendelt sich entweder das Gesamtsystem auf einen neuen Gleichgewichtszustand ein, was zu neuen Systemeigenschaften führen kann und damit Auswirkungen auf die Systemumwelt, d. h. auf die nächsthöhere Systemebene hätte, oder das System zerfällt in seine kleinsten in sich stabilen Einheiten. Der Tod eines Systems bleibt ohne wesentliche Folgen, wenn das System als Subsystem ersetzbar ist. Ist das aber nicht der Fall, dann gerät die nächsthöhere Systemebene in die beschriebene kritische Situation, und der Tod eines Subsystems kann eine ganze Kettenreaktion auslösen. Wenn also das Ökosystem ein Homöostat ist, dann deshalb, weil die Interaktionen zwischen seinen Elementen es zu einem solchen machen, und es ist nur so lange ein Homöostat, wie die Beziehungen zwischen den Elementen stabil bleiben. Wenn das soziale System ein Ausschnitt aus diesen Beziehungen sein soll, dann beschränkt sich sein Anteil an der Selbstregulation des Gesamtsystems auf die in diesem Ausschnitt wirksamen Rückkopplungskreise. Man darf dabei nur nicht vergessen, daß jederzeit auch Interaktionen zwischen Menschen und nichtmenschlichen Elementen des Systems stattfinden und daß es auch hier Rückkopplungen gibt. Diese erscheinen in holarchischer Sicht nicht als Systemumwelt für das soziale System, sondern sie bilden sozusagen den »Beziehungsrest«, aus dem die sozialen Beziehungen eigentlich recht willkürlich herausgelöst wurden.

Wenn ein holarchisches System höherer Ordnung durch gesetzmäßige Interaktionen seiner Elemente untereinander hervorgebracht wird, dann bedeutet das Studium des Systems das Studium der Interaktionsbeziehungen seiner Elemente. Untersucht man den menschlichen Organismus als System, wird man die Gesetze des Zusammenwirkens seiner Organe und Organsysteme studieren. Untersucht man ihn aber als Teil eines Ökosystems, dann wird man seine Beziehungen zu seinen Artgenossen und zu den übrigen Elementen des Systems betrachten.

Beide Ebenen sind nicht unabhängig voneinander. Die untere Ebene gibt immer die Möglichkeiten für die höhere Ebene vor, ohne daß jedoch die Eigenschaften des höheren Systems aus denen der einzelnen Subsysteme direkt ableitbar wären (84). In diesem Sinne stellen die arttypische Beschaffenheit des Menschen sowie die Eigenschaften aller anderen

Elemente, die er vorfindet, den absoluten Rahmen dar, in dem Interaktionen stattfinden und in dem Beziehungen geknüpft werden können, wobei auch hier die Eigenschaften des Gesamtsystems aus keiner einzigen Eigenschaft eines einzelnen Subsystems *vorhergesagt* werden können. Im *nachhinein* sind sie jedoch nur aus dem strukturabhängigen, durch die Struktur gesetzten und damit gesetzmäßigen *Zusammenwirken* der Subsysteme zu erklären. Die Strukturen der Subsysteme, die deren Interaktionsmöglichkeiten vorgeben, werden damit zum Schlüssel für das Verständnis der Eigenschaften realer holarchischer Systeme. Auch wenn man nur die Beziehungen des Menschen zu seinen Artgenossen untersuchen will.

1.2.4 Kultur als Äußerung der menschlichen Natur

Wenn Kultur als die Gesamtheit aller Artefakte, Traditionen usw. des Menschen eine Äußerung der menschlichen Natur ist und diese allgemeinen biologischen Gesetzlichkeiten unterliegt, dann markieren letztere die Grenzen kultureller Gestaltung und bestimmen, zumindest in groben Zügen, auch ihre Struktur und ihre Funktion. Vom biosoziologischen Standpunkt aus ergibt sich damit eine dreifache Fragestellung:
1. nach der biologisch bedingten *Struktur* kultureller Gestaltung (Beispiel: Inwieweit bestimmen angeborene Wahrnehmungs- und Handlungsschemata die formalisierte vertikale Kommunikation in militärischen Organisationen?),
2. nach der biologisch bedingten *Funktion* kultureller Gestaltung (Beispiel: Inwieweit dient die Ausbildung von Volkstrachten der Abgrenzung konkurrierender Populationen?) und
3. nach der biologisch bedingten *Grenze* kultureller Gestaltung (Beispiel: Welche biologischen Gründe stehen der Einrichtung einer aggressionsfreien Weltgesellschaft entgegen?).

Die biosoziologische Fragestellung impliziert keineswegs die Forderung, Gestaltungen des menschlichen Zusammenlebens *vollständig* auf biologische Gesetzlichkeiten zurückzuführen. Das wäre Reduktionismus, denn dann würde das Mehr an Information, das in der gruppen- und umweltspezifischen Realisierung der menschlichen Natur als Kultur steckt, unberücksichtigt bleiben. Bemühungen jedoch, »die Rohdaten zu erkennen, aus denen sich Phänomene höherer Ordnung bilden«, müssen (nach Goldschmidt) nicht zwangsläufig einen »reduktionistischen Trugschluß« zur Folge haben (85), vielmehr erlauben sie es, kulturelle Gestaltungen als Handlungen und Produkte eines *Lebewesens in einer spezifischen Umwelt* zu begreifen.

Da uns der Mensch nie in »Reinform« begegnet, sondern immer nur als Handelnder in einem sozialen und kulturellen Zusammenhang, könnte man daran zweifeln, daß die menschliche Natur *als solche* überhaupt erkennbar ist. Wenn wir unter menschlicher Natur zunächst nicht mehr verstehen als die biologischen Gesetzlichkeiten, die kulturelle Gestaltungen mitbestimmen, dann wäre also zu fragen, ob diese Gesetzlichkeiten der Erfahrung zugänglich sind.

Zwei Wege bieten sich hier an:
1. Man könnte versuchen, diese Gesetzlichkeiten aus interkulturellen Übereinstimmungen zu abstrahieren.
2. Man könnte versuchen, sie aus dem Verhalten anderer Tierarten zu generalisieren.

Zum Ersten:
Wenn man bestimmte Züge in allen Kulturen wiederfindet (Universalien), dann liegt die Annahme nahe, daß es sich hier um allgemein-menschliche Merkmale handelt, die die strukturelle Beschaffenheit des Menschen spiegeln (86). Dabei ist es gleichgültig, ob einzelne Merkmale, wenn sie nur universell sind, als bewußt geplant angesehen werden oder als ungeplante Bildung. Geplantes oder planmäßiges Handeln gilt uns nicht als unnatürlich, widernatürlich oder gar übernatürlich, sondern die Fähigkeit zum Planen erscheint gerade in biosoziologischer Sicht als ein natürliches Merkmal der Spezies Mensch. Und

wenn das Planhandeln in allen Kulturen zu vergleichbaren Resultaten führt, also eine Universalie hervorbringt, dann gibt es keinen vernünftigen Grund, den Anstoß zu ihrer Kreation nicht als Hinweis auf natürliche Antriebe, Bedürfnisse usw. des menschlichen Organismus zu deuten.

Zum Zweiten:

Wenn man anerkennt, daß die Spezies Mensch sich in einem langen stammesgeschichtlichen Prozeß entwickelt hat, dann muß man ganz allgemein auch die grundsätzliche Verwandtschaft aller Lebensformen als gegeben ansehen. Zudem wird man davon ausgehen müssen, daß der Mensch die längste Strecke seiner Stammesgeschichte mit anderen tierischen Formen abgestufter Verwandtschaft gemeinsam hat. An Versuchen, dies anschaulich zu machen, hat es nicht gefehlt. Wir greifen folgendes Modell heraus: Setzt man die gesamte Zeit seit der Entstehung des Lebens auf der Erde (ca. 4,3 Milliarden Jahre) mit einem 24-Stunden-Tag gleich, dann tritt der Mensch erst etwa eine dreiviertel Minute vor Mitternacht auf, und für die durch schriftliche Zeugnisse gesicherte Epoche bleiben nur wenige Sekunden! Mehr als 23 Stunden und 59 Minuten des »entwicklungsgeschichtlichen Tages« teilt der Mensch mit anderen Lebensformen, mit denen er um so näher verwandt ist, je näher sie ihm zeitlich auf seiner Abstammungslinie stehen. Nachdem Riedl Schrödingers »Order-on-Order-Prinzip« für die biologische Evolution geltend gemacht hat (87), ist davon auszugehen, daß auch in das menschliche Verhaltenssystem alle jene Elemente integriert sind, die sich während der stammesgeschichtlichen Entwicklung bis zu seinem Auftreten schon bewährt haben (88). Es sind also im menschlichen Verhaltenssystem Merkmale zu erwarten, die der Mensch aufgrund gemeinsamer Abstammung mit anderen Arten gemeinsam hat, wobei die Übereinstimmung natürlich nicht bis in die letzten Feinheiten reichen muß. Allerdings, nach dem Kriterium der »speziellen Qualität« ist die Homologie um so sicherer anzunehmen, je mehr Einzelmerkmale des betreffenden Merkmals bei zu vergleichenden Arten übereinstimmen. Die Generalisierbarkeit von Befunden, die an homologen Merkmalen verwandter Arten erhoben wurden, ist damit gegeben.

Die Homologisierbarkeit von Merkmalen ist aber nur *eine* Folge der stammesgeschichtlichen Evolution. In dem Maße, wie das menschliche Verhaltenssystem der natürlichen Auslese unterliegt, sind auch Konvergenzen (oder Analogien) zu erwarten. Konvergente Bildungen sind genau wie homologe im Erbgut verankert, aber nicht wie diese durch verschiedenen Selektionsdruck aus gleichem Ausgangsmaterial hervorgegangen, sondern umgekehrt durch gleichartige Auslesebedingungen aus unterschiedlichem Material (89).

Die Homologisierung fragt nach der stammesgeschichtlichen Herkunft des Merkmals, die Analogisierung nach dessen Funktion. Beide Fragestellungen schließen sich nicht gegenseitig aus. Es ist daher nicht weiter verwunderlich, wenn sich in vielen Fällen herausstellt, daß ein und dieselbe Struktur im Artenvergleich ihrer Herkunft nach als homolog erscheint, ihrer Funktion nach aber sicher eine konvergente (analoge) Bildung ist (90). Konvergente Entwicklungen homologer Strukturen nennt man Homoiologien. Homoiologien werden dann angenommen, wenn sich die funktionale Ähnlichkeit der homologen Strukturen nicht auf eine einzige direkte Abstammungslinie zurückführen läßt, d. h. wenn keine Zwischenformen existieren.

In dem Maße, wie sich die Neurophysiologie zu vergleichender Arten homologisieren läßt, müßten Ähnlichkeiten im Verhalten selbst als Homologien gedeutet werden bzw. bei fehlenden Zwischenformen als Homoiologien. Erst wenn sich zeigen läßt, daß funktional vergleichbares Verhalten auf nicht homologisierbaren Strukturen des Zentralnervensystems beruht, wäre reine Konvergenz anzunehmen. Da die verhaltenswirksame Feinstruktur des Nervensystems noch nicht so weit vergleichend erforscht ist, daß die Frage »Homolog oder konvergent?« auf dieser Ebene immer mit ausreichender Sicherheit entscheidbar wäre, hat Lorenz schon frühzeitig einen anderen Weg beschritten. In seiner berühmten Anatiden-

Arbeit (1941) konnte er nachweisen, daß einzelne Verhaltensweisen (Instinktbewegungen) genau wie morphologische und anatomische Strukturen vergleichend untersucht werden können, weil ihre Koordination genetisch bedingt und arttypisch ist. Strukturgleiche Verhaltensweisen dürfen danach im Vergleich nahe verwandter Arten als homolog angesehen werden, während strukturverschiedene Verhaltensweisen, wenn sie derselben Funktion dienen, als konvergent angesehen werden müßten, und auch die Frage der Homoiologien könnte sich bei weiter entfernten Arten stellen.

Wenn insofern methodisch sauber vorgegangen wird, erscheint die artübergreifende Generalisierung biologischer Verhaltensgesetzlichkeiten durchaus vertretbar.

Wird der Mensch in den Artenvergleich einbezogen, dann ergibt sich, in einer ganz anderen Dimension als sonst, eine weitere Möglichkeit der Konvergenz, die zu beachten ist. Bisher sprachen wir von der Konvergenz von Merkmalen, deren Auftreten ausschließlich der stammesgeschichtlichen Entwicklung zuzuschreiben ist. Die zugrundeliegende Information ist erblich, und ein Merkmalswandel über die genetisch bedingte Reaktionsnorm hinaus ist nur im Wechsel der Generationen möglich. Beim Menschen treten dagegen Verhaltensmerkmale auf, deren Gestaltung wesentlich auf zentralnervöser Informationsaufnahme und -verarbeitung beruht und die sich deshalb innerhalb einer einzigen Generation ändern können. Auch hier kann man eventuell funktionale Ähnlichkeiten mit genetisch bedingten Verhaltensmerkmalen anderer Arten feststellen. Die unterschiedliche Herkunft der Information muß in einem solchen Fall natürlich mit allen Folgen bedacht werden. Damit ist die prinzipielle Vergleichbarkeit der Merkmale aber nicht ausgeschlossen, zumal die zentralnervöse Informationsverarbeitung von Strukturen abhängt, die ihrerseits wieder genetisch bedingte Merkmale darstellen. Es ist deshalb zumindest nicht von vornherein auszuschließen, daß Verhaltensmerkmale, die bei vergleichender Betrachtung eindeutig als kulturelle Konvergenzen zu irgendwelchen Instinkthandlungen anderer Arten erscheinen, auf der Ebene der Neurophysiologie immer noch homoiolog oder gar homolog sind.

Eine weitere Komplexion ergibt sich, wenn man berücksichtigt, daß auch innerhalb der durch zentralnervöse Informationsverarbeitung zustande gekommenen Verhaltensmerkmale im interkulturellen Vergleich ebenfalls quasi »homologe« Merkmale (auf gemeinsamer Tradition beruhende), »analoge« Merkmale (aufgrund derselben Erfordernis, aber aus unterschiedlicher Tradition gebildete) und »homoiologe« Merkmale (funktional vergleichbare, aber eigenständige Bildungen unter Rückgriff auf gemeinsames Traditionsgut) auftreten können (91). Da es sich immer um Angehörige der Spezies Homo sapiens handelt, ist die Homologie der zugrundeliegenden zentralnervösen Strukturen grundsätzlich gegeben (92). Man könnte sie daher zur Erklärung struktureller und funktionaler Übereinstimmungen zwischen verschiedenen Kulturen heranziehen.

Mit der Erkenntnis, daß anscheinend völlig eigenständige kulturgeschichtlich entwickelte Merkmale durch zentralnervöse Einflüsse mitbedingt sein könnten, die

a) unter unterschiedlichen Lebensbedingungen zur Ausbildung morphologisch verschiedener, aber strukturell gleicher und funktional äquivalenter Verhaltensmerkmale führen können und die

b) bei verwandten Spezies als Homologa ebenfalls funktionale Äquivalente hervorbringen, die wir den Instinkten zuzurechnen pflegen,

deutet sich an, daß Universalienforschung und Artenvergleich aufeinander bezogen werden können. Beide Wege führen gemeinsam zur Erschließung dessen, was wir »menschliche Natur« genannt haben. Weil dabei aber immer wieder die Ebenen des Verhaltens und der Neurophysiologie miteinander in Beziehung gesetzt werden, bedarf es dazu allerdings noch einer allgemeinen Theorie der zentralnervösen Verhaltensorganisation und -steuerung. Diese ist mit der ethologischen Instinkttheorie zuhanden. Als Verhaltens*physiologie* untersucht die Ethologie die Abhängigkeit des Verhaltens von neurophysiologischen

Strukturen, als *vergleichende* Verhaltensforschung betreibt sie den Artenvergleich und als *Human*ethologie Universalienforschung. Alle drei Forschungsrichtungen haben gemeinsam eine vielfach abgesicherte allgemeine Theorie biologischer Verhaltenssteuerung entwickelt, darüber hinaus haben sie für zahlreiche Arten die Formulierung spezieller Gesetzlichkeiten ermöglicht – auch für den Menschen.

Wir können jetzt versuchen, die Begriffe »menschliche Natur« und »Kultur« genauer zu definieren und aufeinander zu beziehen.

Unter »menschlicher Natur« verstehen wir die arteigene, stammesgeschichtlich entwickelte zentralnervöse Verhaltenssteuerung (das Verhaltenssystem) des Menschen.

Unter »Kultur« verstehen wir den Ausschnitt aus dem Mensch-Umwelt-System (Ökosystem), der seine Existenz gestaltender menschlicher Aktivität verdankt (93).

Wenn Kultur als eine Äußerung der menschlichen Natur aufgefaßt werden soll, dann kann das nur heißen, das Verhaltenssystem als Subsystem des Organismus steuert diesen so, daß er seine Umwelt einschließlich der sozialen (wenn auch wohl in rassenspezifisch unterschiedlichem Maße) durch Artefakte »bereichert«; d. h. der Mensch produziert selbst (gegenüber den übrigen Elementen gleichrangige) Elemente seines Ökosystems. Diese bilden gemeinsam mit allen übrigen Elementen seine Umwelt und bestimmen durch ihre Eigenschaften die möglichen Beziehungen zwischen Mensch und Umwelt mit.

Die Produktion von Artefakten und die Beziehungen zu ihnen hängen damit von einem inneren und einem äußeren Faktor ab:
Der innere Faktor ist das Verhaltenssystem des Menschen,
den äußeren Faktor stellt die Umwelt dar, einschließlich aller schon darin vorhandenen Artefakte.

Man könnte natürlich jetzt wieder alle Artefakte als Kultur dem Nicht-Artifiziellen als Natur gegenüberstellen, würde dabei aber zweierlei übersehen:
1. Die Artefakte selbst stellen grundsätzlich nur Arrangements von Vorgefundenem dar. Neuschöpfungen aus dem absoluten Nichts sind nicht möglich. Sie beinhalten daher immer auch Nicht-Artifizielles – und wenn nur auf stofflicher Ebene: Metalle, Holz, Mineralien, Erdöl usw., bzw. als Traditionen auf organismischer Ebene: Einflüsse der Verhaltenssysteme von Traditionsgeber und -empfänger.

Daraus leitet sich der zweite Punkt ab:
2. Die Artefakte sind nicht zufällige Erscheinungen, sondern sie sind als das Ergebnis der Interaktionen von stammesgeschichtlich in der Auseinandersetzung mit bestimmten Umweltbedingungen entwickelten biologischen Mechanismen der Verhaltenssteuerung und der aktuellen Umwelt der Organismen einschließlich der vorhandenen Artefakte zu sehen.

Schaffung, Erhaltung und Tradierung von Kultur erscheinen damit als Fähigkeiten des menschlichen Verhaltenssystems, die von der Struktur dieses Systems selbst und auch von den Umweltbedingungen abhängig sind. Wir betrachten Kultur nicht als ausschließliches Produkt von Lernen und Tradition, sondern zugleich auch als Produkt biologischer Steuersysteme, die Lernen und Tradition erst in einem biologisch sinnvollen, d. h. durch die organismischen Eigenschaften des Menschen bestimmten Zusammenhang erscheinen lassen. Lernen und Tradition können ebensowenig *allein* Kultur erklären, wie biologische Mechanismen *allein* zur Erklärung von Kultur ausreichen.

Wenn Kultur als die Gesamtheit der Artefakte in einem Mensch-Umwelt-System (Ökosystem) definiert ist, dann schließt dieser Begriff alle Aspekte der Gesellschaftsordnung ein, die auf Tradition und Übereinkunft beruhen, also artifiziell sind. Als *eine* Kultur könnte man nun ein Ökosystem definieren, das spezifische Artefakte enthält und sich damit von anderen Ökosystemen unterscheidet, die andere Artefakte enthalten. *Eine* Gesellschaft kann dann verstanden werden als eine Anzahl von Menschen, deren Zusammenleben auf spezifischen Übereinkünften und Traditionen beruht. *Sozialisation* könnte dann heißen, daß heranwachsende Menschen nach Maßgabe ihres Verhaltenssystems und in

Abhängigkeit von den Möglichkeiten, die die übrigen Elemente des Mensch-Umwelt-Systems (einschließlich der anderen Menschen) bieten, fähig werden, mit ihrer spezifischen Kultur und Gesellschaft umzugehen.

Da die Produktion von Artefakten und die Beziehungen zu ihnen (und auch zu den übrigen Elementen des Ökosystems) immer auch vom menschlichen Verhaltenssystem abhängen, würde jede Sozialisationstheorie und jedes Sozialisationskonzept, das lediglich den Aspekt des Lernens und der Tradition berücksichtigt, außerstande sein, der artspezifischen Steuerung und Verarbeitung von Lern- und Tradierungsvorgängen gerecht zu werden und das Zusammenwirken der beteiligten Prozesse in seiner Komplexität darzustellen. Die ausschließliche Beachtung der Lern- und Tradierungskomponente ist daher ein ebensolcher Reduktionismus wie die bloße Rückführung der »Menschwerdung des Menschen« auf biologische Gesetzlichkeiten.

1.2.5 Die normative Dimension der phylogenetischen Vorgaben

Norm kann statistische Norm sein – normal ist dann, was auf die weitaus meisten zutrifft. Norm kann auch Ideal-Norm sein – normal ist dann, was diesem Ideal entspricht. Die statistische Norm beschreibt, was ist, die Ideal-Norm schreibt vor, was sein soll. Wissenschaftstheoretisch gesehen scheint eine unüberbrückbare Kluft zwischen Ist-Feststellung und Sollensforderung zu bestehen. Es hat aber dennoch nicht an Versuchen gefehlt, den »Sein-Sollens-Hiatus« zu überwinden (94), insbesondere weil es im statistischen Sinne normal ist, daß gesellschaftliche und individuelle Normen im Sinne von Ziel- und Wertvorstellungen, also Idealnormen, existieren (95).

Ihre bloße Definition als menschliche Setzungen vermag nicht zu befriedigen, denn für viele der seit altersher tradierten Normen läßt sich weder der Zeitpunkt ihrer »Setzung« ermitteln noch sind die näheren Umstände zu erfahren. Zudem scheint im interkulturellen Vergleich – sogar im Artvergleich (96) – ein allgemeines Muster von Wertorientierungen durch, und das »Wertempfinden« oder »Wertbewußtsein« ist eine Größe, die offenbar aus dem Menschen selbst stammt. Aus diesen Gründen schlagen sowohl Liedtke als auch Muhri, auf die wir uns hier hauptsächlich beziehen, vor, die phylogenetische Dimension der Norm- und Wertvorstellungen zu berücksichtigen (97). Zwar sind nach Liedtke »diese Normvorstellungen nicht einfach als ein Bewußtwerden bestimmter phylogenetischer Informationen zu erklären«, sie müßten aber auf die stammesgeschichtlich entstandenen verhaltenssteuernden Mechanismen des Menschen beziehbar sein (98). In dem Maße, wie die Biologie die phylogenetischen Wurzeln von Norm- und Wertvorstellungen erkenne, sollten diese die Grundlagen für die Entwicklung von Erziehungszielen (Liedtke) oder für »pädagogische Normentscheidungen« (Muhri) abgeben.

Erziehung als geplantes und gezieltes Handeln ist nur ein Aspekt der Sozialisation. Sozialisation beinhaltet auch Einflüsse, die zwar weder geplant noch gezielt sind, aber dennoch in einem Rahmen auftreten, der durch politische Entscheidungen mitgeprägt und daher auch in dieser Dimension veränderbar ist. Wenn man mit Liedtke und Muhri aus der Kenntnis der menschlichen Natur Handlungsanweisungen ableiten könnte für eine eben dieser Natur angemessene Erziehung, dann sollten auch Aussagen möglich werden über in diesem Sinne naturgemäße Sozialisationsbedingungen (außerhalb des erzieherischen Handelns). Es ist immerhin denkbar, daß ein Teil der Kriminalität, der Suizide, der psychosomatischen Erkrankungen usw. auf den phylogenetischen Vorgaben nicht entsprechende Sozialisationsbedingungen zurückzuführen ist. Vielleicht könnte die genauere Kenntnis des menschlichen Verhaltenssystems und seiner ontogenetischen Entwicklung eines Tages dazu führen, daß dem Menschen nicht angemessene Sozialisationsbedingungen *gezielt* verbessert werden können. Zumindest sollte es möglich sein, an einer solchen »biologisch-funktionalen Norm« orientierte Entscheidungshilfen zu geben.

1.3 Zusammenfassung

Ausgehend von den anthropologischen Vorstellungen, die die deutsche pädagogische Soziologie beherrschen, hatten wir die Notwendigkeit dargestellt, durch den Rückgriff auf die neueren Erkenntnisse der Verhaltensbiologie die anthropologische Begründung des Sozialisationsphänomens in eine dem derzeitigen Forschungsstand angemessene Form zu bringen. Den durch die Annahme, auch der Mensch sei Produkt der Phylogenese gekennzeichneten Standpunkt hatten wir den »biosoziologischen« genannt. Der hier vertretene Ansatz wurde als nicht prinzipiell neu hingestellt. Er gilt uns eher als eine Rückbesinnung auf eine gesellschaftswissenschaftliche Tradition, von der im Deutschland der Nachkriegszeit Abstand genommen wurde, indem nun nicht mehr die Biologie selbst, sondern stattdessen ihre philosophisch-anthropologische Ausdeutung die Grundlage für die Gesellschaftswissenschaften im allgemeinen und die pädagogische Soziologie im besonderen abgab. Wir haben die Wiederaufnahme der evolutionistischen Tradition mit den theoretischen Konsequenzen begründet, die sich aus der Anerkennung des Menschen als *Lebewesen* ergeben. Als relevant für eine biosoziologische Theorie der Sozialisation hatten wir schließlich die biologischen Gesetzlichkeiten erkannt, die Funktion und Struktur des menschlichen Verhaltenssystems beschreiben.

Allgemeine Überlegungen zur »menschlichen Natur« hatten dazu geführt, daß wir ein Sozialisationskonzept fordern, das das Zusammenwirken von inneren und äußeren Faktoren in der menschlichen Ontogenese ohne Widersprüche zu bewährten biologischen Theorien darstellen kann. Die vorliegende Arbeit ist der Versuch, ein solches Konzept zu entwickeln.

Wir werden so vorgehen, daß wir die Grundlagen des menschlichen Verhaltens nach den Erkenntnissen der Soziobiologie und vor allem der Ethologie darstellen, dann die Strukturelemente der menschlichen Verhaltensentwicklung und anschließend Sozialisation als die »natürliche« Form der menschlichen Ontogenese, wobei Aspekte des individuellen Erwachsenwerdens ebenso zu berücksichtigen sind wie Aspekte des Aufwachsens als Gruppenmitglied.

2 Allgemeine biologische Grundlagen des menschlichen Verhaltens

Die Erforschung der Biologie des menschlichen Sozialverhaltens teilen sich Soziobiologie, Neurobiologie und Ethologie, wobei unterschiedliche Methoden zur Anwendung kommen. Es sind dies
1. in der Soziobiologie die Rekonstruktion des stammesgeschichtlichen Werdegangs des Verhaltens, indem die Wahrscheinlichkeit berechnet wird, mit der das Auftreten einzelner Verhaltensstrategien unter bestimmten ökologischen Bedingungen zur Verbesserung bzw. Verschlechterung der Überlebens- und Fortpflanzungschancen führt, was gleichbedeutend ist mit der weiteren Ausbreitung bzw. dem allmählichen Verschwinden der für dieses Verhalten »verantwortlichen« Gene im Genpool einer Population;
2. in der Neurobiologie die Analyse der dem Verhalten zugrundeliegenden Nervenprozesse, wobei insbesondere die Methode der elektrischen und chemischen Hirnreizung zur Anwendung kommt;
3. in der Humanethologie die filmische Dokumentation ungestellten Verhaltens, das interkulturell verglichen und auf der Basis ethologischer Theorie erklärt wird.

Wir werden uns an diese Reihenfolge halten und zunächst darstellen, wie die Soziobiologie die stammesgeschichtliche Entwicklung von Sozialverhalten zu erklären versucht. Dann werden die allgemeinen neurobiologischen Grundlagen der Verhaltenssteuerung referiert, wobei wir die dünne Luft der Theorie wenigstens zeitweise verlassen können, weil hier handfeste empirische Befunde vorliegen. Anschließend sollen die grundlegenden Theorien der Ethologie dargestellt werden, worauf endlich ein biologisches Verständnis derjenigen menschlichen Eigenschaften aufzubauen ist, denen oft eine ganz besondere Bedeutung beigemessen wird: Intelligenz und Lernfähigkeit.

2.1 Soziobiologie: Die Evolution des Verhaltens

2.1.1 Die Gen-Selektionstheorie des Verhaltens

Der biologische Erfolg einer Art äußert sich von Generation zu Generation in der Anzahl der Nachkommen, die ihrerseits das Fortpflanzungsalter erreichen und auch selbst Nachkommen haben. Diese tragen das Erbgut oder die Gene der Eltern, Großeltern usw. weiter, da jedes Individuum sich ontogenetisch aus den Keimzellen seiner Eltern entwickelt. Die Phylogenese läßt sich deshalb auch als ein lückenloser Zusammenhang von Ontogenesen beschreiben. Dieses Kontinuum wird nach Weismann »Keimbahn« genannt (1). In der Keimbahn wandert das Erbgut, wenn auch bei geschlechtlicher Fortpflanzung in immer wieder neuen Kombinationen, weiter, wobei Mutationen für gelegentliche Änderungen sorgen, sofern sie nicht letal sind oder die Fortpflanzung verhindern.

Im Verlauf der Ontogenese steuert das Erbgut – zumindest bei mehrzelligen Lebewesen – den Aufbau des individuellen Organismus mitsamt seinen Subsystemen. Auch das Nervensystem baut sich nach Maßgabe der in den Zellkernen aller Körperzellen, die ja aus der befruchteten Eizelle durch Teilung hervorgehen, vorhandenen genetischen Informationen auf. Es gilt bei höheren tierischen Organismen als die verhaltenssteuernde Instanz.

Evolutionäre Veränderungen im Nervensystem werden sich folglich im Verhalten bemerkbar machen, wie auch Nervensysteme der natürlichen Auslese zum Opfer fallen, wenn das von ihnen gesteuerte Verhalten ihrer Träger nicht geeignet ist, in der vorhandenen Umwelt zu überleben und sich fortzupflanzen, d. h. Nachkommen zu haben. Kann der Organismus in seiner Umwelt überleben und pflanzt er sich fort, dann bleiben die Gene, die sein Nervensystem aufgebaut und damit zugleich programmiert haben, in der nächsten Generation erhalten. Hat er sogar viele Nachkommen, dann werden die Gene, die ihn aufgebaut haben, sich im Genpool der Population, zu der er und seine Nachkommen gehören, entsprechend vervielfachen. Dieser Vorgang wird als Verhaltensevolution bezeichnet. Seine wirksamen Mechanismen sind die Mutation und Rekombination des Erbmaterials und die Selektion über die Nachkommenzahl.

Die Selektion über die Nachkommenzahl ist ein sehr komplexer Vorgang, denn die Ursachen für das Ausbleiben von Nachwuchs können vielfältig sein. Es lassen sich die folgenden drei Selektionsebenen unterscheiden:
1. *Die Ebene des Erbmaterials selbst*, das in seiner jeweiligen Zusammenstellung gemeinsam mit anderen Elementen der Zelle ein sich selbst regulierendes System darstellt, das entweder störende Bestandteile – z. B. unpassend mutierte oder miteinander unverträgliche Gene – neutralisiert oder korrigiert oder aber als Ganzes zugrunde geht. Dadurch treten Mutationen oder Kombinationen, die die chemisch-physikalische Harmonie auf dieser Ebene durcheinander bringen, phänotypisch gar nicht erst in Erscheinung.
2. *Die Ebene der Keimesentwicklung*. Der Keim stirbt vor der Geburt ab oder ist nach der Geburt nicht lebensfähig, wenn die Entwicklung eines Organs oder eines Organsystems zu Strukturen führt, die ihre lebenserhaltenden Funktionen nicht wahrnehmen können.
3. *Die Ebene des postnatalen Lebens*, auf der die Selektion u. a. über das konkrete Verhalten in konkreten Situationen auf die Gene oder Gensysteme wirkt (2), die an der Programmierung des betroffenen Zentralnervensystems (ZNS) durch Steuerung seines Aufbaus beteiligt waren. Da die Selektion auf dieser Ebene nicht nach »angeboren« und »gelernt« differenziert, sondern lediglich das in Bezug auf die Gewährleistung der Aufzucht von Nachkommen effektivere Gesamtverhalten bevorzugt, reicht ihr Einfluß nur so weit, wie das Verhalten einschließlich des Lernens tatsächlich *genetisch bedingten* zentralnervösen Steuerungen unterliegt.

Die Selektion auf den beiden ersten Ebenen kann man als »innere«, die auf der dritten Ebene als »äußere« oder *Milieu-Selektion* bezeichnen. Nach Riedl stehen sie in einem Verhältnis zueinander, das dem von Betriebs- und Marktselektion vergleichbar ist (3). Im ersten Fall könnte man von Plänen sprechen, die gar nicht erst realisiert werden, oder von fehlerhaften Berechnungen, die ein Konzept verderben. Auf der zweiten Ebene ließen sich zum Vergleich Konstruktionen anführen, die zwar gut geplant sind, aber wegen technischer Probleme aufgegeben werden müssen, oder Prototypen, die wegen Konstruktionsmängeln nicht in Serie gehen. Erst auf der letzten Ebene wird das Produkt dem Markt überlassen, wo es mit anderen um Anteile konkurriert, Lücken füllt usw.

Die Soziobiologie beschäftigt sich nicht mit der »inneren« Selektion. Sie hat daher nur einen Aspekt der Verhaltensevolution zum Gegenstand: die Milieu-Selektion des konkreten Verhaltens.

Die Annahme, daß das Nervensystem und damit auch die Verhaltenssteuerung eines Organismus das Ergebnis seiner stammesgeschichtlichen Entwicklung sei, gestattet es, zwischen zwei verschiedenen Verursachungsmomenten des Verhaltens zu unterscheiden:
1. der unmittelbaren Ursächlichkeit (proximate causation) und
2. der letzten Ursächlichkeit (ultimate causation).

Die unmittelbaren Verursachungsmomente des Verhaltens sind nach Wilson, einem führenden Vertreter der Soziobiologie, in der Funktion des Nervensystems zu suchen. Neurobiologie und Ethologie sollen sich ihre Erforschung teilen.

Die letzten Verursachungsmomente des Verhaltens sind eigentlicher Gegenstand der Soziobiologie. Sie liegen in den ökologischen Bedingungen der Evolution eben dieses Nervensystems bzw. des Gesamtorganismus, zu dem es gehört, begründet:

»Die letzte Ursächlichkeit beruht auf den Notwendigkeiten, die die Umwelt hervorbringt: dem Druck, den Wetter, Freßfeinde und andere Widerstände (stressors) ausüben, und auf solchen Gelegenheiten, wie unausgefüllte Lebensräume, neue Nahrungsquellen und erreichbare Geschlechtspartner sie bieten. Die Art antwortet auf die Erfordernisse der Umwelt mit genetischer Evolution durch natürliche Auslese, indem sie planlos (inadvertently) Anatomie, Physiologie und Verhalten der individuellen Organismen verändert.« (4)

Nach der neodarwinistischen (synthetischen) Evolutionstheorie erhält die Evolution ihre jeweilige Richtung dadurch, daß die im Genpool von Fortpflanzungsgemeinschaften (Populationen) immer wieder auftretenden Zufallsmutationen (wie auch die im Genpool schon vorhandenen oder aus fremden Populationen zugemischten Gene) je nach den gegebenen Umweltbedingungen unterschiedliche Chancen haben, sich auszubreiten, d. h. ihren Anteil am Genpool *zu Lasten konkurrierender Allele* zu vergrößern. Die Soziobiologie muß, um die innerhalb dieser populationsgenetischen Evolutionstheorie gängigen mathematischen Modelle auf die Evolution des Verhaltens übertragen zu können, einige vereinfachende Annahmen machen (5), wodurch die Theorie natürlich angreifbar wird. Problematischer aber erscheint die Tatsache, daß die Soziobiologie, da die Milieu-Selektion der »Verhaltensgene« am *Phänotyp* angreift, zunächst jedes konkrete Verhalten, das sich irgendwie als »evolutionär stabil« erweisen ließ (6), wie ein vollständig genetisch bedingtes behandelte. Durham (1979) wies darauf hin, daß so die Unterscheidung zwischen kultureller Konkretion und genetischer Disposition nicht möglich ist und die auf zentralnervöser Informationsverarbeitung beruhenden Manifestationen des Verhaltens bedenkenlos ihren genetischen Vorprogrammierungen zugeschlagen werden. Er fordert deshalb eine »Koevolutionstheorie«, die beide Aspekte in ihrer Wechselwirkung darstellen kann (7). Solange eine solche Theorie nicht existiert, scheint die Gen-Selektionstheorie des Verhaltens auf die Spezies Mensch kaum anwendbar zu sein.

2.1.2 Gesamt-Eignung

Darwins Evolutionstheorie besagt, die »geeignetsten« Organismen würden »überleben«, und zwar nicht nur individuell bis sie natürlichen Alterungsprozessen zum Opfer fallen, sondern über Generationen in Form von Nachkommen. »Geeignet« bedeutet in diesem Zusammenhang, daß die Organismen über Strukturen verfügen, die es erlauben, mit möglichst geringem Aufwand einen möglichst großen Nutzen aus der gegebenen Umwelt zu ziehen. Je positiver die Kosten-Nutzen-Bilanz ausfällt, desto »geeigneter«, angepaßter, ist der Organismus, d. h. er kann einen Überschuß erwirtschaften und in Expansion umsetzen (8). Stammesgeschichtlich kommt dabei allerdings nicht die Expansion des individuellen Organismus zum Tragen – etwa die Anlage von Fettreserven –, sondern ausschließlich die Expansion auf dem Wege der Vermehrung. Die Anzahl der Nachkommen gilt deshalb als gutes Maß für die »Eignung« (9).

Schon Darwin selbst hat gesehen, daß »Eignung« nicht allein von der Vitalität und von der Funktionalität der Erwerbsorgane abhängt, sondern auch vom Verhalten (10). Dieser Gedanke wird von Wickler und Seibt in folgende Form gebracht:

»Insofern die Organismen notwendig sind für den Fortbestand und die Vermehrung der in ihnen enthaltenen Gene, muß man erwarten, daß die Gene, die den Organismus in ihrem eigenen Interesse aufgebaut haben, ihn auch in ihrem eigenen Interesse betreiben, also auch sein Verhalten so steuern, daß vordringlich ihre eigene Vervielfältigung gesichert wird.« (11)

Daraus könnte nun geschlossen werden, in der Natur herrsche ein rücksichtsloser Egoismus: »Natur, Zähne und Klauen blutigrot«. Dawkins behauptet sogar, daß dieser Ausspruch Tennysons »unser modernes Verständnis der natürlichen Auslese vortrefflich zusammenfaßt« (12) – allerdings nur auf der Ebene der Gene! Unter bestimmten Umständen kann der »Gen-Egoismus« durchaus zu altruistischem Verhalten führen. Man kann davon ausgehen, daß ein bestimmtes Gen oder Gensystem ja nicht nur in einem einzigen Organismus vertreten ist. Jeder Organismus hat z. B. Verwandte – Eltern, Kinder, Geschwister, Vetter, Neffen usw. –, mit denen er einen Teil seines Genbestandes aufgrund gemeinsamer Abstammung gemeinsam hat. Der »Egoismus« eines Gens oder Gensystems kann sich nun darin äußern, daß es Verhaltensstrukturen bedingt, die der Förderung der weiteren Träger desselben Gens oder Gensystems dienen, womit deren Fortpflanzungschancen sich erhöhen. Solche Gene oder Gensysteme, die Strukturen und Verhaltensweisen aufbauen, die den *Fortpflanzungserfolg der Gesamtheit ihrer Träger* vergrößern, hätten unbestreitbar einen Auslesevorteil, denn Gene, die den Fortpflanzungserfolg der Gesamtheit ihrer Träger vergrößern helfen, erhöhen damit natürlich ihren eigenen Anteil am Genpool.

Ist Darwin noch vom Fortpflanzungserfolg individueller Organismen ausgegangen (individual fitness), so zählen heute die Soziobiologen auch noch den Fortpflanzungserfolg seiner Verwandten dazu, um dadurch die »Gesamt-Eignung« (inclusive fitness) zu bestimmen. Dabei muß allerdings der Verwandtschaftsgrad berücksichtigt werden, der angibt, mit welcher Wahrscheinlichkeit welche Verwandten das betreffende Gen oder Gensystem besitzen. Man darf also nicht einfach zu den Nachkommen eines Individuums die Nachkommen seiner Verwandten addieren, sondern muß die Nachkommen eines jeden Verwandten mit ihrem Verwandtschaftsgrad (gegenüber dem Ausgangsindividuum) multiplizieren. Je näher zwei Individuen verwandt sind, desto mehr Gene haben sie gemeinsam. So ist Verwandtschaft definiert. Desto wahrscheinlicher haben sie dann aber auch ein bestimmtes Gen gemeinsam: z. B. eineiige Zwillinge $r = 1$, Eltern – Kinder $r = 1/2$, Geschwister $r = 1/2$, Großeltern – Enkel $r = 1/4$ usw., wobei r der Verwandtschaftskoeffizient ist, der die Wahrscheinlichkeit gemeinsamen Genbesitzes angibt. Die Schlußfolgerung, die in der Soziobiologie (hier nach Wickler und Seibt) daraus gezogen wird, ist die, daß Konkurrenz für gemeinsame Gene schädlich, Zusammenarbeit dagegen nützlich ist. Alle Gene, die bewirken, daß Individuen sich um so intensiver fördern, je näher sie miteinander verwandt sind, sind von der Selektion begünstigt und müßten sich in allen Populationen, in denen sie auftreten, entsprechend ausbreiten (13). Die einzige Voraussetzung dafür ist, daß die Organismen die Möglichkeit und die Fähigkeit haben, die zwischen ihnen bestehenden Verwandtschaftsgrade abzuschätzen.

Die durch das Gesamt-Eignungsmodell erweiterte, auf die Reproduktionsrate von Genen und Gensystemen bezogene Selektionstheorie ist die Basis, auf der die Soziobiologie das Auftreten von Altruismus und Konkurrenz, von Brutfürsorge, Partner- und Gruppenbindung, Brut- und Gruppenverteidigung, im Falle von begrenzten Ressourcen sogar die Konkurrenz zwischen Populationen als abhängig von Verwandtschaftsgraden zu erklären versucht.

Ebenfalls auf dieser Basis will Trivers (1971) den *nicht*-verwandtschaftsbezogenen Altruismus erklären. Er stellt die Hypothese auf, gegenseitige Hilfe sei ganz allgemein dann selektionsbegünstigt, wenn die Kosten, die eine Hilfeleistung verursacht, durch den Nutzen aufgewogen (oder überboten) werden, den die »Rückerstattung« der Hilfe bei anderen Gelegenheiten erbringt (reciprocal altruism). Dabei müsse die Rückerstattung nicht unbedingt dem Helfer selbst zugute kommen, es genüge, wenn sie an seine Nachkommen erfolgt oder an sonstige Träger seines Erbgutes. Und selbst das könne auf Umwegen über Dritte geschehen. Die Hauptsache sei, der Empfänger einer Unterstützung ist überhaupt selbst Altruist und als solcher bereit zu nicht-verwandtschaftlicher Hilfe. Damit erhält die

Theorie der ausschließlich verwandtschaftsbezogenen Selektion sozialen Verhaltens (kin selection) eine wichtige Ergänzung, so daß die Gen-Selektionstheorie in Verbindung mit dem Gesamt-Eignungsmodell nunmehr zur Erklärung aller bekannten Formen des Sozialverhaltens herangezogen wird – einschließlich des menschlichen (14). Nach dem Gesamt-Eignungsmodell läßt sich im Rahmen der Gen-Selektionstheorie berechnen, daß praktisch alle Aspekte des tatsächlichen menschlichen Verhaltens mit allen kulturspezifischen Varianten stammesgeschichtlich auf dem Wege der Ausbreitung ihrer genetischen Grundlagen hätten entstehen können (15).

Mit Durham hatten wir schon darauf hingewiesen, wie problematisch solche Berechnungen sind, da von dem Augenblick an, wo die Übermittlung individuell erworbener Informationen ins Spiel kommt, diese Theorie nicht mehr differenzieren kann. Tradierte Verhaltensmuster könnten gerade deshalb tradiert werden, weil sie die Gesamt-Eignung derer erhöhen, die über sie verfügen. Die Gen-Selektionstheorie behandelt solche Verhaltensmuster aber wie vollständig genetisch bedingte. Dabei sagt sie im Grunde genommen nur etwas über die *Ausbreitungschance des Verhaltens* aus – und nicht irgendwelcher hypothetischer »Verhaltensgene«! Sie berechnet zwar die Ausbreitungschance nach dem populationsgenetischen Modell, aber es gibt keinen Grund zu der Annahme, Traditionen könnten sich nicht auf vergleichbare Art verbreiten. Die genetische Bedingung einer Verhaltensweise o. ä. ist die *Voraussetzung* für die Anwendung der Gen-Selektionstheorie und des Gesamt-Eignungsmodells; beweisen läßt sie sich so jedenfalls nicht! Dennoch ist es für ein Lebewesen sehr unwahrscheinlich, daß über vier Milliarden Jahre Stammesgeschichte keine Spuren im Verhaltenssystem hinterlassen haben sollten.

2.1.3 Die Gen-Kultur-Koevolutionstheorie

Lumsden und Wilson (1981) haben versucht, dieses Problem zu lösen, indem sie eine »Gen-Kultur-Koevolutionstheorie« formulierten. Ausgangsbasis ist das Phänomen der »Epigenese«. Darunter soll folgendes verstanden werden:

»Der Prozeß der Interaktion zwischen Genen und der Umwelt, der letztlich auf die verschiedenen anatomischen, physiologischen, kognitiven und verhaltensmäßigen Merkmale des Organismus hinausläuft. Epigenetische Ereignisse geschehen von dem Augenblick an, wo RNS von DNS transskribiert wird, dann weiter durch alle Phasen der Entwicklung bis endlich zum Aufbau der Gewebe und selbst der Wahrnehmung; die interagierende Umwelt besteht zunächst gänzlich aus dem Zell-Medium, expandiert dann aber bis sie – besonders im Falle des Menschen – alle Aspekte der Kultur einschließt« (16).

Nach Lumsden und Wilson gibt es »epigenetische Regeln«, die, selbst genetisch bedingt, die Interaktion zwischen Erbgut und Umwelt auf allen Ebenen bestimmen. Das sind zunächst die Regeln der Protein-Synthese, dann die der Embryonalentwicklung bis zu denjenigen, die die geistige Entwicklung des Einzelnen steuern. Letztere werden unterschieden in primäre und sekundäre epigenetische Regeln: die primären betreffen automatische Prozesse wie die Entwicklung der Wahrnehmungsfähigkeit und der damit verbundenen Filtermechanismen, die sekundären beziehen sich auf die Informationsverarbeitung innerhalb des Wahrnehmungsfeldes. Sie beinhalten die Kanalisierung von Erinnerungen, emotionaler Reaktion, die Entscheidungsfindung und die Vorliebe für bestimmte »Kulturgene«, d. h. diejenigen Artefakte, Verhaltensweisen oder »Mentifakte« (so bezeichnen Lumsden und Wilson Vorstellungen, Phantasien usw.), deren jedes an einem oder mehreren Merkmalszuständen beteiligt ist, die aufgrund ihrer funktionalen Wichtigkeit selektiert worden sind (17). Die epigenetischen Regeln der geistigen Entwicklung umschreiben im Prinzip nur das Wirken dessen, was in der Ethologie schon seit langem als angeborene Wahrnehmungsschablonen, Wertungen, Verhaltens- und Lerndispositionen bekannt ist.

Die Gen-Kultur-Koevolutionstheorie versucht mittels mathematischer Modelle zu zeigen, wie auch »Kulturgene« nach dem Prinzip der Maximierung der Gesamt-Eignung ihrer Träger ausgelesen werden, wobei zugleich das für die Struktur und Funktion der epigenetischen Regeln, nach denen die Auswahl der »Kulturgene« geschieht, verantwortliche Erbgut mit ausgelesen wird. Die Modelle sind so angelegt, daß sie die Darstellung der interdependenten Selektion von »Kulturgenen« und der für die Verhaltens- und Lerndispositionen usw. verantwortlichen Gene und Gensysteme unter verschiedenen Bedingungen erlauben sollen.

Berechnungen nach diesen Modellen haben auch zu einigen Erkenntnissen von allgemeiner Bedeutung geführt. So hätte z. B. unter den Bedingungen der Gen-Kultur-Koevolution ein Genotyp, der einen »Tabula-rasa-Phänotypen« hervorbringen würde, einen Organismus also, der über keinerlei epigenetische Regeln für die Entwicklung seines Verhaltenssystems verfügt, keine Chance gegenüber einem konkurrierenden Genotyp, der einen Phänotypen mit gerichteter Wahrnehmung, gerichtetem Verhalten und gezieltem Lernen hervorbringt, vorausgesetzt, letzterer setzt seine Fähigkeiten so ein, daß er jeweils ein möglichst wirkungsvolles aus alternativen »Kulturgenen« wählt. Das bedeutet, daß das stammesgeschichtliche Auftreten von Organismen, die nicht von vornherein bestimmte Präferenzen mitbringen, äußerst unwahrscheinlich ist, solange es direkte Konkurrenten gibt, deren ontogenetische Verhaltensentwicklung in phylogenetischer Anpassung an die langfristig stabilen Umweltbedingungen vorstrukturiert ist.

Ein anderes Ergebnis ist, daß kulturelle Übermittlung den Gesamtprozeß der Gen-Kultur-Koevolution beschleunigt (Autokatalyse), zugleich aber *innerhalb* des Koevolutionsprozesses die genetische Evolution bremst. Dennoch können – und auch das zeigen die Modellrechnungen – Änderungen von Gen-Häufigkeiten im Koevolutionsprozeß auch sehr schnell eintreten. Das ist dann der Fall, wenn die Evolution der epigenetischen Regeln selbst zu einem autokatalytischen Vorgang wird. Nach Lumsden und Wilson geschieht das unter der Bedingung, daß ein Höchstmaß an Gesamt-Eignung nur zu erreichen ist, wenn die epigenetischen Regeln äußerst selektiv auf die wirkungsvollsten von wenigen möglichen und klar definierten »Kulturgenen« ansprechen, und die Umwelt lange genug stabil bleibt. Es entsteht dann ein Selektionsdruck auf die angeborenen Wahrnehmungsfilter, Wertungen, Verhaltens- und Lerndispositionen, und die bevorzugten Gene oder Gensysteme können sehr schnell – Lumsden und Wilson schätzen in ca. fünfzig Generationen oder tausend Jahren – konkurrierende Allele im Genpool einer Population vollständig ersetzen. Damit wäre wieder ein stabiler Zustand erreicht, und die genetische Evolution verlangsamt sich. Nach diesem Modell können kulturelle Unterschiede zwischen Populationen genetische Unterschiede widerspiegeln, müssen es aber nicht. Ein langes, relativ isoliertes Dasein unter spezifischen klimatischen und landschaftlichen Bedingungen scheint aber eine auch genetische Sonderentwicklung zu begünstigen bzw. begünstigt zu haben.

Während die Gen-Selektionstheorie die genetische Bedingtheit phänotypischen Verhaltens vorausgesetzt hat, behauptet die Gen-Kultur-Koevolutionstheorie nur noch die genetische Bedingtheit der epigenetischen Regeln. Für die Begünstigung solcher verhaltenssteuernden Mechanismen unter den Bedingungen der Milieu-Selektion kann sie auch den mathematischen Beweis erbringen. Das kann uns aber noch nicht genügen. Für ein Sozialisationskonzept ist es von viel größerer Bedeutung, wie die epigenetischen Regeln, wenn sie schon genetisch bedingt sein sollen, sich konkret im menschlichen Verhalten auswirken.

2.1.4 Biogramm und Biogrammatik

Als Wilson die Soziobiologie der Öffentlichkeit präsentierte, weckte er die Hoffnung, mit der neuen Theorie ließe sich die Eigenart der menschlichen Verhaltenssteuerung erklären, indem er die »Suche nach dem menschlichen Biogramm« als eine Aufgabe dieser Disziplin benannte (18). Der Begriff des Biogramms hat er dabei von Count übernommen, der ihn als »den Lebenszyklus eines Individuums, die als Zyklus verstandene Lebensweise einer Coenonie, einer Art oder sogar eines Stammes« definiert (19). Wilson verwendet den Begriff aber eher im Sinne von Tiger und Fox, die er auch in diesem Zusammenhang anführt.

Tiger und Fox erweitern den Begriff des Biogramms zu dem der *Biogrammatik*. Sie greifen dabei auf Chomskys Theorie der Universalgrammatik zurück, deren Struktur mit der Sprachfähigkeit und damit der biologischen Beschaffenheit der Art Homo sapiens vorgegeben sein soll (20). Analog zu dieser möglichen Vorstrukturiertheit der menschlichen Sprachen vermuten Tiger und Fox eine biologisch-universelle Vorstrukturiertheit des menschlichen Verhaltens:

»Das Gesamtrepertoire der möglichen Verhaltensweisen einer Art wird zuweilen als »Biogramm« bezeichnet. Doch das ergibt nur eine statische Liste. Um zu verstehen, in welcher Beziehung die einzelnen Bestandteile dieser Liste zueinander stehen, müssen wir die Regeln kennen, welche die Beziehungen bestimmen ... Wenn wir die Sprache des Verhaltens erfassen wollen, benötigen wir ein ... System von Regeln für das Biogramm, nämlich die Biogrammatik ... Diese Regeln beschreiben die Prinzipien, nach denen die Sprache des Verhaltens funktioniert, auch wenn sie nicht mit Sicherheit vorausbestimmen können, wie sich ein Individuum im Einzelfall verhält« (21).

Genau wie die menschliche Sprachfähigkeit, so meinen Tiger und Fox weiter, sei auch »alle übrige Kultur in der Biologie der Art angelegt«, und sie fahren fort, indem sie zum biologisch vorgegebenen »Spracherwerbsapparat« wiederum eine Analogie herstellen:

»Wir besitzen einen *Kulturerwerbsapparat*, der uns zwingt, unverkennbare und durchschaubare menschliche Kultur hervorzubringen, genauso wie wir unverkennbar menschliche Sprachen hervorbringen, so sehr sie auch regional voneinander abweichen mögen. Wie ein Kind nur eine Sprache lernen kann, die den »normalen« Grammatikregeln der Menschensprachen entspricht, so kann es nur eine Grammatik des Verhaltens lernen, die den analogen Regeln der Biogrammatik folgt.« (22)

Mit »Biogrammatik« ist demnach das universelle Muster gemeint, nach dem menschliches Zusammenleben sich trotz aller kulturellen Unterschiede regelt und das letztlich im Erbgut der Art Homo sapiens verankert, also artspezifisch ist. Wegen seiner prinzipiellen Verwandtschaft mit den Biogrammatiken anderer Arten gilt sie als ein Spezialfall der allgemeineren Primaten-Biogrammatik, dann der der Säugetiere, schließlich der Wirbeltiere (23). Auf dem höchsten Abstraktionsniveau erscheint die Biogrammatik des Menschen als eine Konkretisierung jener allgemeinster Gesetzlichkeiten, die das Verhalten tierischer Organismen schlechthin bestimmen. Wer noch weiter abstrahieren will, wird finden, daß diese Gesetzlichkeiten auch nur wieder besondere Ausformungen noch allgemeinerer sind, nämlich derjenigen, die Verhalten *und Struktur* lebender (= Energie und Information erwerbender) Systeme (Energone (24)) definieren. Diese scheinen für Gene und »Kulturgene« gleichermaßen gültig zu sein.

Es handelt sich hierbei *erstens* um die Bedingungen der inneren Selektion, die den Zufall von genetischer Mutation und kultureller Innovation in ein System sich selbst entfaltender Ordnung zwingen, indem Rückwirkungen aus Material und Milieu – Interdependenzen zwischen den Elementen des Systems – die Entwicklung von Mutation und Innovation schon immer kanalisieren (25). Erst wenn der Phänotyp in die Welt tritt und in seiner Umwelt zu agieren beginnt, setzt *zweitens* die Milieu-Selektion ein. Da die Gen-Selektionstheorie nur diesen Aspekt berücksichtigt, kann sie auch nur erklären, unter welchen Bedingungen welche Verhaltensweisen selektionsbegünstigt sind, aber nicht, warum sie in dieser oder jener Form überhaupt auftreten. Ebenso kann die Gen-Kultur-Koevolutionstheorie, selbst wenn sie die Erfindung von »Kulturgenen« als von epigenetischen Regeln gesteuert annimmt, immer noch nicht mehr erklären als die selektive Rückwirkung der Innovation auf die *Ausbreitung* des für die epigenetischen Regeln verantwortlichen Erbguts im Genpool der Population und, davon abhängig, das weitere Schicksal des neuen »Kulturgens«, ebenfalls ausschließlich in Bezug auf seine *Ausbreitungschance*. Die besondere Form der Innovation dagegen kann nur aus den epigenetischen Regeln selbst und ihrem Zusammenwirken mit den übrigen Elementen der Umwelt einschließlich der schon vorhandenen kulturellen Artefakte (wozu wir auch die »Mentifakte« zählen) erklärt werden. Die epigenetischen Regeln, soweit sie art- und nicht populationsspezifisch sind, erscheinen damit als die gesuchten Regeln der menschlichen Biogrammatik.

Daß die soziobiologische Theorie diese Regeln nicht ableiten kann, da sie sie voraussetzen muß, hatten wir schon angedeutet. Die Soziobiologie ist deshalb auf die empirischen Befunde aus dem Art- und Kulturvergleich angewiesen, die sie dann allerdings nach dem Gesamt-Eignungsmodell erklären kann. Da es uns zunächst fraglich erschien, ob die Annahme einer genetischen Grundlage des Verhaltens dabei wirklich zwingend ist, wäre noch zu prüfen, inwieweit die Einführung der epigenetischen Regeln die Frage der genetischen Bedingtheit klären hilft. Das heißt, wir müssen nach angeborenen zentralnervösen Strukturen suchen, die das menschliche Verhalten artspezifisch steuern (26).

2.2 Neurobiologie: Steuermechanismen des Verhaltens

2.2.1 Der Aufbau des menschlichen ZNS

Wie die übrigen Organe des menschlichen Körpers auch entspricht das Gehirn in Aufbau und Funktion dem Wirbeltier- bzw. Säugetier-Typ und unterscheidet sich in seiner Struktur nur geringfügig von den Gehirnen nahe verwandter Arten. Es gibt natürlich auch einzelne gravierende Unterschiede – so verfügt z. B. allein das menschliche Gehirn über eine sprachmotorische Rindenregion –, aber die Suche nach derartigen Besonderheiten sollte nicht dazu verleiten, die weitaus größeren Gemeinsamkeiten zu übersehen.

Die Gemeinsamkeiten zwischen dem menschlichen ZNS und denen verwandter Arten beruhen auf gemeinsamer stammesgeschichtlicher Entwicklung. Je weiter man sich in der Systematik vom Menschen entfernt, desto eindringlicher wird sichtbar, daß die stammesgeschichtliche Entwicklung des Wirbeltierhirns durch eine stufenweise Zunahme an Komplexität gekennzeichnet ist. Die schematische Darstellung nach MacLean und die von ihm eingeführte Terminologie mögen das verdeutlichen *(Abb. 3)*.

Selbst wenn wir uns nicht im einzelnen mit den Schlußfolgerungen identifizieren, die MacLean aus dieser Dreiteilung zieht und die insbesondere durch Koestler einem breiten Publikum bekannt gemacht worden sind (27), bleibt als Tatsache anzuerkennen, daß das menschliche Gehirn aus stammesgeschichtlich verschieden alten Strukturen besteht, die ihre je eigenen Funktionen haben. Dabei ist schon theoretisch davon auszugehen, daß die älteren Strukturen die vitalen Bedürfnisse des Organismus regeln werden.

Die vitalen Bedürfnisse eines Organismus sind nach soziobiologischer Auffassung die, die der Vermehrung des eigenen Erbguts förderlich sind. Es ist also theoretisch zu erwarten, daß die Biogrammatik des Menschen in den stammesgeschichtlich älteren Hirnteilen codiert ist. Tatsächlich ergibt sich bei der Untersuchung des ZNS mittels verschiedener Techniken (28), durchgeführt bei Säugetieren einschließlich des Menschen, eine erstaunliche Konvergenz der Ergebnisse dahingehend, daß die verhaltensmotivierenden Antriebsmechanismen ausschließlich in bestimmten älteren Strukturen lokalisierbar sind. Um das zu verstehen, ist es unerläßlich, die Funktionen der einzelnen Hirnteile kurz zu beschreiben. Für weitergehende Informationen sei auf die einschlägige Fachliteratur verwiesen (29).

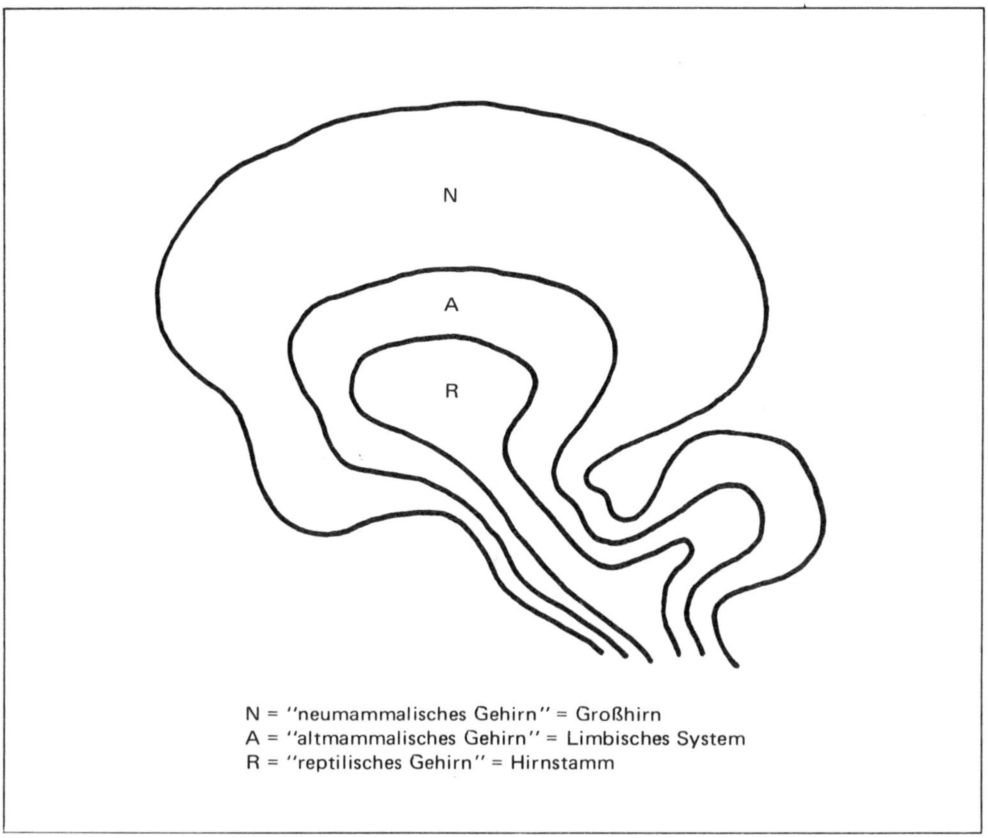

Abb. 3: Stammesgeschichtliche Entwicklung des Wirbeltierhirns (leicht verändert nach MacLean, 1970)

1. Die *Medulla oblongata* (verlängertes Rückenmark) enthält Atemzentren, die Atemfrequenz und -tiefe steuern, außerdem regelt sie z. T. die Darmtätigkeit. Herztätigkeit und Kreislauf sowie Husten- und Brechreflexe werden ebenfalls von ihr gesteuert.
2. Der obere Teil des Hirnstammes heißt *Mittelhirn*. Darin liegen mehrere Kerne, die für die Augenbewegung und für die Pupillenreaktion zuständig sind. Als Teil des Mittelhirns gilt auch die *Formatio reticularis*, ein Neuronengeflecht, das über Verbindungen zu den meisten anderen Hirnteilen einschließlich des Cortex verfügt. Die Formatio reticularis wird als das Aktivierungssystem für das Großhirn angesehen, von einigen Forschern sogar als »Programmauswahlzentrum des Gehirns« (30). Auf jeden Fall hat sie außer der aktivierenden noch eine hemmende Funktion: Neben dem regulierenden Einfluß auf das Bewußtsein (Gegenstand der Aufmerksamkeit und Ausmaß der Wachheit) führt sie auch den Schlaf herbei.
3. Das *Kleinhirn* (Cerebellum) hat über die *Brücke* (Pons) des Hirnstammes Verbindung zur motorischen Assoziationsrinde und den Pyramidenzellen des Großhirns und über den oberen Kleinhirnstiel auch zum Thalamus. Seine Funktion besteht hauptsächlich in der Präzisierung der Willkürmotorik und der Speicherung erworbener feinmotorischer Programme (Klavierspielen, Tanzen etc.).

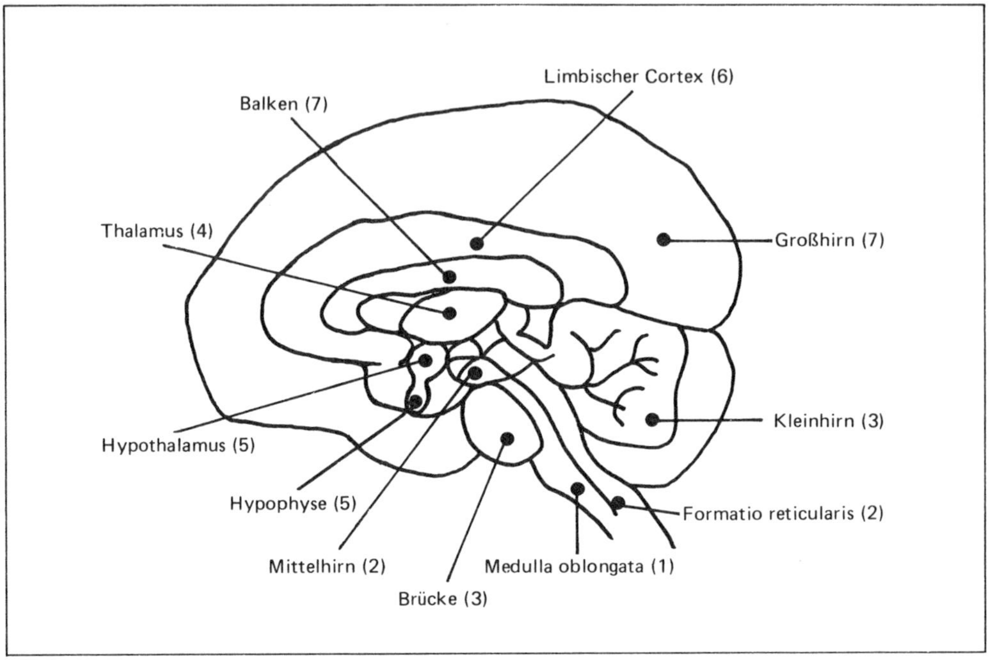

Abb. 4: Medianschnitt durch das menschliche Gehirn (schematisch)

4. Im *Thalamus*, der vielfältige Verbindungen zum Neocortex hat, ist fast jedes Areal der Großhirnrinde noch einmal repräsentiert. Außerdem ist er mit dem Hypothalamus und über die Formatio reticularis mit dem Hirnstamm verbunden.

Aufgrund dieser komplexen Interaktionsmöglichkeiten mit anderen Hirnteilen wird er als Integrationszentrum für die inner- und außerkörperlichen Sinnesreize angesehen, außerdem sollen hier Daten aus dem Erfahrungsschatz zugemischt werden. Die Kommunikation verschiedener Gebiete der Großhirnrinde untereinander, selbst wenn sie unmittelbar aneinandergrenzen, läuft *immer* über den Thalamus, und die Bewußtseinsinhalte bekommen hier ihre affektive Färbung.

5. Der *Hypothalamus* mit der daran hängenden zentralen Hormondrüse, der *Hypophyse*, regelt das innere Milieu des Körpers sowie das Antriebsgeschehen. Er steuert nicht nur das gesamte autonome Nervensystem, sondern über die Hypophyse auch den gesamten Hormonhaushalt des Körpers – und damit auch Wachstum und Reifung. Neben den mit den Affekten verbundenen körperlichen Reaktionen, die bereits Cannon (1975) beschrieben hat, ist der Hypothalamus auch für allgemein-menschliche Verhaltensdispositionen verantwortlich. Er enthält nach Ehrhardt *»bestimmte, auf die Aktivierung einzelner Klassen von Verhaltensweisen spezialisierte Nervenzellenverbände«* (31). Diese werden »Antriebsstrukturen« genannt. Die Antriebe für Flucht, Angriff, Nahrungsaufnahme, Sexualität usw. werden danach vom Hypothalamus hervorgebracht.

6. Hippocampus, Mandelkern und einige andere Hirnteile, von manchen Autoren (z. B. MacLean) auch noch der Hypothalamus und einige Teile des Thalamus, werden mit dem basalen Teil des Großhirns, dem *limbischen Cortex* oder Gyrus cinguli – er unterscheidet sich strukturell und funktionell vom übrigen Cortex und ist auch stammesgeschichtlich älter –, als *limbisches System* zusammengefaßt. Wir werden uns an Ploog und Gottwald

halten und den Hypothalamus nicht dem limbischen System zurechnen. Wichtigstes Merkmal des limbischen Cortex ist, daß er trotz seiner Lage über mehr Verbindungen zum Hypothalamus und zum Mittelhirn verfügt als zum Neocortex. Unbeschadet der besonderen Funktion des Hippocampus zu entscheiden, welche Inhalte im Langzeitgedächtnis gespeichert werden sollen, läßt sich die Funktion des Gesamtsystems mit Ploog und Gottwald so zusammenfassen:

»Auf einen Generalnenner gebracht, steuert das limbische System das emotionale Verhalten, die Stimmung und Handelnsbereitschaften ... und damit das Motivationsgefüge des Organismus.« (32)

Das limbische System gilt sozusagen als Koordinationszentrum für die aus dem Hypothalamus aufsteigenden Antriebe. Das bedeutet, wie Barnett schreibt, »daß das limbische System vor allem die sichtbaren Reaktionen im Verhalten des ganzen Tieres organisiert, die durch innere Zustände wie Bereitschaft zum Angriff, Hunger usw. hervorgerufen werden« (33).

7. Die bisher aufgeführten älteren Hirnteile (»reptilisches« und »altmammalisches« Gehirn) werden umhüllt von den beiden jüngeren, mit dem Aufkommen höherer Säuger sich entwickelnden Großhirnhemisphären, die durch den *Balken* (Corpus callosum) miteinander verbunden sind und die zusammen den Neocortex, das *Großhirn* ausmachen. Bei Primaten ist das Großhirn der massenmäßig größte Hirnteil. Der Neocortex des Menschen enthält hauptsächlich sensorische Projektions- und Erinnerungsfelder sowie Zentren zur Aktivierung von Willkürbewegungen, die über Thalamus und Kleinhirn mit dem Rückenmark Verbindung haben. Da diese Nervenverbindung, über die die Willkürmotorik innerviert wird, von den sogenannten Pyramidenzellen ausgeht, wird sie Pyramidenbahn genannt. Der Schläfenlappen, in den auch der stammesgeschichtlich ältere, zum limbischen System gerechnete Hippocampus eingebettet ist, fungiert als Speicher für komplexe Inhalte, als Langzeitgedächtnis. Auch dem Frontallappen wird eine besondere Funktion zugeschrieben: Er soll das Triebverhalten in eine von der Umwelt akzeptierte Form bringen. Aber hier sind die Ergebnisse nicht eindeutig (34). *Ganz sicher ist dagegen, daß der Neocortex über keinerlei eigene Antriebsmechanismen verfügt.* Er ist als das Organ des Bewußtseins, des Denkens und der Erinnerung zu charakterisieren.

2.2.2 Gehirn und Verhalten

Das menschliche Zentralnervensystem ist aus diversen Einzelorganen zusammengesetzt, die auf geordnete Weise miteinander kommunizieren. Die relative Größe des Neocortex, in Verbindung mit seiner Denk- und Bewußtseinsfunktion, hat jedoch zu dem Glauben verführt, die stammesgeschichtlich älteren Hirnteile seien zur Bedeutungslosigkeit herabgesunken und hätten mit der Verhaltenssteuerung nichts mehr zu tun. So meint z. B. Portmann:

»Die gewaltige Steigerung der Masse der Hirnrinde und ihrer Bahnen steht im Zusammenhang mit der Schwächung der Instinktorganisation.« (35)

Ähnlich behauptet Gehlen:

»Da aber die starren Instinkte gerade die echten sind (als ob es auch unechte Instinkte gäbe! D. P.), so kann man auch von einem Vorgang der »Instinktreduktion« beim Menschen sprechen, der sicher sehr weit in die Abstammungsgeschichte zurückreicht und dessen Gegenrechnung in der beträchtlichen Gehirnentwicklung läge.« (36)

Roth zieht daraus endlich den Schluß, der Mensch sei »prinzipiell als 'Gehirnwesen' zu definieren« (37), was natürlich nur einen Sinn hat, wenn mit »Gehirn« der Neocortex gemeint ist. Griese geht sogar noch einen Schritt weiter. Er hält gleich das ganze menschliche Gehirn für eine stammesgeschichtliche Neubildung (38)!

Nun, eine stammesgeschichtliche Neubildung ist das menschliche Gehirn sicher nicht, nicht einmal der Neocortex als solcher. Und daß das menschliche Verhalten nicht ausschließlich durch die Aktivitäten des Großhirns charakterisiert werden kann, ist eine durch unzählige Experimente belegte Tatsache. Auch die Hirngröße besagt für sich noch gar nichts, wie von Bertalanffy anhand einiger Beispiele dargelegt hat (39). Weder aus der Größe des gesamten menschlichen Gehirns noch aus der besonderen Entwicklung des Neocortex allein lassen sich Aufbau und Funktion des menschlichen Verhaltenssystems vollständig ableiten. Man muß sich darüber im klaren sein, daß die stammesgeschichtlich älteren Strukturen auch beim Menschen voll funktionsfähig vorhanden sind. *Sie* enthalten die verhaltensmotivierenden Mechanismen, die Antriebe usw., nicht der Neocortex! Der Neocortex ist vielmehr ein Organ, *das deren Wirksamkeit verbessert*, indem er differenzierte Erfahrungen speichern und zu neuen oder gar erst noch zu erwartenden Situationen in Beziehung setzen kann. Die stammesgeschichtlich erworbenen Verhaltensdispositionen, hier bereits vorwegnehmend mit Portmann und Gehlen als Instinktmechanismen etikettiert, die in ihrer Gesamtheit die Biogrammatik konstituieren, sind in Form physischer Strukturen (Antriebsstrukturen) in den älteren Teilen des ZNS nachweisbar. Sie sind keineswegs durch neocortikale Funktionen ersetzt. Die stammesgeschichtlich jüngeren Bildungen stellen ein zusätzliches System mit besonderen Funktionen dar und nicht ein konkurrierendes oder gar vikariierendes System (40). Warum sollte auch extra eine neue Struktur entwickelt werden, wenn die alte doch funktioniert? Nein, dieses zusätzliche Organ schließt den schon vorhandenen Strukturen einen ganzen Kosmos neuer Möglichkeiten auf. Das menschliche Verhalten ist deshalb nicht abhängig von der Funktion des einen *oder* anderen Systems, sondern von der resultierenden Funktion des gesamten ZNS. Diese resultierende Funktion läßt sich zwar experimentell zerlegen, und ihre Komponenten können bestimmten Strukturen des ZNS zugeordnet werden. Das tatsächliche Verhalten eines jeden Menschen beruht aber immer auf einer *integrierten Gesamtleistung* seines Gehirns (41).

Eine Analyse der Verhaltensstruktur selbst soll aufklären, wie sich in dieser integrierten Gesamtleistung die Gewichte verteilen und wovon ihre Verteilung abhängt, denn das, was von neurobiologischer Seite über die Organisation des Verhaltens ausgemacht wurde, kann auch auf anderem Wege in Erfahrung gebracht werden. Dieser andere Weg ist die Ethologie, die so eng mit der Neurobiologie zusammenarbeitet, daß die gemeinsame Grenze kaum noch zu erkennen ist (42).

2.3 Ethologie: Grundstrukturen des Verhaltens

2.3.1 Die Instinkthandlung – Entwicklung des Begriffs und derzeitige Modellvorstellung

Schon Darwin hat die Ansicht vertreten, daß es individuell invariable, artkennzeichnende Verhaltensweisen gibt, die genau wie Organe vererbt werden und genau wie diese der natürlichen Zuchtwahl unterliegen (43). Die nähere Erforschung solcher artspezifischer Verhaltensweisen zunächst durch Ornithologen, dann durch die frühen Ethologen und besonders durch Lorenz, führte zu ihrer Bezeichnung als »Erbkoordinationen« oder »Instinkthandlungen«. Diese Begriffe bezogen sich ursprünglich ausschließlich auf die starren motorischen Elemente des folgenden Schemas, das aufgrund eingehender Verhaltensstudien und Experimente an verschiedenen Tierarten entwickelt worden war.

Jede einzelne Instinkthandlung wird durch spezifische zentralnervöse *(endogene) Reize* gespeist. Diese werden automatisch und kontinuierlich produziert und zunächst in einem *Reservoir aktionsspezifischer Energie* aufgestaut. Bei genügend hohem *Aktualspiegel* sinkt die *Reizschwelle* und der Organismus zeigt motorische Unruhe, die die Wahrscheinlichkeit des Eintreffens derjenigen Reizsituation erhöht, die der aufgestauten Handlungsbereitschaft einen angemessenen Ablauf ermöglicht. Dieses Suchen wird *Appetenzverhalten* genannt. Es ist stammesgeschichtlich aus *Taxien* (= Orientierungsreaktionen) hervorgegangen. Die *spezifische Reizsituation* muß vom Organismus als solche erkannt werden können. Jeder Instinkthandlung ist deshalb eine Wahrnehmungsschablone zugeordnet, der *angeborene auslösende Mechanismus (AAM)*, zu dem wie ein Schlüssel zum Schloß eine bestimmte Merkmalskonfiguration der Umwelt (*Schlüsselreiz*) paßt. Der AAM hemmt so lange den Abfluß der aktionsspezifischen Energie, bis er diejenige Situation gleichsam »erkennt«, in der die ihm zugeordnete Erbkoordination biologisch sinnvoll ablaufen kann. Tritt der Schlüsselreiz in Erscheinung, dann enthemmt der AAM die Instinkthandlung, die in ihrem Ablauf die aufgestaute aktionsspezifische Energie (den *Trieb*) verbraucht. Einzig der ungehemmte Ablauf dieser *(triebverzehrenden) Endhandlung* (auch: *consummatory action*) und nicht die Erreichung irgendeines äußeren Objekts oder Zustands wurde als »Ziel« der Instinkte erkannt. Das kann man sich besonders am Sexualverhalten deutlich machen: Nicht die Fortpflanzung, das Kind also, ist das Triebziel, sondern der Sexualakt selbst. Er führt zwar ohne technische Manipulation in der Regel – wenn auch durchaus nicht jedesmal – zur Fortpflanzung, dabei wird der Erfolg aber sowieso erst sehr viel später sichtbar. Ein Mensch, der bewußt auf Kinder verzichten will, gibt in den seltensten Fällen das Sexualverhalten auf, sondern er wendet einzig zu diesem Zweck erfundene Verhütungsmittel oder Praktiken an, die es ihm gestatten, den Sexualakt, d. h. die Instinkthandlung ohne Angst vor unerwünschten Folgen zu genießen. Andererseits können in Ermangelung eines adäquaten Partners auch andere Hilfsmittel zur Abreaktion der aktionsspezifischen Energie mittels der erstrebten Bewegungsweise benutzt werden. Die Ausführung der Handlung, obwohl es gar nicht sofort kontrollierbar ist, ob eine Befruchtung überhaupt stattfindet, dann, wenn die Befruchtung sogar bewußt ausgeschlossen werden soll, und schließlich auch, wenn nur Ersatzobjekte zur Verfügung stehen, läßt sich befriedigend nur damit erklären, daß die Endhandlung selbst das (als lustvoll erlebte) Triebziel ist. Obwohl tatsächlich die Erreichung eines überlebenswichtigen Objekts oder Zustands für den Selektionswert der dazu eingesetzten Verhaltensweise bestimmend ist – in unserem Beispiel der leibhaftige Nachwuchs –, genügt es offenbar, das Verhalten zu selektieren, das den Erfolg mit ausreichender Wahrscheinlichkeit garantiert.

Aufgrund bestimmter experimenteller Befunde und Beobachtungsdaten mußte dieses sogenannte »psychohydraulische Instinktmodell« noch mehrfach modifiziert werden. So wurde z. B. festgestellt, daß die Endhandlung durchaus nicht immer die aktionsspezifische Energie vollständig verbraucht. Inzwischen haben, wie Leyhausen sagt, die Ethologen sich »daran gewöhnt, im biologischen Ernstvollzug die Abschaltung durch Endreize ('Vollzugsrückmeldung') als 'normal' im Sinne der Häufigkeitsnorm anzusehen« (44). Außerdem nimmt man heute aufgrund weiterer Beoachtungen und theoretischer Überlegungen an, daß ein Antrieb nicht ausschließlich durch die endogen-automatische Reizerzeugung aufgeladen werden muß, sondern auch noch – in manchen Fällen vielleicht sogar nur – durch innere und äußere *aufladende Reize*. Bei hoher Erregung ist ein geringfügiger Reiz ausreichend für die Auslösung der Endhandlung, während er bei niedrigem Aktualspiegel den Antrieb nur weiter aufladen würde. Zur Auslösung bedürfte es dann eines entsprechend größeren Reizes (Prinzip der doppelten Quantifizierbarkeit).

Die unterschiedliche Reizgröße erklärt sich aus dem *Reizsummenphänomen*. Jeder Schlüsselreiz ist aus mehreren spezifischen Merkmalen zusammengesetzt. Berühmt ist das sogenannte »Kindchenschema« von Lorenz (45), der Schlüsselreiz für mütterliche Zuwendung (Hätscheln). Seine Merkmale sind im einzelnen:
- großer, runder Kopf,
- große, runde Augen,
- Gesicht im Verhältnis zur Stirn verkürzt,

– Pausbacken,
– kurze, gedrungene Extremitäten.
Das sind zugleich die natürlichen Merkmale des menschlichen Säuglings. In Form *überoptimaler Attrappen* nutzt die Puppen- und Comics-Industrie die Auslösewirkung dieses Schlüsselreizes, indem jedes Einzelmerkmal übertrieben wird. Menschen empfinden diese Merkmalskombination als »niedlich«. Unter dem Reizsummenphänomen wird nun die Tatsache verstanden, daß auch schon jedes Einzelmerkmal für sich Reizqualität besitzt. Je mehr dieser Einzelmerkmale vereinigt sind und je ausgeprägter sie erscheinen, desto stärker ist die Auslösewirkung. Das ist sozusagen die simultane Wirkung des Reizsummenphänomens, während die Aufladung des Antriebs bis zur Auslösung als dessen sukzessive Wirkung angesehen werden kann (46). Durch das Ansprechen auf summierbare Einzelmerkmale unterscheiden sich die AAMs grundlegend von der sonstigen Wahrnehmung, die sich nach den von der Gestaltpsychologie entdeckten Prinzipien strukturiert, und erweisen sich als eine (auch neurophysiologisch nachweisbare) eigenständige Leistung des Wahrnehmungsapparates (47).

Das ethologische Funktionsmodell der Instinkthandlung deckt sich aber noch weitergehend mit dem neurobiologischen Antriebsmodell, wie Ehrhardt es skizziert (48). Danach gibt es drei Klassen von Eingangsvariablen für jede Antriebsstruktur:
– antriebsbezogene Außenreize (Wahrnehmung über die Sinnesorgane),
– antriebsbezogene Innenreize (spezifische nervöse und/oder humorale Reize),
– antriebsbezogene zentralnervöse Reize (mit förderndem oder hemmendem Einfluß auf die Antriebszone).

Nach dem ethologischen Modell sollen diese aufladenden Reize zum Stau aktionsspezifischer Energie in einem entsprechenden Reservoir führen. Diese Vorstellung findet ihre neurobiologische Bestätigung, wenn Ehrhardt schreibt:

»Diese für jeden Antrieb spezifischen Zuflüsse werden in der Antriebsstruktur über die Zeit aufsummiert (!) und bestimmen die momentane Stärke eines Antriebs (!) ('Antriebsspannung', definiert als die Zahl der neuronalen Entladungen pro Sekunde der im Netz verbundenen Neurone).« (49)

Die Antriebsspannung wird dann wie folgt abgeführt:
– an die Formatio reticularis (Erhöhung der allgemeinen Aktivierung, Aufmerksamkeit),
– an vegetative Effektorsysteme (vegetative Bereitstellung),
– an Hirnstrukturen für die subjektive (introspektive) Wahrnehmung (antriebsbezogene Emotion),
– an motorische Effektorsysteme (Handlung).

Damit wäre in knappster Form das allgemeine Funktionsmodell der Instinkthandlung beschrieben, wie es sowohl im neurobiologischen als auch im ethologischen Zugriff entwickelt wurde. Das Modell läßt aber noch wesentliche Aspekte unberücksichtigt, die sich aus der Verhaltensanalyse ergeben. Sie werden noch zu behandeln sein. Dennoch wird es in Verbindung mit der ursprünglichen Beschränkung des Instinktbegriffs auf die (starre) Endhandlung häufig herangezogen, um zu belegen, daß ein solch eingleisiger Mechanismus beim Menschen nicht aufweisbar sei. So hat z. B. Montagu in einer Diskussion behauptet:

»Meiner Meinung nach haben wir guten Grund zu glauben, daß weder Menschenaffen noch Menschen irgendwelche Instinkte besitzen ... Ich kenne kein instinktives Verhalten beim Menschen.« (50)

Das beschriebene Modell verleitet in der Tat zu derartigen Vorstellungen. Ja, sie wären nur zu berechtigt, wenn die Ethologen wirklich behaupteten, dieses Modell erkläre schon *alles* tierische Verhalten – und wenn sich Antriebsstrukturen im menschlichen ZNS nicht nachweisen ließen. Für die Ethologen stellt dieses Modell lediglich die Grundlage dar für ihre Verhaltenstheorie, die im folgenden erst referiert werden soll. Zuvor ist es jedoch not-

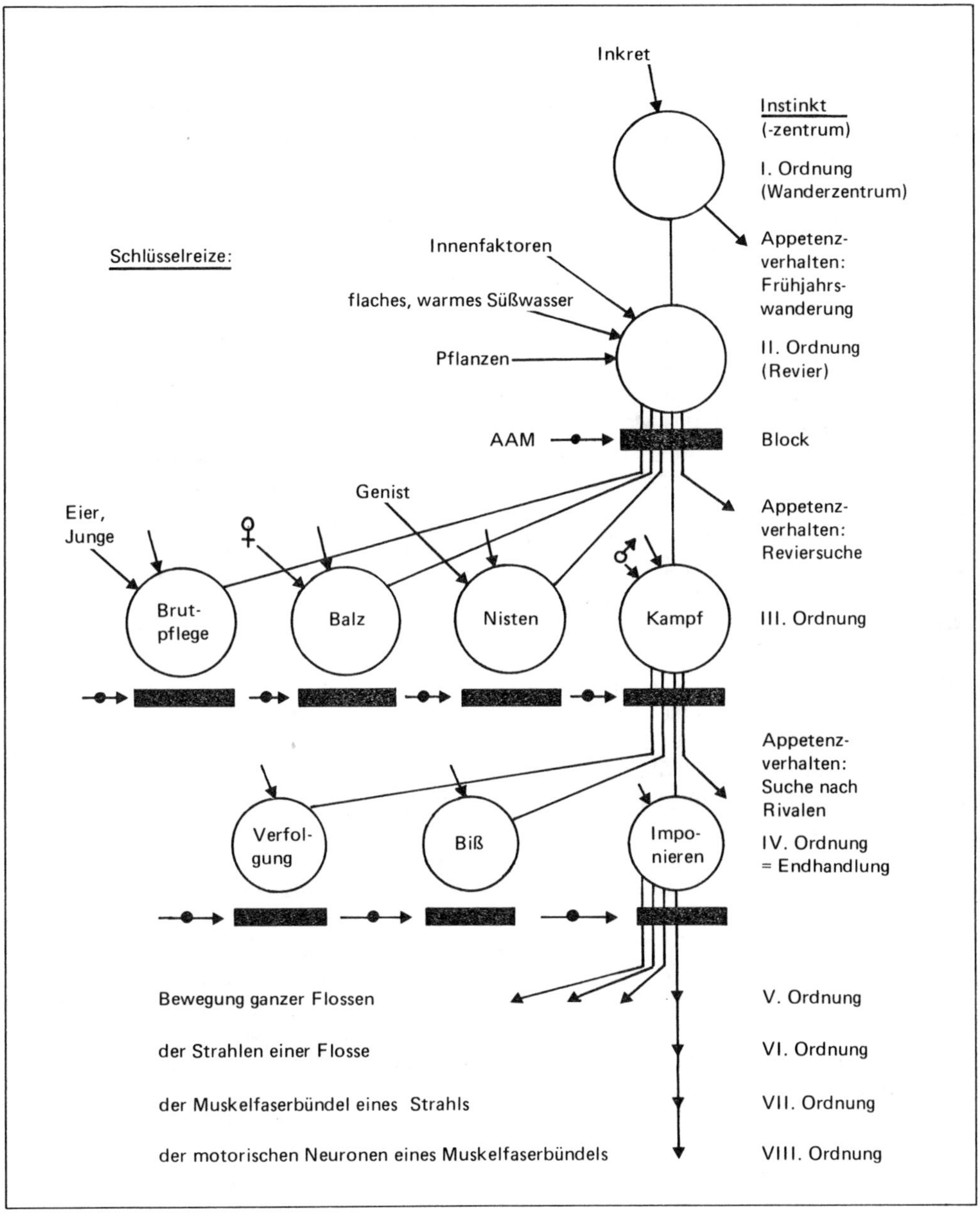

Abb. 5: Modell einer Zentrenhierarchie, demonstriert am Fortpflanzungsverhalten des männlichen Stichlings (nach Tinbergen, 1966, S. 119, vgl. auch die erweiterte Darstellung bei Bunk/Tausch, 1975, S. 214)

wendig, noch eine weitere grundlegende – und von den Kritikern oft vernachlässigte – Modellvorstellung kurz darzustellen, die die Einordnung einer Instinkthandlung in einen größeren Zusammenhang des Verhaltens beschreibt.

2.3.2 Die hierarchische Ordnung der Instinkte

Ausgehend von Weiß' Theorie der zentralnervösen Hierarchie hat Tinbergen eine Theorie der hierarchischen Ordnung der Instinkte entwickelt. Weiß unterschied als Neurophysiologe die folgenden Stufen des Verhaltens (mit der kleinsten Einheit beginnend):

1. die einzelne motorische Einheit,
2. alle motorischen Einheiten eines Muskels,
3. die koordinierte Funktion einer Muskelgruppe, die ein Gelenk bedient,
4. koordinierte Bewegungen einer Extremität,
5. Körperbewegungen durch koordinierte Zusammenarbeit mehrerer Glieder,
6. die Bewegung des ganzen Organismus (51).

Insbesondere durch seine Verhaltensstudien am Stichling gelangte Tinbergen zu der Auffassung, man müsse die »sechste Stufe nochmals in eine ganze Stufenreihe aufteilen, nämlich in alle die vom Endinstinkt (= Endhandlung, D. P.) aufwärts« (52). Das Ergebnis seiner Überlegungen war das Modell einer *Zentrenhierarchie (Abb. 5).*

Tinbergen verwendet in seinem Modell den Begriff des Instinkts sowohl für den Gesamtkomplex des Verhaltens (»Fortpflanzungsinstinkt«) als auch für die Verhaltensweisen auf den einzelnen Stufen der Hierarchie (»Brutpflegeinstinkt«, »Kampfinstinkt«) bis hin zur Endhandlung, die auch bei ihm Erbkoordination oder Instinkthandlung heißt. Damit gibt er Lorenz' klare Definition des Instinktes als Erbkoordination wieder auf:

»So will ich vorläufig einen *Instinkt* definieren als *einen hierarchisch geordneten nervösen Mechanismus, der auf bestimmte vorwarnende, auslösende und richtende Impulse, sowohl innere wie äußere, anspricht und sie mit wohlkoordinierten, lebens- und arterhaltenden Bewegungen beantwortet.*« (53)

Tinbergens Definition ist weniger prägnant als die Lorenzsche, bringt aber zum Ausdruck – und darauf kommt es Tinbergen offenbar an –, daß die Erbkoordinationen keine isolierten zentralnervösen Mechanismen darstellen, sondern ein hierarchisches System interdependenter Wirkungen bilden. Den Zusammenhang mehrerer solcher hierarchisch organisierter Instinkte kann man schematisch darstellen *(Abb. 6).*

Dieses Schema soll hauptsächlich zum Ausdruck bringen, daß untergeordnete Zentren von mehreren höheren kontrolliert werden können. Auf der untersten Ebene bedeutet dies, daß viele elementare Bewegungen (Erbkoordinationen) wie Laufen, Beißen usw. in verschiedenen funktionellen Zusammenhängen auftreten können, weshalb Lorenz sie »Mehrzweckbewegungen« oder »Werkzeugbewegungen« nennt (54).

Derartigen, von Baerends und Tinbergen behaupteten funktionellen Verflechtungen ist von Holst mittels elektrischer Stammhirnreizung beim Haushuhn nachgegangen. Der von ihm untersuchte Ausschnitt aus dem »Wirkungsgefüge der Triebe« bestätigt dessen netzartige Struktur. Zunächst drei seiner Experimente:

1. Von zwei Reizorten R1 und R2 ist ausschließlich »reines« Gackern auszulösen *(Abb. 7).*
2. Von zwei weiteren Reizorten RI und RII sind bei steigender Reizintensität Gackern, Umhergehen und Abfliegen als Teile des Fluchtverhaltens auslösbar *(Abb. 8).*
3. Von einem fünften Reizort RF aus können bei schwacher Intensität das vollständige Angriffsverhalten und bei starkem Reiz das vollständige Fluchtverhalten ausgelöst werden *(Abb. 9).*

Die Einordnung dieser drei experimentellen Befunde in einen Gesamtzusammenhang ergibt schließlich »ein Netz *spezifischer* Wirkungen« *(Abb. 10)* (55).

In einer solchen Struktur ist der Weg des Erregungsflusses von vielerlei äußeren und inneren Bedingungen abhängig. Dadurch ergibt sich ein relativ plastisches Verhalten des Gesamtorganismus – trotz der relativ starren Komponenten. »Einfache Instruktionen«, wie Cloak die Endhandlungen nennt, »sind ganz starr; isoliert betrachtet ist der Ausdruck einer

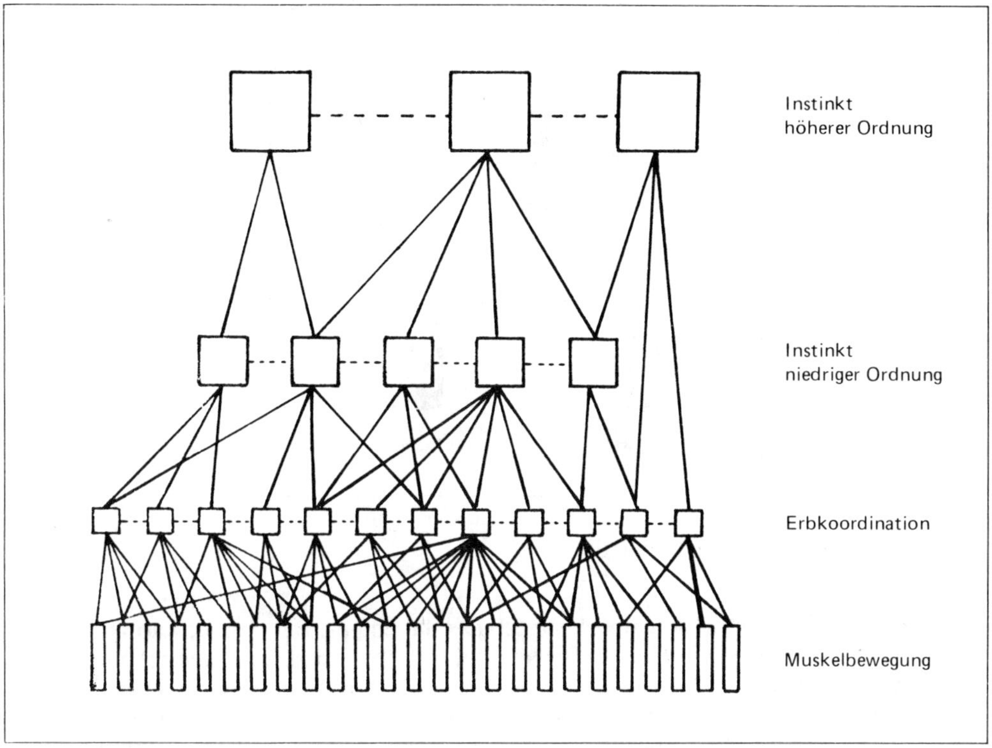

Abb. 6: Hierarchisches Schema der Koordinationsmechanismen, aus denen das Verhalten aufgebaut ist (Baerends, 1956, S. 12)

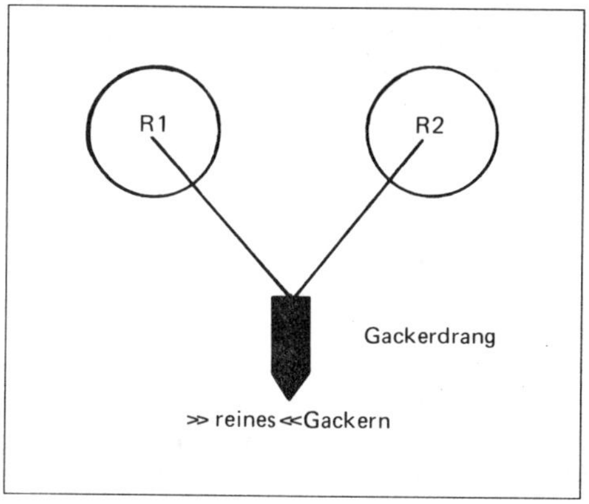

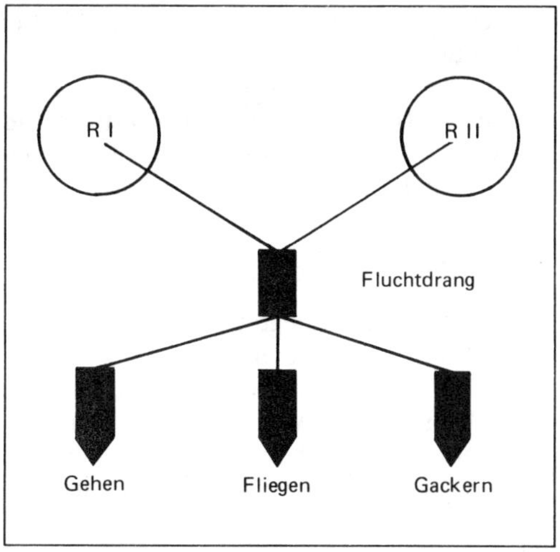

Abb. 7: Stimulierung des Gackerdranges *Abb. 8*: Stimulierung des Fluchtdranges

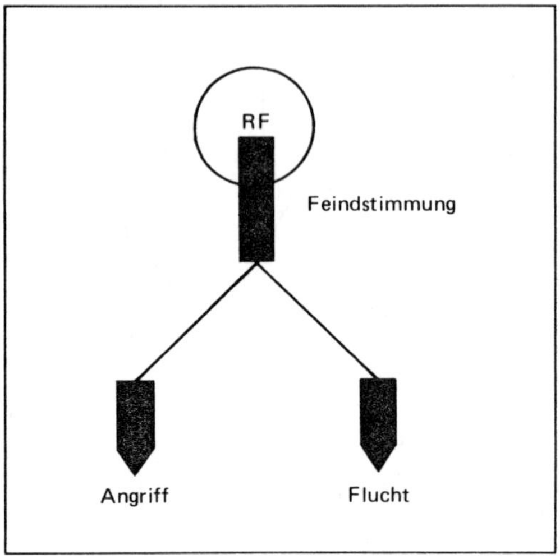

Abb. 9: Stimulierung der Feindstimmung

einzigen einfachen Instruktion ein Musterfall des Stereotyps. Der Grund, warum das hochkomplexe Gesamtverhalten glatt zu fließen und fortwährend zu variieren scheint (sowohl von Tier zu Tier als auch von Mal zu Mal beim selben Tier), liegt nicht in der »Elastizität« oder »Plastizität« der einfachen Instruktionen, die die Komponenten darstellen, sondern vielmehr in ihrer Anzahl, dem relativ geringen Beitrag, den jede zum Gesamtverhalten beisteuert und der physischen Trägheit des Tieres und seiner Teile« (56). Diese auf die Endhandlungen bezogene Aussage Cloaks wird den Befunden von Holsts noch nicht ganz gerecht, obwohl sie in diesem Zusammenhang angeführt werden. Nicht allein die Vielfalt der möglichen Endhandlungen ist entscheidend, sondern ihre funktionelle Vernetzung mit Zentren höherer Ordnung und damit ihre Abhängigkeit von den aktuellen Schwellenwerten mehrerer Antriebe – wenn nicht gar des Gesamtsystems. Die Annahme, daß es sich beim Verhaltenssystem um ein *Netzwerk* mit hierarchischer Struktur handelt, macht auch erklärlich, warum Versuche, die Instinkte zahlenmäßig zu erfassen, scheitern müssen, ebenso Versuche, alle Instinkte auf allen Stufen exakt voneinander abzugrenzen. Allein faßbar bleiben die starren, erbkoordinierten Endhandlungen (»Gehen«, »Gackern«), die einzeln auftreten können oder im Verbund mit anderen (als »Angriff«, »Flucht« oder »Feindverhalten«).

2.3.3 Die Relative Stimmungshierarchie

Die Modellvorstellungen von Tinbergen, Baerends und von Holst implizieren einen Erregungsfluß von den Zentren höherer Ordnung zu denen niedrigerer Ordnung. Sie stellen also trotz der Vernetzung eine in diesem Sinne lineare Hierarchie dar.

Aufgrund seiner Verhaltensstudien an höher organisierten Säugetieren (Katzen) gelangte Leyhausen zu der Überzeugung, daß hier die hierarchische Ordnung auch noch ihre strenge Linearität verloren haben muß, d. h. daß die Teilakte nicht mehr unbedingt an ihre ursprüngliche (allein dem biologischen Ernstvollzug dienende) Reihenfolge gebunden sind. Er schreibt:

»Was 'vorher' Stufenfolge einer einheitlichen Appetenz zum Endziel war, zerfällt nun in viele Einzelappetenzen, die jede ihr (relativ) unabhängiges Eigenleben führen.« (57)

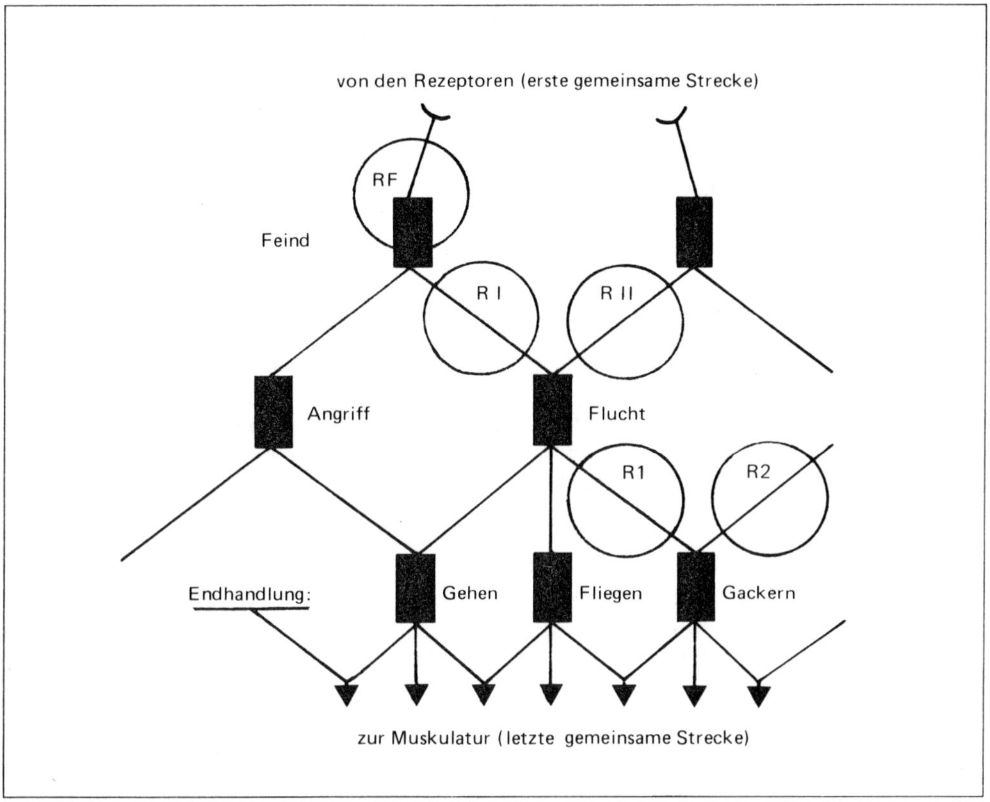

Abb. 10: Fragment aus dem Wirkungsgefüge der Antriebe des Haushuhns (nach v. Holst, 1960, S. 236, stark vereinfacht)

Das Wirkungsgefüge, das die Teilakte nunmehr bilden, nennt er eine »Relative Stimmungshierarchie«. Darin findet sich *»keine lineare* Anordnung der Stimmungen (= Appetenzen, D. P.) im Sinne von Baerends und Tinbergen, *in der die Endhandlung auch als rangordnungsmäßig letztes Glied der Kette gilt. Vielmehr ist die Appetenz zur jeweils als Endhandlung erstrebten Instinktbewegung der dominierende Faktor der jeweiligen Hierarchie«* (58). In einem solchen System ist der »biologische Ernstfall« nur noch gegeben, wenn auch die Appetenz zu der dem biologischen Endzweck dienenden Handlung dominiert. Andernfalls können Teilhandlungen unabhängig voneinander ablaufen (59). Nach Leyhausen bringt dieser »Instinktzerfall« einen gewaltigen Zuwachs an Handlungsmöglichkeiten mit sich, so daß den nunmehr möglichen Verhaltensweisen nicht mehr anzusehen ist, daß sie nach wie vor aus starren Gliedern von Instinktbewegungen bestehen (60). Die Regeln für die Um- und Neukombination der Einzelbausteine hängen allerdings, und das ist der Kern der Leyhausenschen Theorie, »weitgehend, wenn auch nicht ausschließlich, von der autonomen Rhythmik der Einzelantriebe und ihren regulativen Beziehungen untereinander ab« (61).

Das damit skizzierte Beziehungsgeflecht der Antriebsautomatismen, die »Relative Stimmungshierarchie«, enthält sämtliche Möglichkeiten des Verhaltens, da es sowohl Art und Anzahl der motorischen Verhaltensbausteine als auch deren Kombinations- und Einsatzmöglichkeiten vorgibt. Physiologisch gesprochen: die Antriebsstrukturen mit ihren spezifischen Verbindungen zur Motorik motivieren nach wie vor das »Ernstfall-Verhalten«. In Abwesenheit äußerer (z. B. Feinde) oder innerer (z. B. Hunger) Zwänge können aber auch nachgeordnete Zentren das Verhalten motivieren, so daß auch – außer den reinen »Leerlaufhandlungen« (62) – spontanes, biologisch zweckfrei erscheinendes Verhalten (Spielen!) möglich wird. Dieses Beziehungsgeflecht erlaubt Spontaneität und Plastizität des Verhaltens – aber immer nur in Abhängigkeit von biologisch vorgegebenen Motivationen. Ein so organisierter Organismus ist weder ein Reiz-Reaktionsautomat noch ist er im Sinne Sartres derart auf sich selbst verwiesen, daß er sich in allem erst zu schaffen hätte.

Das Phänomen der Handlungsfreiheit zwingt nach diesem Modell nicht zu dem Schluß, der Mensch sei frei von Instinkten. Nach Leyhausen liefert vielmehr deren »autonome, umweltunabhängige Triebdynamik einen entscheidenden Beitrag zur Freiheit: *ihr allein verdanken wir jene Unabhängigkeit von der äußeren Situation, die spontanes Handeln ermöglicht*« (63). In diesem Fall bestimmt dann nicht der Schlüsselreiz, welches Verhalten ausgelöst wird, sondern die gerade dominierende Appetenz bestimmt, was Schlüsselreiz werden kann! In der Wahrnehmungspsychologie ist dieser Sachverhalt als »selektive Wahrnehmung« bekannt.

Nachdem Leyhausen mit seiner Auffassung, daß das Verhalten zumindest höherer Säuger in Form »Relativer Stimmungshierarchien« organisiert ist, der Ethologie zu einem bis heute anerkannten Instrument zur Erklärung »plastischen« Verhaltens verholfen hat, ist Lorenz von seiner früheren Behauptung, im Verlaufe der Menschheitsentwicklung hätte eine Instinktreduktion stattgefunden, abgerückt. Es klingt geradezu wie ein Bekenntnis zur Umkehr, wenn er schreibt:

»Es ist irreführend, den Menschen als das 'Instinkt-Reduktionswesen' zu bezeichnen, wie ich das früher getan habe.« (64)

Wenn es aber keine Instinktreduktion im Sinne des *Verschwindens* von Instinkten gegeben hat, sondern auch beim Menschen »die Instinkte allein Spontanantriebe liefern« (65), sie also das Movens menschlichen Verhaltens sind, dessen »proximate causation«, und wenn dieses Antriebsgefüge als »Relative Stimmungshierarchie« ein höchst komplexes, sich selbst regulierendes System *motorischer* Elemente mit spezifischen Formen gegenseitiger Förderung, Hemmung und Ausschließung ist, dann kann das resultierende Verhalten niemals plastisch in einem absoluten Sinne sein, sondern es wird sozusagen durch die vorgegebenen Konstruktionsmerkmale der Bausteine selbst zu bestimmten Formen zusammengezwungen. Handlungsfreiheit kann dann nur heißen: man kann zwar tun, was man will – aber *was* man will und *wie* man es tut, das hängt vom augenblicklichen Zustand der »Relativen Stimmungshierarchien« ab.

Wenn starre Instinkthierarchien während der stammesgeschichtlichen Höherentwicklung zu »Relativen Stimmungshierarchien« »zerfallen«, dann müssen mit der (relativen) Verselbständigung der motorischen Elemente auch die AAMs eine Veränderung erfahren, da ja jeder Instinkthandlung ein AAM vorgeschaltet ist.

AAMs sind Mechanismen, die es dem Organismus ermöglichen, im »biologischen Ernstfall« situationsgerecht zu handeln. Sie geben eine Instinkthandlung nur in der dafür »vorgesehenen« Situation frei, indem sie die Schlüsselreize *als solche erkennen*. Anders als über AAMs ist keine Handlung auszulösen, es sei denn, sie läuft im »Leerlauf« ab. Aber dann erübrigt sich die Auslösung ja sowieso. Der Weg zu den Antrieben führt also in jedem Fall über die AAMs. Nach Leyhausen bleibt daher alles, »was sich nicht in irgendeiner Form auf diese Normen zur Erfassung der Außenwelt reduzieren läßt, ... letzten Endes unerfahrbar«. Sie sind nicht nur »die unerläßliche Voraussetzung aller höheren Formen der Welterfassung«, sondern, da nur sie den Schlüssel zu den Antrieben und damit zum Verhalten darstellen, auch die Basis für verhaltenswirksame Wertungen. Leyhausen hält sogar die »letzten gefühlsmäßigen Wertungen, die wir rational nicht begründen können«, für unmittelbare Funktionen von AAMs (66). Zugleich macht aber auch die Tatsache, daß wir über solche angeborenen Wahrnehmungsschablonen verfügen, die, mit passendem Schlüsselreiz konfrontiert und bei genügend hohem Aktualspiegel aktionsspezifischer Energie, angeborene Verhaltensbereitschaften aktivieren, das Handwerk der Demagogen, Werbefachleute, Verführer und Betrüger möglich. Die AAMs bilden so leider nicht nur das »nicht zersetzbare Fundament unseres Gewissens« (67), sondern auch das ebensowenig zersetzbare Fundament unserer Manipulierbarkeit. Es ist niemand immun dagegen, auch der Klügste nicht, und sogar wer selbst dieses Geschäft betreibt, »ist und bleibt«, wie Steiner bemerkt, »Mensch in aller Kreatürlichkeit und fällt auf Attrappensituationen, die in der Absicht zu manipulieren gesetzt werden, fast ebenso unbelehrbar herein wie der Naivste seiner Zeitgenossen« (68).

Es sind, so können wir zusammenfassend sagen, nicht nur unsere Strebungen, die bewußten wie unbewußten, in den Instinktmechanismen fest verankert, sondern auch die grundlegenden Wahrnehmungs- und Bewertungsschablonen, die unser Verhalten aufrufen.

Wenn aber die AAMs hochselektiv und hochspezifisch sind, wie ist es dann möglich, daß auch phylogenetisch nicht vorprogrammierte und vorprogrammierbare Aspekte der Außenwelt Auslösequalität erhalten können? Dies muß nämlich der Fall sein, wenn die motorischen Verhaltenselemente neu kombinierbar werden und man nicht annehmen will, daß jede (ontogenetische) Neukombination einen (phylogenetischen) AAM vorgeschaltet bekommt.

Eine in der Ethologie akzeptierte Erklärung bieten Jürgens und Ploog an. Ihrer Meinung nach entwickelt sich jedes erlernte Verhalten phylogenetisch wie ontogenetisch auf der Grundlage angeborener Auslösemechanismen (69). Sie führen die Existenz relativ unspezifischer AAMs an, deren Selektivität durch Hinzulernen spezifischer Merkmale vergrößert werden muß. Der Zwang zum Lernen ist hier sozusagen in den AAM hineinprogrammiert, und er bezieht sich auf nur wenige, klar definierte Merkmale. Z. B. füttern Silbermöven nach dem Schlüpfen ihrer Jungen *alle* Jungen im und am Nest, auch fremde. Die individuelle Zeichnung ihrer eigenen Jungen müssen sie erst lernen. Ist dies einmal geschehen – und es geschieht immer! –, dann werden fremde Junge vertrieben. Dem AAM, der das Füttern auslöst, *müssen* also Filter für die individuellen Merkmale der eigenen Jungen vorgeschaltet werden. Die Freiheit, dies zu tun oder zu lassen, hat das Tier dabei nicht. Der AAM mit der »vorprogrammierten Lücke« wird so zum »durch Erfahrung ergänzten AAM« oder EAAM, wie er in der Fachterminologie genannt wird.

Darüber hinaus gibt es Verhaltensweisen, insbesondere bei wenig spezialisierten Arten, für die es sich der Organismus nicht »leisten« kann, ausschließlich auf spezifische AAMs oder auch nur EAAMs angewiesen zu sein. Dies trifft z. B. für das Flucht- und Meideverhalten zu. Zwar gibt es hier *auch* AAMs, aber die weitaus meisten auslösenden Situationen müssen *vollständig* gelernt werden (70). In solchen Fällen sprechen die Ethologen von »erworbenen Auslösemechanismen« oder EAMs. Dabei ist zu beachten, daß die *Möglichkeit* zur Entwicklung von EAMs auch wieder stammesgeschichtlich vorprogrammiert ist. Jürgens und Ploog meinen nun, EAMs und EAAMs gäben die Grundlage für alles kognitive Lernen ab (71), d. h. die nicht vorprogrammierbaren Aspekte der Außenwelt, soweit sie für den Organismus überhaupt von Bedeutung sind, erlangen über diese Mechanismen Auslösequalität.

Man könnte Leyhausen jetzt folgendermaßen ergänzen:

Mit dem Zerfall der Instinkthierarchien in ihre Teilakte, d. h. in die sie konstituierenden Einzelbewegungen, geht die zahlenmäßige Zunahme der EAAMs und EAMs einher. Die vorhandenen angeborenen Wahrnehmungs- und Wertungsschablonen (AAMs) bleiben davon aber unberührt. Ebenso wie die Möglichkeit zur Um- und Neukombination der Verhaltenselemente eine *zusätzliche* ist, die die Handlungsmöglichkeiten nur erweitert, sind die EAAMs und insbesondere die EAMs *zusätzliche* Wahrnehmungsschablonen, die den Horizont des Erfahrbaren erweitern.

Auf die Einzelheiten des Lernens wird unter biosoziologischem Aspekt noch ausführlich einzugehen sein. Zuvor aber wollen wir uns noch mit dem Begriff der Intelligenz auseinandersetzen, nicht nur, weil Intelligenz und Lernen gern in einem Atemzug genannt werden, sondern auch, weil gerade die Intelligenz – wie oft behauptet wird – die Instinkte erübrigt haben soll.

2.4 Intelligentes Verhalten

2.4.1 Die Gegenüberstellung von »Instinkt« und »Intelligenz«

Von früheren Äußerungen Lorenz' ausgehend (72) hat Gehlen einmal gesagt, »daß zwischen intelligentem und instinktivem Verhalten keineswegs ein Stufenverhältnis besteht, sondern ... geradezu eine Tendenz zur gegenseitigen Ausschließung« (73). Wenn so das menschliche Verhalten als »intelligent« von dem »instinktgesicherten« der Tiere abgehoben werden soll, dann muß notwendigerweise »Intelligenz« auf eine Weise definiert sein, daß die Definition keinerlei Instinktkomponenten enthält.

Nun ist aber festzustellen, daß es eine allgemein anerkannte wissenschaftliche Definition der Intelligenz gar nicht gibt. In einem Lehrbuch der Psychologie kann man lesen:

»Intelligenz ist ein Begriff, der auf verschiedenartige Weise benutzt und definiert worden ist. Einige definieren sie als die Fähigkeit, sich neuen Umständen anzupassen, andere als die Fähigkeit zu lernen; wieder andere als das Vermögen, sich mit komplexem und abstraktem Material auseinanderzusetzen und so weiter.«

...

»Umfangreiche Forschungsarbeit ist diesen Fragen nach dem Wesen der Intelligenz und ähnlichem gewidmet worden, ohne aber bis heute eine klare und überall eindeutig anwendbare Definition von Intelligenz zu bringen.« (74)

Die Autoren des Lehrbuches kommen dann zu dem Schluß, die Wissenschaftler hätten entschieden, es sei nützlicher, »Intelligenz zu *messen* als diese zu *definieren*« (75).

Liungman reduziert die Frage »Was ist Intelligenz eigentlich?« auf die Frage »Welche Arten des Verhaltens nennen die Psychologen intelligent?« und meint, sie könne dann »damit beantwortet werden, daß man alle Faktoren aufzählt, die vorhanden sein müssen, damit ein Mensch sich intelligent verhalten kann« (76). Tatsächlich wird versucht, »die Allgemeinbegabung, die man gemeinhin als 'Intelligenz' bezeichnet« (77), in eine Anzahl einzelner Faktoren aufzulösen, beginnend zu Anfang dieses Jahrhunderts mit der Zweifaktoren-Theorie Spearmans über die multiple Faktoren-Theorie Thurstones bis zur Sampling-Theorie von Thomson und Thorndike (78). Der aufwendigste Versuch in dieser Richtung ist das »Theoretische Modell für die Gesamtstruktur des Verstandes« von Guilford.

Guilfords Modell zeigt in räumlicher Anordnung insgesamt 120 theoretische Strukturmomente der Intelligenz: vier Inhaltskategorien, fünf Operationskategorien und sechs Produktkategorien (4 x 5 x 6 = 120), die derart aufeinander bezogen sind, daß jede »einzigartige Fähigkeit« (= jedes der 120 Strukturmomente) »durch die ihr eigene Kombination einer Art der Operation, einer des Inhalts und einer des Produkts« definiert ist (79).

Dieses Strukturmodell zeigt, daß eine differenzierte Betrachtung der Intelligenz nicht ohne eine Inhaltskategorie »Verhalten« auskommt, die sich auf Bereiche menschlicher Interaktion bezieht, »wo Einstellungen und Bedürfnisse, Wünsche, Stimmungen, Absichten, Wahrnehmungen, Gedanken usw. von anderen und uns selbst eingeschlossen sind«, und die speziell im Zusammenhang mit der »sozialen Intelligenz« gesehen wird (80).

Die psychologischen Intelligenzmodelle wurden natürlich nicht zum Zwecke der Unterscheidung tierischen und menschlichen Verhaltens entwickelt. Deshalb taugen sie auch nicht dazu, denn sie schließen alle nicht aus, daß auch ein Wesen, das sich intelligent verhält, von Antriebsstrukturen gesteuert wird, die den Instinkten zuzurechnen sind. Deshalb meint Bigelow auch, das intelligente Verhalten sei schon immer eine »Mischung aus nicht angelernten Instinkten und angelernten (intelligenten) Variationen über das instinktive 'Thema'«(81). Intelligentes Verhalten schließt damit instinktives nicht aus, sondern *ein*! Denn wenn man mit Leyhausen annimmt, daß *alle* Handlungsimpulse aus den Antriebsstrukturen der Instinkte kommen, ist ein *rein* intelligentes Verhalten, Handeln ohne Bezug zu den Instinktmechanismen also, unmöglich.

Wenn intelligentes Verhalten eine »Mischung« sein soll, dann muß diese aus unterscheidbaren Komponenten bestehen. Da wir die These des gegenseitigen Ausschlusses ablehnen, müßten wir nun untersuchen, wie intelligentes Verhalten auf der Grundlage der Instinkte zustande kommen könnte, und wir könnten versuchen, die hypothetische »Intelligenz-Komponente« zu isolieren und zu definieren.

2.4.2 Intelligentes Verhalten als erweitertes Instinktverhalten

Ein an biologischen Erkenntnissen und bewährten biologischen Theorien ausgerichteter Intelligenzbegriff müßte von vornherein berücksichtigen, daß es ein von den artspezifischen, angeborenen Antriebsmechanismen und Wahrnehmungsschablonen isoliertes intelligentes *Verhalten* nicht geben kann. Ein brauchbarer Ausgangspunkt für die Gewinnung eines solchen Intelligenzbegriffes scheint uns die Theorie der »Relativen Stimmungshierarchie« von Leyhausen zu sein.

Instinkte sind als Erbkoordinationen definiert. Endhandlungen sind die Erbkoordinationen, deren ungehemmter Ablauf mittels ebenfalls erbkoordinierter Appetenzhandlungen angestrebt wird. »Relative Stimmungshierarchien« heißen Instinktzusammenhänge, in denen die Folge der Appetenzhandlungen aufgebrochen ist, so daß nunmehr jedes Element der Appetenzhandlung selbst zur Endhandlung werden kann. Die motorische Um- und Neugruppierung im Appetenzbereich und die damit verbundene Umstrukturierung und Erweiterung der angeborenen Wahrnehmungsschemata scheint der stammesgeschichtliche Ansatzpunkt gewesen zu sein für die Entwicklung von Verhaltensmöglichkeiten, die man gewöhnlich als »intelligent« bezeichnet.

Wenn Delgado sagt: »Handeln heißt eines von mehreren möglichen motorischen Mustern zu wählen« (82), dann heißt das, daß diese Muster schon gebrauchsfertig vorhanden sein müssen. Das gilt für alle motorischen Muster, erbkoordinierte wie auch »gelernte«. Ohne hier schon auf das motorische Lernen näher einzugehen, sei an dieser Stelle festgehalten, daß die aus den Teilakten der Instinkthierarchien sowie qua Willkürmotorik aus den unterhalb des Niveaus von Instinkthandlungen liegenden, ebenfalls erbkoordinierten automatisch-rhythmischen Impulsen bestimmter Zellgruppen des Rückenmarks (83) aufgebaute »Erwerbsmotorik« (Storch) tatsächlich die Tendenz hat, Bewegungsfolgen, die öfter gebraucht werden, in Form fester Beziehungen als »motorische Schablonen« zu konservieren (84). Auch die gelernte Motorik wird habitualisiert: Sie gilt erst dann als gelernt, wenn man sie »kann«.

Wie schon Gehlen richtig beobachtet hat, fällt mit dem Erwerb motorischer Muster der Erwerb noch weiterer objektbezogener Erfahrungen zusammen:

»Wir haben eben die Dinge nicht 'selbst', sondern nur als assimilierte und angeeignete, eingeschmolzen in die Vielfalt unserer Tätigkeiten, mit der wir das Gesehene betasten, das Erwartete aussprechen, das Erinnerte 'begreifen' und das Bewegliche behandeln.« (85)

Und an anderer Stelle sieht er, »daß Erkenntnis und Handlung schon an der Wurzel untrennbar sind, Weltorientierung und Handlungsführung *ein* Prozeß ...« (86).

Die meisten Handlungsmuster und objektbezogenen Erfahrungen werden in der Kindheit und Jugend erworben, in einer Zeit also, da der Mensch die relative Geborgenheit des Elternhauses genießt oder er anderweitig vom größten Teil der biologischen Ernstvollzüge (Nahrungsbeschaffung, Kinderaufzucht usw.) entlastet ist. Daher kann Gradmann zu Recht behaupten:

»Die Hauptaufgabe des kindlichen Spiels besteht offenbar darin, Erfahrungen zu sammeln für das spätere Leben, einerseits Erkenntnisse zu gewinnen von den Dingen, die uns umgeben, mit denen wir es zu tun haben, andererseits zweckmäßige Bewegungen und Bewegungsfolgen für bestimmte Tätigkeiten auszuprobieren und einzuüben.« (87)

Genau wie das Kind gewinnt natürlich auch der Erwachsene seine neuen motorischen Muster und objektbezogenen Erfahrungen in der spielerischen oder zumindest entlasteten Manipulation der Dinge. Neue Dinge werden ausprobiert oder es wird in einer besonderen »schulischen« Situation, die bewußt nicht dem Ernstvollzug dient, in ihren Gebrauch eingeführt. Auch Lorenz sieht diese Gemeinsamkeiten zwischen Spiel und Lernen:

»Eben diese *Unabhängigkeit* des exploratorischen Lernvorganges von dem *Bedarf* des Augenblicks ... ist außerordentlich wichtig! Bally betrachtet es als das wesentliche Charakteristikum des Spieles, daß Verhaltensweisen, die an sich in den Bereich der Appetenzhandlungen gehören, 'im entspannten Feld' ablaufen. Das entspannte Feld ist nun ... eine *conditio sine qua non* für alles Neugierverhalten ebenso wie für das Spiel-, eine sehr wesentliche Gemeinsamkeit zwischen beidem! Die Unabhängigkeit von einem Triebziel bringt es mit sich, daß *verschiedene*, für verschiedene Triebziele relevante Eigenschaften des Gegenstandes gleichzeitig intim gemacht und ad acta gelegt werden, und diese 'Akten' liegen als Engramme im Zentralnervensystem des Tieres offensichtlich nach Gegenständen geordnet.« (88)

Im spielerischen Umgang mit den Dingen kommt so nach den Worten Gehlens »ebensowohl das objektive *Sosein* der in Umgang gezogenen Dinge zur Erfahrung ... wie ihr *Umgangswert*« (89).

Aus dem »Instinktbaukasten« (Koenig) und mit den Möglichkeiten der Willkürmotorik werden den Umweltbedingungen angemessene motorische Muster aufgebaut. Zugleich werden Kenntnisse über die Dinge selbst erworben. Die Erwerbsmotorik hinsichtlich der auf diese Weise bekannten Umweltdinge steht damit dem Organismus für »gekonntes« Handeln zur Verfügung.

Die Entlastung von den biologischen Ernstvollzügen, das spielerische Tun im entspannten Feld, die Unabhängigkeit von einem Triebziel müssen unter dem Aspekt der »Relativen Stimmungshierarchie« gesehen werden. Darin ist der »Ernstfall« nur gegeben, wenn die Appetenz zu der dem »biologischen Endzweck« dienenden Handlung die Hierarchie dominiert. In allen anderen Fällen können die übrigen Teilakte deren Rolle übernehmen – »und die haben ja keinen unmittelbaren Endzweck, sie laufen 'zielunabhängig im Appetenzbereich' ab, und zwar so oft und so lange, bis sie sich erschöpfen oder andere Appetenzen sie verdrängen. Dabei erstreben sie nichts als sich selbst.« (90)

Im Spiel wird so der Spezialfall, wie Leyhausen feststellt, zur Regel. Die Vollzugsrückmeldung beendet hier nicht notwendig das Verhalten; es kann bis zur Ermüdung wiederholt und variiert werden, wobei der Organismus in dem beschriebenen Sinne Erfahrungen sammelt.

Die neu erworbenen Handlungsmuster sind in Situationen gewonnen, die jeweils durch besondere Merkmale charakterisiert sind, und sie taugen auch nur für Situationen mit vergleichbaren Charakteristika. Diese müssen als solche erkannt werden, wenn angemessen gehandelt werden soll. Der Weg zu den Antrieben führt aber ausschließlich über die Auslösemechanismen. Dem »Instinktzerfall« und der damit gegebenen Möglichkeit motorischen Lernens muß deshalb auf der Seite der Auslösemechanismen auch ein Vorgang der Erweiterung entsprechen. Wir hatten schon erwähnt, daß es neben AAMs auch EAAMs und EAMs gibt. Sie sollen sich nach Jürgens und Ploog stammesgeschichtlich aus AAMs entwickelt haben, und zwar dergestalt, »daß aus *einem* AAM durch Hineinlernen *mehrere* EAMs bzw. EAAMs hervorgehen können« (91). Lorenz spricht deshalb auch im Anschluß an Storch von einer »Erwerbs-Rezeptorik« (92). Gehlens Beobachtung findet damit ihre ethologische Bestätigung: Während die Handlungsmuster in bestimmten Situationen und im Umgang mit den Dingen erworben werden, entstehen auch die zugehörigen EAMs und EAAMs. Auf diese Weise können Merkmale und Merkmalskomplexe von Situationen und Dingen Auslösequalität bekommen, auch wenn ihnen kein spezifischer AAM entspricht.

Der Prozeß der Auslösung (oder besser: Enthemmung) von Verhaltensweisen läßt sich als ein genuiner *Erkenntnisvorgang* begreifen. Nach Gradmann, der sich seinerseits auf Schlick beruft, gehört zur Erkenntnis immer »etwas, *das* erkannt wird und etwas, *als was* es erkannt wird« (93). Das, was erkannt wird, sind in diesem Fall bestimmte Merkmale der Situation, und sie werden als Schlüsselreiz für einen bestimmten EAM, EAAM oder auch AAM erkannt. Sind EAM bzw. EAAM erst einmal konstituiert, und weist eine Situation entsprechende Merkmale auf, dann laufen diese Erkenntnisprozesse auch hier wie beim AAM weitgehend unbewußt ab. Erst wenn die Situation komplex und mehrdeutig ist, wird sie *bewußt* analysiert, d. h. es wird versucht, diejenigen Merkmale der Situation herauszufinden, die die Enthemmung eines sowohl der Situation angemessenen als auch der eigenen Antriebslage entsprechenden Handlungsmusters erlauben. Dabei muß die Situationsanalyse sich nicht nur auf das Hier und Jetzt beschränken:»Die *Organisation der Triebauslösung* durch die bewußt-verstandesmäßige Situationsverarbeitung erreicht eine weitere, höhere Stufe dadurch, daß nicht nur der gegenwärtige Situationsgehalt berücksichtigt wird, sondern auch die zukünftige Entwicklung der Situation ebenso wie die Folgen des eigenen Verhaltens.« (94)

Die Handlungserfahrung, die erlernte Bewegungsweisen zur Verfügung stellt, und die Erfahrungen aus der Analyse und Interpretation verschiedenster Situationen konstituieren »gekonntes« Verhalten. Wie aber kann es dazu kommen, daß sich der Organismus mit bis dahin unbekannten Dingen und Situationen auseinandersetzt, wenn diese noch gar keinen Auslösemechanismus ansprechen? Auch hier haben die Ethologen eine Antwort. Für eine Reihe von Tieren einschließlich des Menschen hat offenbar das Merkmal »unbekannt« als solches Auslösequalität, und zwar für Fluchtbereitschaft und Neugier, wobei erstgenannte in dem Maße abnimmt, wie die Ungefährlichkeit des Neuen sich erweist (95).

Allerdings gehen die Meinungen hinsichtlich der Motivation des »explorativen Verhaltens« (= Neugier) auseinander. So ist z. B. Lorenz der Ansicht, daß es sich dabei um eine spezifische Handlungsbereitschaft handele, die abhängig ist von einer eigenen Antriebsstruktur (96). Dabei übersieht er aber offenbar, daß dies im Widerspruch steht zu der als gesichert geltenden Theorie der »Relativen Stimmungshierarchie«, die auch von ihm selbst sonst vertreten wird (97). Nach dieser Theorie müßte das Neugierverhalten verstanden werden als das Zusammenspiel der gerade vorhandenen, nicht auf den Ernstvollzug gerichteten Appetenzen (98), die an unbekannten Objekten oder in neuen Situationen Möglichkeiten zur Abreaktion suchen.

Da die Entwicklung des Neugierverhaltens stammesgeschichtlich identisch ist mit der Entwicklung »Relativer Stimmungshierarchien« und ihren *spezifischen* Antriebsüberschüssen (99), dürfte die zusätzliche Orientiertheit und Informiertheit, die sich aus der Abreaktion überschüssiger Antriebe an bisher unbekannten Objekten und in neuen Situationen ergibt, sowie das daraus erwachsene Können einen Selektionsvorteil dargestellt haben, wenn die Gewinnung der neuen Kenntnisse und Fähigkeiten *mit angemessener Vorsicht* geschah. Die enge Koppelung des Neugierverhaltens mit Flucht- bzw. Abwehrbereitschaft wird damit verständlich.

Auf eine weitere konstitutive Eigenart des Menschen muß hier noch hingewiesen werden. Der Mensch ist in der Lage, *theoretisch*, d. h. in der Phantasie, in der Vorstellung oder sogar auf rein sprachlicher Ebene, ohne tatsächlich aktiv zu werden, Situationen durchzuspielen, zu variieren und wieder durchzuspielen, Handlungsmöglichkeiten nach vorgängigen Erfahrungen gegeneinander abzuwägen, neue Handlungsmöglichkeiten hypothetisch zu entwerfen usw. Durch die Verbindungen des Neocortex zum Thalamus und damit auch zum limbischen System und zum Hypothalamus ist es sogar möglich, allein durch die Vorstellung oder gar durch sprachgebundenes Denken Emotionen zu wecken (subjektiv) und damit auslösende Situationen (bzw. aufladende Reize) zu *erzeugen* (objektiv), d. h. Appetenzen hervorzurufen! Auf der anderen Seite beflügeln *spontane Appetenzen* die menschliche Phantasie: Sie wecken Wunschvorstellungen, was in Situationen, in denen Antriebe besonders stark und/oder langanhaltend aufgestaut werden, zu Halluzinationen und Wahnvorstellungen führen kann. Mit Hass zusammengefaßt:

»Die Triebe wecken unsere Phantasie – und die Phantasie wirkt auf die Triebe zurück.« (100)

Die theoretische Beschäftigung mit vorgestellten Situationen (unbenanntes Denken (101)) bzw. sprachlich dargestellten Situationen (benanntes Denken) führt dazu, daß *unabhängig vom Bedarf des Augenblicks* verschiedene, für verschiedene Antriebe relevante Eigenarten einer möglichen Situation intim gemacht werden können. Auf diese Weise werden auch Erfahrungen gesammelt, die zur Unterscheidung von den im praktischen Umgang erworbenen Handlungserfahrungen »theoretische Erfahrungen« genannt werden sollen. Derartige theoretische Erfahrungen stehen dem Menschen für die Analyse und Interpretation realer Situationen zur Verfügung. Dabei kann es sich dann entweder um die in der Phantasie vorweggenommenen Lösungen (Ergebnisse) oder um die durchgespielten Wege zur Lösung (Operationen) handeln. Ergebnisse und Operationen, die auf theoretischem Wege gewonnen wurden, müssen sich freilich erst noch in der Praxis bewähren. Sie werden dann umgesetzt in konkrete Handlungserfahrungen.

Die Organisation des Verhaltenssystems in Form eines Netzes »Relativer Stimmungshierarchien« bringt mit der Neugier folgende Möglichkeiten der Erfahrung mit sich:

- die Gewinnung von Handlungserfahrungen im praktischen Umgang mit Dingen und Situationen und
- die Gewinnung von Erfahrungen bezüglich der Auslösequalitäten von Dingen und Situationen.

Weitere Möglichkeiten ergeben sich aus der Fähigkeit zu unbenanntem und benanntem Denken, nämlich:

- theoretische Situationsanalysen und -interpretationen sowie
- Handlungsentwürfe.

Sowohl der daraus resultierende Erfahrungsschatz als auch die Möglichkeiten des Erfahrung-Sammelns können nun für eine umfassende Definition der »Intelligenz« herangezogen werden. Unser Vorschlag lautet:

»Intelligenz« ist die *Fähigkeit*, im Rückgriff auf frühere Erfahrungen und im Vorgriff auf zu erwartende Ereignisse (aus früheren Erfahrungen extrapoliert) komplexe Situationen so zu interpretieren und solche Handlungsmuster bereitzustellen, daß situationsgerechtes Verhalten *möglich* ist und die dabei gewonnenen Erfahrungen (Fehlinterpretationen, Korrekturen, Bestätigungen etc.) für zukünftige Fälle verfügbar werden.

Angesichts der Tatsache, daß die Handlungsimpulse selbst aus den Antriebsstrukturen kommen, heißen *Verhaltensweisen* dann »intelligent«, wenn der Organismus bei seinen Aktionen von dieser Fähigkeit Gebrauch macht. Ob er das tut, in welchem Maße und vor allem: mit welcher Intention, wird dann wesentlich mit abhängen von dem augenblicklichen Zustand seines gesamten Verhaltenssystems.

Die Suche nach Schlüsselreizen in Form der Analyse und Interpretation *gegebener* Situationen stellt allerdings nur *eine* Möglichkeit »intelligenten« Zugriffs auf die Antriebe dar. Als Varianten der Situationsverarbeitung wären ergänzend noch zu nennen

– das erfahrungsabhängige *gezielte Aufsuchen* von Situationen, die die erwünschten Merkmale mit hoher Wahrscheinlichkeit bieten, und
– die *Herstellung* solcher Situationen durch Manipulation der dinglichen und/oder sozialen Umwelt, ebenfalls unter Rückgriff auf vorgängige Erfahrungen.

Diese Varianten betonen mehr den Aspekt sichtbaren Handelns. Da sie inhaltlich dem Begriff des Appetenzverhaltens entsprechen, haben wir sie nicht ausdrücklich in unsere Definition aufgenommen. Man könnte dieser handelnden Suche nach Schlüsselreizen die Situationsanalyse und -interpretation als rein wahrnehmungsverarbeitende Suche gegenüberstellen, die zugleich ein höheres, für den Menschen (und in Ansätzen auch für die Pongiden) charakteristisches Niveau der »Intelligenz« repräsentiert, da sie erst in komplexen und mehrdeutigen Situationen zur Anwendung kommt (102).

In dem Maße, wie das subjektive Lustgefühl am Vollzug der Endhandlung von der Höhe des Aktualspiegels aktionsspezifischer Energie abhängt, kann das »intelligente« Verhalten im Appetenzbereich (im entspannten Feld) auch der *Antriebssteigerung durch das gezielte Aufsuchen oder Herbeiführen aufladender Reize* dienen (103).

Andererseits kann der Mensch aber auch Situationen *verändern* oder sich aus ihnen *zurückziehen*, wenn er aufgrund vorgängiger Erfahrungen erwarten muß, daß eine ihm im Augenblick *unpassende Aufladung noch unterschwelliger Antriebe* erfolgt (104). Einige Autoren betonen daher weniger die Fähigkeit, »auch in unspezifischen Bedingungen die Triebkräfte zu mobilisieren« (105), sondern legen mehr Gewicht auf die Regulation des Verhaltens.

Diese »intelligente« Verhaltensregulation scheint aber selbst wieder triebabhängig zu erfolgen. Die Gestaltung einer Situation stellt eine *Handlung* dar, die nicht allein von den individuellen Erfahrungen bezüglich der Aufladbarkeit und Reizbarkeit des eigenen Antriebssystems, der Auswirkungen einzelner Verhaltensweisen auf die jeweilige Umwelt und der Reaktionen dieser Umwelt abhängt, sondern ebenso auch vom augenblicklichen Zustand des Antriebssystems selbst. Der in diesem Zusammenhang manchmal verwendete Begriff »Kontrolle« oder »Triebkontrolle« (106) ist deshalb irreführend. Treffender wäre es, von *erfahrungsabhängiger Selbstregulation* zu sprechen, die je nach den situativen Bedingungen und dem Zustand des Antriebssystems zu sehr unterschiedlichen Ergebnissen führen kann.

In der Ethologie versucht man das Prinzip der Selbstregulation des Antriebssystems mit folgendem Bild zu verdeutlichen: Nach Lorenz gleicht das Netzwerk der Instinkte »insofern einem *Parlament*, als es ein mehr oder weniger ganzheitliches System von Wechselwirkungen zwischen vielen unabhängigen Variablen ist ... und, wenn nicht immer echte Harmonie, so doch erträgliche, das Leben ermöglichende Kompromisse zwischen verschiedenen Interessen schafft« (107). Die Entscheidung bleibt dabei äußeren und/oder inneren Einflüssen überlassen, sei es durch Überhandnehmen einer der Appetenzen aufgrund endogen bedingter Produktion aktionsspezifischer Energie, sei es durch zusätzliche aufladende bzw. auslösende Reize aus der Situation, die einer Appetenz zum Durchbruch verhelfen. Die Selbstregulation ist daher nur eine relative, denn das »Angebot« an situativen Merkmalen, die einzelne Antriebe aufladen oder Schlüsselreiz werden können, wird dabei genau beachtet.

Die Inanspruchnahme vorgängiger Erfahrungen für die Entscheidungsfindung stellt einen speziellen Fall dar, den Leyhausen folgendermaßen zu veranschaulichen sucht:

»Verstand und Erfahrung bilden sozusagen die 'Sachverständigenausschüsse' des Triebparlaments, hier wird die Situation 'durchberaten' und das Ergebnis wird als kurzes Gutachten wieder an das Parlament zurückgegeben, das nunmehr seine Entscheidung treffen kann.« (108)

Danach gewinnt oder behält eine Appetenz die Oberhand – bzw. sie verliert sie an eine andere –, wenn aus komplexen Situationen herauspräparierte Merkmale oder auch erinnerte

Erfahrungen als Schlüsselreize oder aufladende Reize zugunsten dieses oder jenes Antriebs in die Waagschale fallen. Erfahrungsabhängige relative Selbstregulation des Verhaltens heißt dann, daß das Verhaltenssystem selbst sich jederzeit mit der Gesamtsituation und den situationsspezifischen Erfahrungen abstimmt, wobei aber je nach dem Zustand des Verhaltenssystems selbst jeweils andere Aspekte der Situation und andere Erfahrungen größeres Gewicht erhalten. Dadurch werden die Erfordernisse der Situation und die Interessen des Organismus miteinander in Einklang gebracht, wobei es von der Situation, den verfügbaren Erfahrungen und vom Zustand des Antriebsgefüges abhängt, wie der »Verhaltenskompromiß« im einzelnen jeweils aussieht.

Theoretisch läßt sich ein Kontinuum konstruieren von der Entlastung von biologischen Ernstvollzügen (entspanntes Feld) über zunehmenden Druck (Angst, Hunger usw.) bis zu Situationen höchster Belastung durch biologische Notwendigkeiten (stärkste Schlüsselreize und stark gestaute Appetenz zur situativ passenden Endhandlung). Ganz am Anfang des Kontinuums wäre dann das Ausprobieren, das mehr oder weniger spielerische Sammeln von Erfahrungen bzw. das Spielen selbst anzusiedeln. Mit zunehmender situativer Belastung wird der Anteil fest eingeschliffener Handlungsmuster und vorhandener EAAMs und EAMs zunehmen, bis schließlich am Ende des Kontinuums der Punkt erreicht ist, von dem Leyhausen sagt:

»Die letzten, unmittelbarsten Entscheidungen im Angesicht höchster Not, äußerster Gefahr, letzten Triumphes fällt auch der Mensch immer unmittelbar aus seiner angeborenen Verhaltensnorm heraus.« (109)

Da »intelligentes« Verhalten Verhalten im Appetenzbereich ist, könnte man geneigt sein, es für grundsätzlich lustbetont zu halten. Das scheint aber nicht an dem zu sein. Auch wenn es »keinen Spaß mehr macht«, erwerbkoordiniertes Verhalten in Abhängigkeit von EAAMs und EAMs zu zeigen, tritt nicht gleich erbkoordiniertes Verhalten an dessen Stelle, sofern nur die Situation nicht als Ernstsituation im oben beschriebenen Sinne erlebt wird. Handeln im Appetenzbereich, verbunden mit der Fähigkeit zur Einsicht in situative Notwendigkeiten, bildet nach Leyhausen auch die Grundlage für Verhaltensweisen, die üblicherweise unter den Begriff der *Arbeit* fallen. Diese lassen sich in der Regel als Appetenzhandlungen für bestimmte Endhandlungen identifizieren (z. B. Nahrungsaufnahme). Der Zusammenhang stellt sich dann so dar, daß das Verhalten im Appetenzbereich, das im Spiel immer lustbetont ist, nunmehr »auf sich genommen« wird, weil anders die angestrebte Endhandlung nicht zum Ablauf kommen kann:

»Je direkter und machtvoller die Appetenz zur Endhandlung das ganze Geschehen dirigiert und auf das zweckvoll Knappe beschränkt, um so mehr konzentriert sich die Lust auf eben die Endhandlung, und um so größere Unannehmlichkeiten nimmt das Tier auf dem Wege dorthin in Kauf. In diesem Sachverhalt liegt die stammesgeschichtlich älteste und wohl auch wichtigste Wurzel aller Arbeit und 'freiwillig' übernommener Mühsal, der 'Pflicht' also.« (110)

In Handlungszusammenhängen sind immer auch Antriebe wirksam. »Intelligenz« in »reiner« Form kommt dort nicht vor. Dennoch aber kann sie zu einer Art »Selbstzweck« werden: Sie ist dann abgekoppelt von der Motorik. In diesem Fall manifestiert sie sich als *theoretische* Beschäftigung mit der Welt, wie sie in Form erinnerter Erfahrung in der Phantasie bzw. in Begriffszusammenhängen gegenwärtig ist, und deren Elemente *beliebig* variiert und kombiniert werden können – jedenfalls im Rahmen des überhaupt Vorstellbaren bzw. Denkbaren. Wir hatten schon erwähnt, daß auch auf diese Weise »Erfahrungen« gesammelt werden, nur theoretische allerdings, die sich erst noch in der Realität bewähren müssen. Der vielbeklagte Unterschied zwischen Theorie und Praxis wird aus dieser Perspektive leicht erklärbar, denn es ist ein Irrtum, vom Denkbaren auf das Realisierbare zu schließen. In der wirklichen Welt ist der Spielraum wesentlich enger begrenzt: durch die nicht veränderbaren Aspekte der Situation, durch die gerade verfügbare Erfahrung, durch den augenblicklichen Zustand des eigenen Antriebssystems und durch dessen arttypische Struktur, die Biogrammatik. Dadurch wird verständlich, daß Menschen sich immer wieder anders verhalten, als es von ihnen erwartet wird – und als sie es selbst von sich erwarten. Insbesondere die Fähigkeit zum *benannten Denken*, das an Sprache gebunden ist, erlaubt die Bewältigung wesentlich höherer Komplexionsgrade – in dinglicher und sozialer Hinsicht – als es eine allein auf das »unbenannte Denken« angewiesene »Intelligenz« vermag. Darin unterscheidet sich die menschliche »Intelligenz« von der tierischen. Aber gerade der relativ große Abstand der benannt-begrifflichen Abstraktionen von der zugrundeliegenden Realität ermöglicht auch metaphysische Konstruktionen, utopische Entwürfe, Wunschdenken. Die Möglichkeit einer von der Realität relativ unbeschwerten Auseinandersetzung mit Problemen führt deshalb immer wieder zu nicht einlösbaren Forderungen, wie z. B. dem Ruf nach einer »heilen Welt« oder nach dem »vollkommenen Menschen«. In dem Augenblick aber, wo der Mensch beginnt, seine Theorien in die Praxis umzusetzen, wo seine »Intelligenz« *verhaltenswirksam* wird, ist und bleibt sein Tun mit abhängig von seinen Antrieben.

Wir haben versucht, aus der Theorie der »Relativen Stimmungshierarchie« einen Intelligenzbegriff zu gewinnen, der sich auf die nicht-instinktiven Komponenten des Verhaltens beschränken sollte, ohne dem psychologischen direkt zu widersprechen. »Intelligenz« konnte wegen der Abhängigkeit allen Verhaltens von den Antriebsmechanismen nur als die *Fähigkeit* definiert werden, komplexe Situationen und Antriebsgefüge zu einem Kompromiß zu führen, der sowohl den triebbedingten Interessen des Organismus als auch der jeweiligen Situation gerecht wird. Diese Fähigkeit, so konnten wir mit Leyhausen feststellen, wirkt sich im Appetenzbereich aus. Endhandlungen im biologischen Ernstvollzug sind dagegen immer erbkoordiniert. Die Darstellung verschiedener Möglichkeiten »intelligenten« Verhaltens – vom »gekonnten« Handeln nach entsprechender Situationsanalyse und -interpretation über das gezielte Aufsuchen, Herbeiführen und Verändern von Situationen bis zum Rückzug – ließ erkennen, daß die »Intelligenz-Komponente« sich auf die *Bereitstellung* von Verhaltens- und Analysemustern, EAAMs und EAMs sowie das Herausfinden aufladender Reize und Schlüsselreize in komplexen Situationen beschränkt.

Das Verhältnis von Instinktmechanismen und »Intelligenz« läßt sich daher weder als ein Stufenverhältnis beschreiben noch als eines gegenseitiger Ausschließung. Wir verstehen »intelligentes« Verhalten wegen der Abhängigkeit *allen* Verhaltens von den Antrieben als ein *erweitertes Instinktverhalten* – und zwar auf der Ebene der Rezeptorik wie auf der Ebene der Motorik.

Bezeichnenderweise tritt »Intelligenz« immer dann im Tierreich auf, wenn die Biogrammatik einer Art stammesgeschichtlich an besondere ökologische Bedingungen angepaßt ist. Koenig, der diese besonderen, intelligenzfördernden Bedingungen zusammengestellt hat, faßt zunächst die Tiefenstruktur der Biogrammatik und die Gesamtheit der realen Verhaltensmöglichkeiten einer Art als deren »Aktionssystem« zusammen (111). Das »Aktionssystem« einer Art ist seiner Meinung nach von folgenden Vergleichsebenen aus vollständig zu erklären:

1. Systematische Stellung
Hier wird die phylogenetische Entwicklung einzelner Verhaltensmerkmale dargestellt.
2. Ökologische Funktion
Hiermit ist die Lebensweise der Art als Jäger, Pflanzenfresser usw. gemeint.
3. Ökologische Situation
Sie umfaßt die landschaftliche und klimatische Einpassung einer Art.
4. Soziale Struktur
Sie beinhaltet die Beziehungen zu Artgenossen und ist überwiegend von den Ebenen 2 und 3 abhängig.

Die Anwendung dieser Vergleichsebenen auf das menschliche »Aktionssystem« ergibt nach Koenig folgendes:

1. Seiner systematischen Stellung nach ist der Mensch ein Primat, der sich vom Baumbewohner zum Bodenbewohner entwickelt hat. Vom Baumleben bringt er bestimmte Präadaptationen mit wie die Greifhand und das binokulare Sehen, wodurch der Präzisionsgriff möglich wird, und das hochdifferenzierte Gehirn. Der aufrechte Gang ist dagegen eine Anpassung an das Savannenleben.
2. Die ökologische Funktion des Menschen ist die eines stark auf tierische Kost eingestellten Mischfutteressers – die des Jägers und Sammlers.
3. Die ökologische Situation, auf die das »Aktionssystem« des Menschen paßt, ist die, die er zur Zeit seiner Entstehung vorfand: locker strukturiertes, mäßig bewachsenes Gelände und relativ warmes Klima.
4. Der Mensch ist ein Kleingruppenwesen, wobei die Kleingruppe zugleich Engzuchtgruppe ist (112).

Für unseren Zusammenhang ist von größter Wichtigkeit, daß »Intelligenz«, die Koenig entsprechend den drei letzten Ebenen in »Aktionsintelligenz«, »Raumintelligenz« und »soziale Intelligenz« aufteilt (113), immer in dem Maße auftritt, wie

1. entsprechende Präadaptationen vorhanden sind,
2. die stammesgeschichtlich entwickelte Lebensweise mit komplexen Situationen konfrontiert,
3. der Lebensraum strukturiert ist und
4. die Probleme, die Lebensweise und Lebensraum stellen, gemeinschaftliche Anstrengungen erfordern.

Das heißt, wo die Tiefenstruktur der Biogrammatik differenzierte Oberflächenstrukturen hervorbringt, kann man von »Intelligenz« sprechen. Daß der Mensch Jäger, Bewohner strukturierten Geländes und Kleingruppenwesen ist, läßt sich nicht aus dem »Intelligenzphänomen« ableiten. *Erst der Mensch als großhirniger Primat, der seiner angeborenen Biogrammatik nach Jäger, Bewohner strukturierten Geländes und Kleingruppenwesen ist,* stellt nach Koenig »in bezug auf Intelligenzsummierung eine maximale Leistungskombination« dar (114).

In diesem Zusammenhang ist ein weit verbreiteter Irrtum zu korrigieren, der sich in seiner extremsten Form in den Worten Roths manifestiert, wenn er sagt:

»Der Mensch ist auch in seiner *Anpassung an die Umwelt unendlich lernfähig.*« (115)

Der überzogene Begriff des Unendlichen soll nicht Gegenstand weiterer Betrachtungen sein. Vielmehr wendet sich die Kritik gegen den Begriff der Anpassung an die Umwelt, wie er hier verwendet wird. Die Formulierung legt den Gedanken nahe, die Umwelt sei das, was der Mensch jeweils unveränderlich vorfindet, und mittels seiner Intelligenz oder Lernfähigkeit könne er sein Verhalten jeweils so modifizieren, daß es sich der vorhandenen Umwelt anpaßt. Das ist aber in dieser Einseitigkeit nicht der Fall. Vielmehr paßt der Mensch die Umwelt an die in seiner Biogrammatik verankerten Bedürfnisse an! Deshalb finden wir nirgends besonders modifizierte Vertreter der Art Homo sapiens, sondern überall da, wo Menschen auftreten, finden wir eine mehr oder weniger *modifizierte Umwelt* vor, die ihm sein Jäger- und Sammlerleben in strukturiertem Gelände ermöglicht. Natürlich gibt es auch Aspekte der Umwelt, die unveränderlich sind, z. B. das Klima. Es ist aber doch ein Unterschied, ob wir sagen, der Mensch habe sich mittels Erfindung der Kleidung usw. den klimatischen Bedingungen angepaßt, oder ob wir sagen, er habe die Kleidung usw. erfunden, um damit die einer Bearbeitung zugänglichen Umweltanteile der Regulierung seiner Körpertemperatur dienstbar zu machen. Im ersten Fall wird eine Wandlungsfähigkeit des Menschen selbst suggeriert, im zweiten Fall dagegen wird der tatsächliche Sachverhalt beschrieben: Primär ist das natürliche Bedürfnis nach Einhaltung einer bestimmten Körpertemperatur, und zum Zwecke der Befriedigung dieses Bedürfnisses wird die Umwelt bearbeitet, werden Artefakte hergestellt, je nach Erfordernis und Möglichkeit. Von einer Anpassung an die Umwelt kann man höchstens im Zusammenhang mit den Bearbeitungstechniken sprechen, soweit es sich um spezielle motorische Muster und die zugehörigen EAAMs und EAMs handelt. Aber auch über ihren Einsatz entscheidet letztlich die menschliche Biogrammatik.

Wir haben versucht zu zeigen, daß »intelligentes« Verhalten als erweitertes Instinktverhalten vollständig von der Tiefenstruktur der Biogrammatik abhängig ist. »Intelligenz« als die Fähigkeit zu »intelligentem« Verhalten könnte man als ein *Werkzeug* betrachten, das sich aufgrund besonderer Präadaptationen unter besonderen ökologischen Bedingungen stammesgeschichtlich im Zusammenhang mit der auf diese Bedingungen passenden Biogrammatik entwickelt hat, und das der Bewältigung derjenigen komplexen Probleme dient, die Lebensweise, Lebensraum und soziale Struktur der Biogrammatik stellen. Ein solches Instrument kann die Instinkte nicht erübrigt haben, denn es ist selbst das Mittel, mit dem die Instinktmechanismen eine ihren eigenen Horizont überschreitende Komplexität bewältigen. Das wird besonders durch die Fähigkeit zur Anpassung der verschiedensten Umwelten an den Menschen, dessen Bedürfnisstruktur qua Biogrammatik über die Rassengrenzen hinweg in ihren Grundzügen universell ist (116), belegt.

2.5 Lernen

Angeborenes und Erlerntes sind nicht durch gegenseitigen Ausschluß, sondern, wie Lorenz schreibt, »durch die Herkunft der die Außenwelt betreffenden Informationen« definiert (117). Das konkrete Verhalten beruht sowohl auf Informationen, die in der Phylogenese gewonnen wurden, Instinktkomponenten also, wie auch auf solchen, die der Organismus in seiner individuellen Ontogenese gesammelt, also gelernt hat. Auf dieser Ebene ist daher die Alternative Lernen *oder* Instinkt, erlernt *oder* angeboren falsch. Das konkrete Verhalten als »Mischung« aus Instinktkomponenten und »intelligenten Variationen über das instinktive Thema« kann, wie Bigelow meint, genausogut als »Mischung« aus angeborenen und angelernten Komponenten beschrieben werden (118). Theoretisch (und auch praktisch im sogenannten »Kasper-Hauser-Versuch«, der allerdings aus ethischen Gründen nur bei Tieren durchgeführt werden kann) läßt sich die Herkunft der die Außenwelt betreffenden Informationen freilich oft genug eindeutig bestimmen.

Die Frage, welche Arten von Information in der Ontogenese gesammelt werden und über welche Mechanismen der menschliche Organismus zur Bewerkstelligung dieser Aufgaben verfügt, ist eigentlich keine genuin gesellschaftswissenschaftliche. Für eine biologisch orientierte Sozialisationstheorie ist ihre Beantwortung aber grundlegend wichtig. Sozialisation hängt u. a. von der menschlichen Lernfähigkeit ab, und diese muß – genau wie die »Intelligenz« als korrespondierendes Merkmal – als ein phylogenetisch entwickeltes Merkmal der Art Homo sapiens begriffen werden (119). Unter biosoziologischem Aspekt müssen wir daher nach den angeborenen Möglichkeiten menschlichen Lernens fragen. Allerdings lehnen die Ethologen globale Definitionen des Lernens, wie etwa die von Correll (120), als unzureichend ab. Wie der ethologische Begriff der »angeborenen Lerndisposition« andeutet, bezieht sich Lernen immer schon auf bestimmte Inhalte, Fähigkeiten usw. Die Annahme einer »allgemeinen Lernfähigkeit« wird den empirischen Befunden der Ethologie nicht gerecht, denn anscheinend sind jeweils ganz spezifische Modifikabilitäten in der Stammesgeschichte ausgelesen worden – entsprechend den Notwendigkeiten einer Biogrammatik für komplexe ökologische Funktionen in komplexen ökologischen Situationen! Eibl-Eibesfeldt meint daher, »monistische Erklärungsversuche nach einer Theorie« könnten die Realität nicht adäquat abbilden, da es »ganz offensichtlich recht verschiedene Lernvorgänge« gäbe (121).

Verhaltensforscher haben inzwischen eigene Systematiken des Lernens aufgestellt, um die spezifischen Modifikabilitäten des menschlichen Verhaltens unterscheiden und beschreiben zu können. Die folgende Darstellung wird sich hauptsächlich an die von Lorenz entwickelte halten, da dieser Forscher jüngst zu äußerst differenzierten Vorstellungen gelangt ist. Aber auch Gottwald, Großmann, Hassenstein, Hess, Leyhausen u. a. haben wesentlich zur Aufklärung der unterschiedlichen Vorgänge und Zusammenhänge des Lernens, die wir nun darstellen wollen, beigetragen (122).

2.5.1 Einfache Lernvorgänge

a) *Bahnung*
Funktionsverbesserung der Motorik durch »Einfahren«, das wahrscheinlich Veränderungen in den Synapsen (Verbindungselemente zwischen den einzelnen Nervenzellen) hervorruft.
b) *Sensitivierung*
Kurzfristige Erhöhung der Aufmerksamkeit durch Aktivierung des retikulären Systems. Wird von Lorenz im Zusammenhang mit der Bahnung besprochen, stellt aber keinen echten Lernvorgang dar, weil keine bleibenden Wirkungen zu beobachten sind.
c) *Reizgewöhnung* (afferente Drosselung = Adaptation (123))
De-Sensitivierung gegenüber spezifischen, dauernd gebotenen Reizen. Hat keinen Einfluß auf den Schwellenwert anderer, die gleiche Aktion auslösender Reize.

Neben diesen Formen, bei denen es zu keinerlei Assoziationen kommt, gibt es andere einfache Lernvorgänge, bei denen schon eine Verbindung zwischen spezifischem Reiz und Aktion hergestellt wird. Dabei erfolgt aber noch keine Rückmeldung des Erfolges.
d) *An Komplexwahrnehmung gebundene Reizgewöhnung*
De-Sensitivierung, die auf bestimmte Gesamtsituationen beschränkt ist, z. B. die an bestimmte Örtlichkeiten gebundene »Zahmheit« von Wildtieren (Futterplatz im Winter).
e) *Angewöhnung*
Umbildung eines relativ unspezifischen AAM zum spezifischen EAAM. Der Auslösemechanismus funktioniert nur noch, wenn die spezifische Reizsituation um bestimmte zusätzliche Reize erweitert ist.
f) *Bedingter Reflex i. e. S.*
Verbindung zwischen Reflex und *ankündigendem Reiz* durch Ausbildung signalleitender Verknüpfungen im ZNS, z. B. zwischen Lidschlußreflex und Glockenton als Ankündigung für unangenehmen Luftstrom. Fehlen solche Verknüpfungsmöglichkeiten im Reflexbogen, ist die Ausbildung eines bedingten Reflexes nicht möglich (z. B. beim Kniesehnenreflex).
g) *Durch Trauma erworbene Vermeidungsreaktion*
Ausbildung eines spezifischen EAM für Flucht- oder Meideverhalten in einer traumatisierenden Situation.
h) *Bedingte Hemmung*
Verknüpfung von Strafreiz und Appetenzverhalten. Kann eine Zeitlang Triebverhalten unterbinden, führt aber zu »Triebstau« und irgendwann zur explosiven Entladung.

Die hier vorgestellten einfachen Lernvorgänge haben noch wenig Bezug zu spezifisch humanwissenschaftlichen Fragestellungen. Sie wurden der Vollständigkeit halber aufgeführt. Die unter d) und e) genannten Formen dürften aber relativ häufig als Bestandteile komplexerer Lernprozesse anzutreffen sein, wie auch die Bahnung eine isolierte Komponente des motorischen Lernens sein kann.

Ein weiterer einfacher Lernvorgang ist die sogenannte *Prägung*, die aber wegen ihrer Bedeutung gesondert behandelt werden soll.

2.5.2 Prägungsähnliche Lernprozesse

Der Begriff der »Prägung« geht auf Lorenz zurück. Er definierte ihn als »den Vorgang der Erwerbung des Objektes der objektlos angeborenen auf den Artgenossen gerichteten Triebhandlung« (124).

Bestimmte angeborene soziale Verhaltensweisen, z. B. die Nachfolgereaktion des Gänsekückens, bekommen ihren Auslöser und damit ihr Bezugsobjekt »aufgeprägt«. In unserem Beispiel wäre dies das erste große, sich bewegende Objekt, welches das Kücken in einer kurzen Zeitspanne nach dem Schlüpfen zu Gesicht bekommt. In der Regel wird es sich dabei um das Muttertier handeln, zu dem das Kücken auf diesem Wege eine *individualisierte Bindung* herstellt. Der Zeitraum, währenddessen eine solche Prägung möglich ist, wird »kritische Phase« oder, wenn er eine bestimmte Größenordnung überschreitet, »sensible Phase« genannt. Eine einmal vollzogene Prägung ist irreversibel, und die Prägbarkeit schwindet unwiederbringlich, wenn die entsprechende kritische bzw. sensible Phase versäumt wird.

Derartige hochspezifische Lernprozesse sind freilich in dieser Form beim Menschen bisher nicht nachgewiesen. Die Ethologen sprechen deshalb bezüglich des Menschen lieber von »prägungsähnlichen Lernvorgängen« (125), zumal die Frage der kritischen Phase noch umstritten ist. Lediglich das Vorhandensein sensibler sowie in weiterer Abschwächung »optimaler« Phasen , das sind Zeiten erhöhter Empfänglichkeit für bestimmte Ansinnen der sozialen Umwelt, wird allgemein anerkannt. E. H. Hess, der sich insbesondere mit Problemen der Prägung forschend auseinandergesetzt hat, bemerkt dazu:

»Wir können mit vollkommener Sicherheit sagen, daß eine Vielzahl von stark empfänglichen Phasen (= sensible Phasen, D. P.) und viele optimale Phasen in der menschlichen Entwicklung bestehen ... Manche dieser empfänglichen Phasen haben Folgen, die man als 'kritisch' bezeichnen könnte.« (126)

Ob nun z. B. die Bindung eines Säuglings an seine Bezugsperson, die innerhalb der ersten Lebensmonate entsteht, auf Prägung im engeren Sinne beruht, wie etwa von Bowlby oder Spitz nahegelegt und von Hassenstein behauptet wird, muß daher offen bleiben.

Sowohl für die genuine Prägung als auch für die prägungsähnlichen Lernprozesse werden Entwicklungsvorgänge im ZNS verantwortlich gemacht. Zur Erklärung zieht Hess im Nachgang zu Scott ein generelles Organisationsprinzip heran, wonach es immer schwieriger wird, ein System umzuändern, je weiter die Organisation dieses Systems fortgeschritten ist. Dabei ist es gleichgültig, ob es sich um sich teilende und differenzierende Zellen des Embryos oder um die Organisation der Verhaltensweisen eines Jungtieres durch Reifungs- und Lernprozesse handelt. Bestehende und funktionierende Organisation erschwert Umorganisation. Organisation kann deshalb nur zu Zeiten, wo aktive Organisationsprozesse ablaufen, stärker modifiziert werden. Das ist nach Hess der Grund für das Auftreten kritischer Perioden in der ontogenetischen Entwicklung (127).

Für den Menschen würde das bedeuten, daß, wenn schon nicht kritische, so doch sensible und optimale Phasen in solchen Lebensabschnitten zu erwarten sind, in denen der Organismus insgesamt in Umorganisation begriffen ist. Dies sind nach übereinstimmender Meinung von Biologie und Entwicklungspsychologie das erste Lebensjahr und die Zeiten des Gestaltwandels und der Pubertät. Nach der Lorenzschen Defintion der Prägung und mit den Einschränkungen ihrer Gültigkeit für prägungsähnliche Lernprozesse würde das heißen, der heranwachsende Mensch erwirbt in diesen Phasen in relativ schnellem und relativ dauerhaftem Lernen die Objekte für bestimmte objektlos angeborene Verhaltensdispositionen.

2.5.3 Lernen aus den Folgen des Verhaltens

Die hier zu behandelnden Arten des Lernens zeichnen sich durch die *Rückmeldung* von Vollzug und Wirkung einer Aktion in einer Situation aus. Das setzt eine gewisse Mindestkomplexität des lernenden Systems voraus. Damit der Organismus überhaupt wissen kann, *was als Erfolg oder Mißerfolg zu verbuchen ist*, muß er bereits über gerichtete Appetenzen, Auslösemechanismen und triebbefriedigende Endhandlungen verfügen. Erfolg kann immer nur das Erkennen oder Hervorbringen von Umweltbedingungen heißen, die den Ablauf einer angestrebten Instinkthandlung ermöglichen, Mißerfolg das Gegenteil. Diese Fähigkeit zur »teleonomen Modifikation des Verhaltenssystems«, wie Lorenz das Lernen aus Erfolg auch nennt (128), ist eine wesentliche Grundlage des »Intelligenzphänomens«.

Die Lernvorgänge, die der teleonomen Modifikation dienen, lassen sich auch wieder in verschiedene Formen differenzieren.

a) *Bedingte Appetenz*

Die erworbene Information übt eine Rückwirkung auf das die angestrebte Aktion einleitende Appetenzverhalten aus. Als Beispiel wäre hier der klassische Versuch Pawlows anzuführen, bei dem es sich nämlich *keineswegs um einen bedingten Reflex* handelt, als dessen Prototyp er in der Lernpsychologie noch immer gilt. Den Unterschied macht Hassenstein klar:

»Beim bedingten Reflex löst der bedingte Reiz stets das gleiche motorische Verhaltensmuster aus wie der primäre auslösende Reiz, höchstens im Zeitverlauf oder in der Stärke verändert; bei der *bedingten Appetenz* dagegen erscheint als erfahrungsbedingtes Verhalten stets das *Appetenzverhalten*, gleich ob es in der Lernsituation stattfand oder nicht.« (129)

Den Nachweis, daß Pawlow bei seinen Versuchen zum »Speichelreflex« des Hundes nicht etwa diesen isolierten »Reflex«, sondern das spezifische, angeborene Appetenzverhalten des Futterbettelns »bedingt« hat, obwohl dessen Ausführung in der Versuchsanordnung gar nicht möglich war, verdanken wir Lidell.

»Er dressierte zunächst einen Hund auf einen bedingten Reiz, der im Schnellerwerden eines dauernd tickenden Metronoms bestand. Als der Hund auf diesen Reiz verläßlich speichelte, befreite ihn Lidell von seinen Fesseln. Der Hund lief daraufhin sofort zum Metronom, das gleichmäßig weitertickte, sprang zu ihm empor, umschmeichelte es mit Schwanzwedeln und Winseln, mit anderen Worten, er zeigte das gesamte Verhalten eines Hundes, der seinen Herrn oder einen älteren Rudelgenossen um Futter anbettelt. Dazu speichelte er heftig, obwohl das Metronom seinen Schlag nicht verschnellert hatte, den bedingten Reiz also gar nicht bot.« (130)

Daß das Appetenzverhalten »bedingt« wird und nicht der »Speichelreflex«, wird noch durch eine andere Tatsache unterstrichen. Es handelt sich nämlich gar nicht um einen Reflex, der jederzeit auszulösen wäre, wie es für Reflexe charakteristisch ist, sondern um eine »physiologische Begleitfunktion des Appetenzverhaltens« (131): Der Hund speichelt ausschließlich dann, wenn er in Freßstimmung ist, d. h. wenn er Hunger hat (132)!

Die bedingte Appetenz ist bereits ein sehr komplexer Lernvorgang. Wie das Beispiel gezeigt hat, werden hier Merkmale von Situationen gelernt, d. h. wiederzuerkennen gelernt, die für eine hohe Wahrscheinlichkeit des Eintreffens der die angestrebte Endhandlung auslösenden Reize stehen. Verhaltens*änderung* findet dabei nicht statt.

b) *Bedingte Aversion*

Folgt auf eine bis dahin neutrale oder gar angestrebte Reizsituation ein- oder mehrmals eine üble Erfahrung, wird Flucht- oder Meideverhalten mit dem Reiz assoziiert. Bei der bedingten Aversion soll nun im Gegensatz zu der durch Trauma erworbenen Vermeidungsreaktion das Lernen der Reizkonfiguration, die Ausbildung des entsprechenden EAM also, über die Rückmeldung des Handlungserfolges (oder besser: -mißerfolges) gesteuert werden. Lorenz führt in diesem Zusammenhang Versuche von Garcia an, die dieser mit Ratten machte. Garcia fütterte die Tiere mit verschiedenen Speisen und erzeugte dann künstlich eine Übelkeit. Die Ratten bezogen ihre Unpäßlichkeit auf die zuletzt genossene Speise und mieden sie fortan. Ihre nunmehrige Aversion gegen dieses bestimmte Futter wurde also durch die unangenehmen Rückwirkungen ihrer eigenen Nahrungsauswahl bedingt.

Eine weitere Form der teleonomen Vermeidung, die in der ethologischen Literatur nicht angeführt wird, muß hier noch erwähnt werden. Es handelt sich dabei um die *situativ bedingte Hemmung*. Während die bedingte Aversion wiederum in der Andressur einer spezifischen Reizsituation besteht, werden bei diesem Lerntyp – ähnlich wie bei der bedingten Hemmung – Triebhandlungen gehemmt. Nun allerdings nicht mehr generell durch die Verknüpfung von Strafreiz und Appetenzverhalten, sondern eingeschränkt auf spezifische Situationen durch Assoziation von Gesamtsituation und den unangenehmen Folgen bestimmter Handlungen. Als Beispiel mag die Abdressur des Nasebohrens bei Tisch dienen. Dabei wird die angestrebte Verhaltensweise durch einen Strafreiz (z. B. Mißbilligung durch einen Elter) oder dessen bloße Ankündigung aufgeschoben. Die unangenehme Erfahrung wird als Folge des Verhaltens in einer unpassenden Situation aufgefaßt, weil der Strafreiz in anderen Situationen nicht auftritt. Deshalb wird die Verhaltensweise nicht generell blockiert, und auch die Reizsituation als Ganze (bei Garcias Ratten Geruch, Geschmack und Aussehen der Nahrung) wird nicht aufgrund der schlechten Erfahrungen gemieden oder gar geflohen. Es wird lediglich *situationsabhängig eine Verhaltensweise gehemmt*, die in anderen Situationen völlig ungehemmt ablaufen kann.

c) *Bedingte Aktion*

Eine Bewegungsweise wird durch Belohnung – das kann schon der Ablauf der angestrebten Endhandlung selbst sein – in einen neuen Zusammenhang gestellt, d. h. in den Dienst einer Appetenz, die zuvor nicht über diese Bewegungsweise verfügte. Am leichtesten lassen sich die sogenannten »Werkzeughandlungen« (z. B. Lokomotionsbewegungen) bedingen. Phylogenetisch starr in bestimmte Funktionskreise eingebundene Bewegungsweisen – etwa solche aus dem Bereich der Sexualität – lassen sich *außerhalb ihres Funktionskreises* nur sehr schwer oder gar nicht bedingen. Hier haben die »Relativen Stimmungshierarchien« ihre Grenzen. Die Auflösung der ursprünglich linearen Instinkthierarchien in ihre Einzelbausteine bedeutet nicht auch zugleich Zugriffsmöglichkeiten oder gar beliebige Zugriffsmöglichkeiten auf jedes einzelne Element! Andererseits können aber Aktionen bedingt werden, die in keiner Weise lustbetont sind, wenn nur die angestrebte Endhandlung dies ist (133).

Diese Art des Lernens im Appetenzbereich stellt sozusagen das Grundprinzip dar, nach dem aus dem »Instinktbaukasten« (Koenig) neu konstruiert wird. Aber auch dabei darf nicht übersehen werden, daß nicht nur ein potentieller Verhaltenszusammenhang hergestellt wird, sondern daß dies auch immer in spezifischen Situationen geschieht. Daher ist als weitere Variante die *situativ bedingte Aktion* als Gegenstück zur situativ bedingten Hemmung zu nennen. Gemeint sind damit bedingte Aktionen, die ausschließlich in spezifischen situativen Kontexten vorkommen.

d) *Bedingte Appetenz nach Ruhezuständen*

Eine Form instrumentellen Lernens zur Vermeidung störender Umwelteinflüsse. Alle Versuche zum »operant conditioning«, die mit Elektroschocks, Einsperrungen, Futterentzug u. ä. arbeiten, haben diesen Typ des Lernens zur Folge. Der Organismus probiert dabei sein Repertoire an Werkzeughandlungen aus – auch in komplexeren Kombinationen –, um der unangenehmen Situation zu entgehen. Das ist zwar verwandt mit der bedingten Aktion, weil auch hier Bewegungsweisen in neue Zusammenhänge gestellt werden, aber beim Lernen dieses Typs geschieht das *spontan* im Dienste der »Appetenz nach Ruhezuständen«, wie Lorenz das Auftreten teleonomer Verhaltensweisen zur Vermeidung von Störreizen nennt (134). Da die neuen Bewegungszusammenhänge an die Situationen gebunden bleiben, in denen sie gelernt wurden, kann man hierin auch einen Sonderfall der situativ bedingten Aktion erblicken.

2.5.4 Motorisches Lernen und Willkürbewegung

Von einem vollständigen Verständnis der menschlichen Motorik sind die Biowissenschaften noch weit entfernt (135). Üblicherweise wird angenommen, sie sei im wesentlichen willkürlich und als solche über die Pyramidenbahn gesteuert, deren Ursprung in den Pyramidenzellen des Neocortex liegt. Damit verbinden sich dann schnell Vorstellungen von einer bewußten Bewegungsführung des Menschen, die im Gegensatz zu der »automatischen« der Tiere als rein cortikal gesteuert gedacht wird. Ein weiterer willkommener Beleg für das »Großhirnwesen Mensch«!

Die Neurophysiologie hat derartige Auffassungen in jüngster Zeit korrigieren müssen. Eccles schreibt:

»Die *motorische Rinde* ist eine ungeheuer wichtige Struktur, aber sie ist nicht der primäre Initiator einer Bewegung, etwa eines willkürlichen Beugens der Finger. Sie ist nur die letzte Relaisstation für das, was sich in den weit verstreut liegenden Gebieten der Großhirnrinde abgespielt hat.« (136)

Wie Eccles spricht auch Kornhuber von dem Mißverständnis, »daß der motorische Cortex allein unsere Willkürbewegungen hervorbringt; vielmehr sind mehrere Hirnteile an unseren Handlungen beteiligt« (137). Er meint damit allerdings nicht nur die übrigen Teile des Großhirns, sondern stellt fest, auch *subcortikale* Strukturen wirkten beim Zustandekommen der Willkürbewegungen mit (138). Für die subcortikale Beteiligung an der Motorik hat Glees schon früher die »Basalganglien ..., das Mittelhirn, das Kleinhirn und das retikuläre System« namhaft gemacht (139), welche ihrerseits mit dem Zwischenhirn und dem limbischen System intensiv kommunizieren. Kornhuber sieht sich daher genötigt zu fragen:»Welche Funktionen bleiben nun dem motorischen Cortex übrig, nachdem er von den meisten Pflichten entbunden ist, die ihm gewöhnlich in den Lehrbüchern zugeschrieben werden?« (140)

Ausgehend von dem Tatbestand, daß der motorische Cortex vor allem »die Finger-, Hand-, Zehen-, Lippen- und Zungenbewegungen, die allesamt durch den Tastsinn und die somatische Tiefensensibilität geregelt werden müssen«, steuert (141), gelangt er zu der Auffassung, der motorische Cortex beschäftige sich mit der höheren Regelung aller derjenigen Bewegungen, die einer genaueren taktilen und propriozeptiven Analyse bedürfen (142).

Das heißt: es wird durchaus nicht die gesamte Motorik des Menschen von der motorischen Rinde gesteuert, sondern nur die sogenannte Feinmotorik, und selbst in diesem von Kornhuber abgegrenzten Bereich interagieren die cortikalen Funktionen auf vielfältige Weise mit den subcortikalen. Er plädiert deshalb auch für eine »Theorie der Motorik, die Motivation und Bewegungsprogrammierung berücksichtigt« (143).

Hierfür gibt die Theorie der »Relativen Stimmungshierarchie« eine brauchbare Grundlage ab. Tatsächlich hat auch Leyhausen bereits 1954 in diesem Sinne argumentiert (144). In seiner Arbeit über die Funktion der »Relativen Stimmungshierarchie« ist er folgerichtig auf die Willkürmotorik zurückgekommen, die er dort einerseits als zweites motorisches System neben das der Erbkoordinationen stellt (145), die andererseits aber selbst aus denselben »Elementen« wie jene aufgebaut sein soll:

»Die Willkürmotorik vermag bei den höchsten Säugern so kleine motorische Elemente zu isolieren und mit anderen neu zu kombinieren, daß man praktisch von vollständig neu gelernten Bewegungen sprechen kann, obwohl dies streng genommen nur auf die Kombination und nicht auf die Elemente selbst zutrifft.« (146)

Nach Lorenz stellen diese »Elemente« keine neuralen Elementarfunktionen dar, sondern sind vielmehr fest programmierte, dem Organismus angeborenermaßen zur Verfügung stehende erbkoordinierte Bewegungen, die hoch über dem Integrationsniveau einer Einzelentladung oder einer fibrillären Zuckung liegen und stets die Koordination antagonistischer Muskeln zur Voraussetzung haben wie etwa das Beugen und Strecken eines Fingers (147). »Neue Bewegungsweisen, die durch adaptive Modifikation ihrer Funktion besser angepaßt sind«, entstehen nach dieser Theorie dadurch, »daß die ... Verknüpfung bedingter Aktionen aus einfachen und leicht verfügbaren Bewegungselementen neue Folgen formt und zu Einheiten zusammenschweißt« (148).

Die Bewegungselemente oder Einzelbewegungen stammen meistens aus lokomotorischen Bewegungszusammenhängen oder aus sonstigem Appetenzverhalten, wo ja nach den Gesetzlichkeiten der »Relativen Stimmungshierarchie« die Verhaltensbausteine austauschbar und neu kombinierbar sind. Die Erwerbsmotorik, die dadurch zustande kommt, hat aus bestimmten physiologischen Gründen die Tendenz, spontan harmonische Phasenbeziehungen unter den verwendeten Bewegungselementen herzustellen (149), was analog zur Bahnung als »Einfahren« oder »Einschleifen« erscheint. Die einmal eingeschliffene Bewegungskoordination wird dann *als ganze* konserviert, wobei nach Eccles dem Kleinhirn eine bedeutende Rolle zukommen soll (150). Da die Bewegungselemente selbst Bestandteile des Appetenzverhaltens sind, dessen Ablauf in der »Relativen Stimmungshierarchie« Selbstzweck werden kann, ist zu erwarten, daß auch die gekonnten Muster der Erwerbsmotorik Eigenappetenzen entwickeln, d. h. selbst zum erstrebten Ziel einer Verhaltenssequenz werden können. Schon Bühler hat dieses Phänomen als »Funktionslust« beschrieben (151).

Am Anfang jeder eingeschliffenen Bewegung, jeden gekonnten Musters der Erwerbsmotorik, steht aber die Willkürbewegung im engsten Sinne des Wortes: der »Zusammenbau« der Bewegungselemente selbst, cortikal gesteuert durch die »Einsicht« in die Anforderungen an den zu entwickelnden Bewegungszusammenhang bzw. durch schlichtes Probieren am Gegenstand, d. h. durch die proprio- und exterozeptorischen Afferenzen und Reafferenzen. Hierfür hat der Mensch eine besondere Präadaptation, die auf seine baumbewohnenden Vorfahren zurückzuführen ist – die »zentrale Repräsentanz des Raumes und die Greifhand« (152). Gemeint ist damit die aus dem Baumleben überkommene Fähigkeit zum räumlichen Sehen (Einsicht!) und zur Gestaltwahrnehmung, die sich funktional und auch in den beteiligten neuronalen Strukturen grundsätzlich von den AAMs unterscheidet, also ein zweites wahrnehmungsverarbeitendes System darstellt, das aber mit dem der AAMs die »Anfangsstrecke«, den Wahrnehmungsapparat, gemeinsam hat (153). Zu diesem sensorischen System gehört die über die visuelle (binokulare) Wahrnehmung steuerbare zum Greifen und Klettern geeignete Hand, die zudem noch über eine Anhäufung weiterer, taktiler Sinnesorgane verfügt. Um in einer so komplexen Umgebung wie der Welt der Baumkronen eine sichere Fortbewegung zu gewährleisten, mußten die visuell orientierbaren und taktil justierbaren Einzelbewegungen der Vorderextremitäten – und in geringerem Maße auch der hinteren – möglichst klein werden. Die daraus resultierende Anpassungsfähigkeit von Bewegungsfolgen an zu manipulierende Objekte ist die Art der Willkürmotorik, die beim Menschen besonders ins Auge fällt (154). Da die Willkür- und Erwerbsmotorik mit den Erbkoordinationen gemeinsame »Endstrecken« hat, die im Falle der Manipulation relativ kurz, bei anderen Gelegenheiten aber von beträchtlicher Länge sein können (155), darf von zwei sensumotorischen Systemen gesprochen werden:

1. Auslösemechanismen und Erbkoordinationen,
2. Gestaltwahrnehmung und Erwerbsmotorik,

die über gemeinsame »Anfangsstrecken« (Wahrnehmung) und gemeinsame »Endstrecken« (Motorik) sowie durch gemeinsame »Speisung« aus spezifischen Antrieben miteinander verbunden sind (156).

Die primäre, proprio- und exterozeptiv geregelte Willkürmotorik verfügt noch nicht über feste Phasenbeziehungen unter ihren Elementen wie die gekonnten Muster der Erwerbsmotorik, weshalb sie langsam, suchend, probierend und ungelenk erscheint. Sie steht am Anfang des motorischen Lernens. Alles andere ist »Üben« im Sinne des Herstellens harmonischer Phasenbeziehungen unter den Teilbewegungen. Diesen Unterschied zwischen der reinen Willkürbewegung und der beherrschten Fertigkeit kann man sich leicht an einem Vergleich der Handschrift eines Schulanfängers mit seiner später »ausgeschriebenen« Schrift verdeutlichen.

Es muß also unterschieden werden zwischen der Willkürmotorik als der Feinsteuerung der Bewegungsführung in einer aktuellen Situation und der gelernten Erwerbsmotorik, die größere, stabile Bewegungszusammenhänge konserviert, welche ihrerseits aus Erbkoordinationen verschiedenster Länge aufgebaut sein können. Unter diesem Gesichtspunkt erscheinen *alle Verhaltensweisen – auch die komplexesten! –, sofern sie nicht in ihrem Gesamtablauf erbkoordiniert sind, als Ergebnis motorischen Lernens.* Dabei sind natürlich verschiedene Ebenen zu beachten. Die isolierte Bewegungsführung des Körpers oder gar einzelner Extremitäten ist nicht dasselbe wie ein Zusammenhang von Bewegungen in einer Situation, der als Verhaltensmuster oder Handlung zu bezeichnen wäre. Die Handlung als ein Ganzes ist als System von Bewegungen aufzufassen, das genau wie eine Instinkthierarchie organisiert ist. Auf der untersten Stufe wären die Bewegungselemente anzusiedeln, dann die Einzelbewegungen, dann Bewegungszusammenhänge, die man als »Fertigkeiten« bezeichnen könnte (157). Diese »Fertigkeiten« wiederum, die gekonnten Einzelhandlungen, sind in komplexere Verhaltensmuster eingebunden, womit eine weitere, höhere Stufe der Hierarchie erreicht ist. Die höchste Ebene wäre dann das »Aktionssystem«. Da das »Zusammenfügen« der Elemente – der kleinsten qua Willkürmotorik auf der untersten Stufe, der größeren auf den entsprechend höheren – auf allen Ebenen der Hierarchie möglich ist, ergibt sich eine astronomisch große Zahl von Kombinations- und Variationsmöglichkeiten, die das menschliche Verhalten als völlig plastisch erscheinen lassen.

Der Eindruck völliger Plastizität des Verhaltens verdeckt jedoch die Tatsache, daß der Aufbau »gelernter«, hierarchisch organisierter Handlungsmuster nur möglich ist auf der Grundlage einer Verhaltensorganisation, die auf jeder Ebene die benötigten Bausteine *mitsamt ihrem Eigenantrieb* zur Verfügung hat, d. h. auf der Grundlage »Relativer Stimmungshierarchien«. Eine Motorik ohne Antrieb widerspricht schlechterdings jeder Logik; motorisches Lernen kann sich daher immer nur auf den Bewegungs- bzw. Handlungs*aufbau* beziehen, die Antriebe dagegen müssen schon da sein. *Ihr* »Energie-Etat« ist, wie Leyhausen in einer Auseinandersetzung mit Gehlen betont, »bereits in 'Titel' aufgeteilt, *ehe* die Einzelanforderungen des Hier und Jetzt der Außenwelt dem Individuum vorliegen, nach einem 'Bedarfsplan', der während der Stammesgeschichte ermittelt und durch die Selektion festgelegt wurde« (158). Die Spezifität der Einzelantriebe und die arttypischen Modalitäten ihrer Aufladung und Auslösung erscheinen danach sowohl als Ursachen für die Spontaneität und Funktionslust auch der Erwerbsmotorik als auch als Ursachen dafür, *daß die Erwerbsmotorik teleonom ist in bezug auf Ziele und Zwecke, die die Biogrammatik vorgibt.*

2.5.5 Gewohnheiten und ihre Tradierung

Wozu sollte ein Organismus Erfahrungen sammeln, wenn er nicht bei Bedarf darauf zurückgreifen könnte? Die Tatsache, daß ein einmal erworbenes Handlungsmuster immer wieder verwendet werden kann, daß nach erfolgreicher Situationsanalyse das nächste Mal sofort, unverzüglich gehandelt werden kann, und daß verschiedene Situationen nach schon bekannter Manier oder nach schon bekannten Gesichtspunkten analysierbar und interpretierbar sind, bedeutet eine wesentliche Erleichterung des Lebensvollzugs. Die mehrmalige erfolgreiche Anwendung einer bestimmten Erfahrung wirkt bestärkend in der Beurteilung ihrer Angemessenheit, steigert ihren Wert durch Nachweis ihrer Brauchbarkeit, verschafft so Sicherheiten, aus denen schließlich Gewohnheiten werden. Für ein Lebewesen wäre es auch äußerst unökonomisch und daher nachteilig für die stammesgeschichtliche Selektion, wollte es im Ernstfall schon kreativ werden, wenn noch bewährte Analyse- und Handlungsmuster zuhanden sind.

In einer relativ stabilen Umwelt ergeben Lernen, Erfahrung und Gewohnheit erst zusammen einen Sinn. Andernfalls wäre der Organismus gezwungen, völlig überflüssigerweise auch immer wiederkehrende Situationen jedesmal neu in allen Aspekten zu analysieren und entsprechende Handlungsmuster zu entwickeln, ganz als ob sein ZNS über keinerlei Speicherkapazität verfügte. Der dazu notwendige Aufwand an Zeit und Energie hätte mit Sicherheit dazu geführt, daß solche Organismen von gewohnheitsbildenden Konkurrenten sofort überflügelt worden wären, da deren Lebensvollzug über das Hier und Jetzt hinausweist, ganz im Sinne Gehlens entlastet ist.

Die Gewohnheiten erscheinen so als der notwendige und unumgängliche Ersatz für die in »Relative Stimmungshierarchien« aufgelösten festeren Instinktzusammenhänge, indem sie zwar nicht mehr in stammesgeschichtlich wirksamen Zeiträumen, aber immerhin noch über einige Generationen hinweg eine ökonomische Anpassung an die relative Gleichförmigkeit der Umwelt darstellen können. Sie bestimmen daher auch den menschlichen Lebensvollzug in einem so ausgedehnten Maße, daß der Volksmund den Menschen geradezu als das »Gewohnheitstier« erkennt, womit er in der Tat treffender charakterisiert ist als durch die Formeln Herders, Nietzsches, Schelers, Portmanns usw., die sein Nicht-Festgestelltsein hervorkehren. Nicht allein die Fähigkeit, neue Handlungsmuster und Interpretationsweisen lernen zu können, sondern die Fähigkeit, sie nicht immer wieder aufs neue lernen zu müssen, *die Verfügbarkeit, Kumulierbarkeit und Tradierbarkeit des einmal Gekonnten und Gewußten* macht den Erfolg der Spezies Mensch aus!

Die Ausbildung und Tradierung *unterschiedlicher* Gewohnheiten scheint zudem der Schlüssel zum Verständnis gruppenspezifischer (kultureller) Differenzierungen zu sein. Denn wenn Gruppen kollektive Gewohnheiten ausbilden, die sich von den Gewohnheiten anderer Gruppen unterscheiden, und jede Gruppe tradiert ihre spezifischen Gewohnheiten als Sitten, Gebräuche, Techniken, Vorschriften usw., dann bedeutet das, daß sich die Gruppen über Generationen hinsichtlich der Regelungen ihres Zusammenlebens und der Herstellung von Artefakten unterscheiden (159). Die innere Kontinuität, die durch die Weitergabe des Bewährten erreicht wird, schließt die Gruppe zugleich gegenüber konkurrierenden Fremdeinflüssen, die sich ja noch nicht bewährt haben, ab – zumindest solange keine Notwendigkeit besteht, etwas Neues zu versuchen.

Gewohnheiten bieten die Sicherheit, die die ursprünglich starren Instinkthierarchien auch boten – allerdings mit einem großen Vorteil. Zwar sind auch sie auf relativ stabile Verhältnisse abgestellt, aber sie können abgeändert und damit sich ändernden Bedingungen angepaßt oder gar aufgegeben und durch neue ersetzt werden. Außerdem erlaubt die Ausbildung *gruppenspezifischer* Gewohnheiten das Überleben von Populationen unter den verschiedensten Bedingungen. Und gerade weil die Gewohnheiten auf je besondere Bedingungen abgestellt sind, entwickeln sie als Institutionen gewissermaßen ein Eigenleben, sobald sie an die nächste Generation oder über mehrere Generationen hin tradiert werden. Nach Lorenz »erfährt die überhöhte Vaterfigur des Gesetzgebers durch zeitliche und mythische Ferne eine Apotheose, die alle von ihm stammenden Vorschriften als göttlich und den Verstoß gegen sie als Sünde erscheinen läßt« (160). Dadurch wird der unbedachte Abbau von Gewohnheiten verhindert, weil es sich in der stammesgeschichtlichen Entwicklung als Vorteil erwiesen haben dürfte, so lange als möglich am einmal Erprobten und Bewährten festzuhalten und in diesem Sinne auch noch für seine Nachkommen zu sorgen.

Obwohl die nachwachsende Generation selbst neue Erfahrungen sammelt, wird der Prozeß der möglicherweise erforderlichen Umwandlung oder des Ersatzes von Gewohnheiten von einer Generation zur anderen nicht ohne Reibungen vonstatten gehen, besonders, weil auch die jüngere Generation *zunächst einmal* auf die Übernahme der elterlichen Gewohnheiten angewiesen ist. In dem Maße, wie die Eltern an gruppenspezifischen Gewohnheiten teilhaben, wird die jüngere Generation auch diese von den Eltern, später auch von anderen Gruppenmitgliedern, übernehmen. Damit wächst sie notwendig in die Vor-Urteile hinein, die die Gruppen, denen die Eltern bzw. andere Erzieher und Miterzieher angehören, hegen. Diese zwangsläufige Übernahme von Vor-Urteilen bewirkt, daß die jüngere Generation nicht in ein Chaos geworfen wird, sondern eine vorweg geordnete Welt vorfindet, in der Orientierung möglich ist. Erst auf der Basis dieser vorgefundenen Ordnung, in der sich ja letztlich auch nur die Erfahrungen früherer Generationen spiegeln, kann die Verarbeitung eigener Erfahrungen auf die Lebensbereiche beschränkt werden, in denen tatsächlich Veränderungen eingetreten sind oder für die noch keine gruppenspezifischen Erfahrungen in Form von Vor-Urteilen vorliegen.

Der Auslesevorteil, der mit der Bereitschaft zur Übernahme von gruppenspezifischem Traditionsgut mit einiger Sicherheit verbunden ist, könnte im Verlaufe der Menschwerdung zu einer entsprechenden angeborenen Lerndisposition geführt haben. Bei seinen vielfältigen Verhaltensstudien will Eibl-Eibesfeldt jedenfalls Hinweise darauf gefunden haben:

»Vieles im Verhalten der Kinder weist darauf hin, daß sie dafür vorprogrammiert sind, Erfahrungen von Mitmenschen tradiert zu bekommen. Sie zeigen ein unverkennbares 'Anfrageverhalten', um zu erfahren, was sie tun und was sie lassen sollen ... Auch in ihren sozialen Interaktionen tritt das Abfrageverhalten klar in Erscheinung.« (161)

Das in der Lernpsychologie bekannte »Beobachtungslernen«, »Imitationslernen« oder »Lernen am Modell« weist ebenfalls in diese Richtung. Als bloße Nachahmung ist es im Prinzip doch nichts anderes als die völlig zwanglose Orientierung am Verhalten – meist ranghöherer – Anderer.

Die Ausbildung individueller Gewohnheiten und die Übernahme von Sitten und Gebräuchen, eines ganzen Satzes von kompletten Handlungsmustern für diverse Situationen sowie der entsprechenden Interpretations- und Analysemuster, verbunden mit dem notwendigen Faktenwissen, ist der komplexeste Lernvorgang, den Menschen zu bewältigen haben. Wie beim motorischen Lernen bedingte Aktionen verschiedenen Umfangs als Elemente des komplexeren Vorgangs fungierten, stellen bei der Ausbildung von Gewohnheiten – sei es aufgrund eigener Erfahrung oder aufgrund tradierter Vorschrift – die im motorischen Lernen erworbenen Handlungsmuster und die zugehörigen EAAMs und EAMs die Elemente des Lernprozesses dar, der sich praktisch, wie der Name schon sagt, in der Gewöhnung an ihren Gebrauch in spezifischen Konstellationen erschöpft und dessen Ergebnis daher ein spezifisches System von Verhaltens-, Analyse- und Interpretationsmustern ist – von individuellen Eigenarten über Familien- und Stammeseigentümlichkeiten bis hin zum Volkscharakter.

Es kann gar keine Frage sein, ob man diesen Lernvorgang – mit welcher Begründung auch immer – für wünschenswert hält oder nicht. Es gibt keinen Menschen, der sich faktisch in dauernder kritischer Selbstreflexion befinden und somit auf Gewohnheiten, auch auf unreflektierte, verzichten kann. Es ist eine hinzunehmende Tatsache, daß der Mensch seinen Lebensvollzug durch Gewohnheiten entlastet, daß er sie zu tradieren bestrebt ist, ebenso, sie tradiert zu bekommen, und daß er sich auf diese Weise Institutionen schafft, die durch ihre Kontinuität auf der Basis von Vor-Urteilen eine gewisse Sicherheit bieten. Bisher spricht nichts dagegen, daß der Mensch biologisch zu solchem Verhalten prädisponiert sein könnte. Die Tendenz zur Bildung und Tradierung von Gewohnheiten darf daher bis zum Vorliegen widersprechender Befunde als eine angeborene Form des Lernens angesehen werden.

Angeborene Form des Lernens heißt, daß zwar nicht die Inhalte im einzelnen, sehr wohl aber die »Lernfelder« vorgegeben sind. In dem Maße, wie die Gewohnheiten sozusagen in die Hülle der ursprünglich starren Instinktzusammenhänge geschlüpft sind, ist auch zugleich der Rahmen abgesteckt, den die Gewohnheiten ausfüllen *müssen*. Über das motorische Lernen und über die Ausbildung von EAAMs und EAMs, kurz: über die »Relativen Stimmungshierarchien«, wachsen die Gewohnheiten aus der Triebgrundlage der Instinkte heraus, was diese angeborene Form des Lernens eigentlich als ein ganzes Bündel von *spezifischen* Lerndispositionen erscheinen läßt. Insgesamt stellen diese spezifischen Lerndispositionen sicher, daß die ursprünglichen Funktionen der Instinkthierarchien auch nach deren stammesgeschichtlichem »Zerfall« zu »Relativen Stimmungshierarchien« tatsächlich erhalten bleiben (162). Insofern sind nicht nur die Lebensbereiche vorgegeben, die institutionellen Regelungen unterliegen, sondern auch die Funktionen, die solche Regelungen lebenserhaltend wahrnehmen müssen. Und lebenserhaltend heißt für ein soziales Lebewesen auch: gruppenerhaltend.

2.5.6 Erwerb und Tradierung von Informationen, die in Symbolen verschlüsselt sind

Der Erwerb von Handlungsmustern, EAAMs und EAMs ist mit anderen Worten der Erwerb spezifischer Erfahrungen im direkten Umgang mit der Umwelt, d. h. auf nichtsprachlicher Ebene. Begleitet, erweitert und ergänzt werden diese Lernvorgänge durch die Aufnahme, Speicherung und damit Verfügbarkeit von Symbolen für Um- und Innenweltdinge, -zustände und -vorgänge (Eigennamen) und ihre Klassifizierung nach gemeinsamen Merkmalen (Begriffe) sowie für die Bezeichnung raum-zeitlicher Beziehungen zwischen ihnen (Urteile) (163). Diese Symbole bilden das System der Sprache (Lautsprache, Gebärdensprache, Schrift usw.), welches einen Austausch zwischen Menschen, soweit sie dieselben Symbole verwenden, über die Um- und Innenwelt ermöglicht. Sprache ist also primär erfahrungs- und realitätsbezogen, wobei allerdings auch Unbegriffenes sprachlich bewältigt werden kann, indem es mittels Namengebung gebannt wird: »Denn eben wo Begriffe fehlen, da stellt ein Wort zur rechten Zeit sich ein« (164).

Mit Hilfe von Symbolen läßt sich die Welt kategorisieren, reale und vermutete, nachprüfbare und nicht nachprüfbare Zusammenhänge lassen sich darstellen und vermitteln. Die *Fähigkeit* zum Erwerb und Gebrauch von Symbolsystemen, von Sprachen also, ist dem Menschen wohl angeboren. Sie läßt sich sogar schon bei nichtmenschlichen Primaten nachweisen (165).

Das primäre Symbolsystem des Menschen ist die Lautsprache, beruhend auf bestimmten anatomischen Präadaptationen (166) und einer hochkomplizierten Motorik zur Erzeugung von Lauten, die in Form von Klanggestalten als Symbole fungieren. Sekundäre Symbolsysteme können Schrift- und Gebärdensprachen sein, deren Symbole nicht direkt für Namen, Begriffe, Urteile usw. stehen, sondern für einzelne Laute der Lautsprache: Fingerlesemethode, lautorientierte Schrift. Daneben gibt es dann auch noch lautunabhängige Symbolsysteme, z. B. Bilderschriften und Zeichensprachen. Alle Symbolsysteme vom Flaggenalphabet bis zur mathematischen Formelsprache fügen sich in dieses Schema ein. Trotz der Vielfalt möglicher Symbolsysteme ist aber davon auszugehen, daß jeder gesunde Mensch mindestens *eine Lautsprache* für seine kommunikativen Zwecke ausreichend zu beherrschen lernt.

Grundsätzlich setzt jedes Kommunikationssystem bei allen Beteiligten folgendes voraus (167):

- vergleichbares Begriffssystem,
- gemeinsamer Kode (Zeichenvorrat und Regeln für die Verwendung der Zeichen),

- Kodierungsinstanz,
- Sendeeinrichtung für einen bestimmten Kanal, z. B. Luft, wobei Schallwellen das Signal bilden,
- entsprechende Empfangseinrichtung,
- Dekoder.

Die sprachmotorische Kodierung der menschlichen Lautsprache erfolgt in der Brocaschen Sprachregion des Großhirns, als Sender dient der Stimmerzeugungsapparat. Als Empfangs- und Dekodierungssystem fungiert der Hörsinn mit seinen Verbindungen zu dem nach seinem Entdecker Wernicke benannten sprachsensorischen Zentrum (168). Da an der Lautsprache sowohl die Wahrnehmung als auch die Motorik beteiligt ist und natürlich auch Speicherinhalte usw. eine Rolle spielen, sind diese »Zentren« nicht isoliert zu sehen. Die Zentrenlehre wird deshalb inzwischen dahingehend modifiziert, daß Sprache (oder Symbolisierung) als eine Leistung des gesamten Großhirns (unter Beteiligung des limbischen Systems) angesehen werden müsse, wobei den sogenannten »Zentren« die Aufgabe der Koordinierung zufalle (169). Dennoch darf durchaus von zwei Ebenen des Spracherwerbs gesprochen werden: Sprachverstehen ist nicht dasselbe wie Spracherzeugung. Das Sprachverstehen ist letzterer eindeutig logisch vorgeordnet, was auch der Erfahrung entspricht (170). Dagegen kann auch die Tatsache, daß die *Laut*erzeugung (Schreien, Lallen) noch früher einsetzt, kein stichhaltiger Einwand sein, da Lauterzeugung zwar eine Voraussetzung, nicht aber schon *Sprach*erzeugung selbst ist. Sprache ergibt sich erst aus der Verwendung konventioneller Zeichen. Das Kind muß daher erst einmal einen gesetzmäßigen, d. h. durch wiederholtes Beobachten verifizierten Zusammenhang der für seinen Lebensvollzug wichtigsten Umweltdinge mit den sie bezeichnenden Symbolen erkannt haben, bevor es überhaupt in der Lage sein kann, das entsprechende Signal *als Symbol* selbst zu senden. Deshalb sind beim Spracherwerb zwei Lernleistungen zu unterscheiden, die notwendig phasenverschoben ablaufen müssen: Sprachverstehen und Sprachgebrauch. Die Voreilung des Sprachverstehens nimmt allerdings in zunehmendem Alter ab, ist aber grundsätzlich *immer* gegeben. Die Information selbst, das Wissen in Form von Namen, Begriffen und Urteilen, wird dabei im ersten Lernvorgang erworben, weshalb der passive Wortschatz in der Regel auch größer ist als der aktive. Aus diesem Grunde ist der »Output«, das reproduzierte Wissen, ein schlechtes Maß für die verfügbare Information. Diese richtet sich ausschließlich nach dem gespeicherten »Input«. Der ist aber nicht meßbar, denn man kann nicht kontrollieren, was schließlich gespeichert wird, weil niemals der gesamte Speicherinhalt abrufbar ist. Lücken im »Output« können immer auch auf einer nur momentanen Nichtverfügbarkeit des geforderten Speicherinhalts beruhen.

Beim Sprachverstehen handelt es sich um die Dekodierung der empfangenen Signale und die Entnahme ihres lexikalisch-semantischen Informationsgehalts. Die Spracherzeugung dagegen besteht in der Verfügbarkeit von motorischen Mustern der Brust-, Kehlkopf-, Zungen-, Lippen- und Kiefermuskulatur. Ihr Erwerb ist deshalb als eine besondere Form des motorischen Lernens zu betrachten (171). Auch dabei wird versucht, die Koordination zu harmonisieren (172), weshalb komplexere sprachmotorische Muster am ehesten reproduzierbar sind, wenn sie von vornherein harmonische Phasenbeziehungen aufweisen (Versmaß, Reim, Melodie). Selbst Telefonnummern u. ä. lassen sich durch Rhythmisierung »poetisieren«, wie Kalow schreibt, um sie in ein leicht speicher- und reproduzierbares motorisches Muster zu verwandeln (173). Nach Kalow ist in schriftlosen Epochen und Kulturen die Poesie als »Atemschrift« das einzige Medium, worin Wissen in relativ stabiler Form gespeichert und tradiert werden kann (174).

Der Gesamtkomplex des Sprachlernens und des damit verbundenen Wissenserwerbs hat noch einen weiteren interessanten Aspekt, auf den Oksaar hinweist. Ihrer Meinung nach reicht es nicht aus, »grammatisch richtige und akzeptable Äußerungen zu bilden und zu verstehen«, sondern man müsse auch »Situationen beurteilen ... können, in denen sie angebracht sind« (175). Unter dem Aspekt der Motorik kann deshalb auch hier von situativ bedingten Hemmungen und Aktionen gesprochen werden.

Nicht nur das Symbolsystem selbst, auch die darin verschlüsselte Information, das Wissen, beinhaltet für sich genommen noch kein Regulativ für seine Anwendung. Das ergibt sich erst im Zusammenhang mit der Analyse neuer Situationen in bezug auf ihre Auslösequalitäten. Dieser Sachverhalt wird auch von Mitscherlich – aus tiefenpsychologischer Sicht – bestätigt, wenn er schreibt:

»Gelungene Sachbildung trägt ohne Zweifel zur Sinnorientierung bei, aber sie ist eine ihrer Voraussetzungen, nicht die Sinnorientierung selbst.« (176)

Durch sprachlich vermitteltes Wissen wird unbenanntes Denken zu benanntem Denken (177). Sprache, Wissen und die Triebgrundlage der Instinkte stehen nicht unabhängig nebeneinander. Sie sind aufeinander bezogen, und zwar auf dieselbe Weise, wie oben vornehmlich für die unbenannte Erfahrung beschrieben. Das bedeutet, daß für Namen, Begriffe und Urteile EAMs ausgebildet werden können. Nicht nur Aspekte einer realen oder vorgestellten Situation, sondern auch die Begriffe und Urteile, die sie symbolisieren, werden so zu Schlüsselreizen für das Verhalten. Falls direkt ein AAM auf diese Weise angesprochen wird – z. B. »Baby« für das Kindchenschema allgemein bzw. der Eigenname für ein reales Kind –, dann wandelt sich der AAM zum EAAM, und Begriff oder Name bekommen auch hier Reizqualität.

Eine weitere Verbindung der Sprache zur Triebgrundlage der Instinkte besteht darin, daß Sprache selbst, unabhängig vom jeweiligen lexikalisch-semantischen Informationsgehalt, noch einen eigenen Ausdruckswert besitzt. Das gilt natürlich nur für die Lautsprache als primäres Symbolsystem und hängt mit ihrer wahrscheinlichen stammesgeschichtlichen Entwicklung zusammen. Es scheint nämlich so zu sein, daß Tonfall, Sprachmelodie und Sprachrhythmus den eigentlich *sozialen* Aspekt der sprachlichen Kommunikation ausmachen. Das Forscherehepaar Jonas nimmt an, die Fähigkeit zur benannten Symbolsprache sei erst eine stammesgeschichtlich spätere Erwerbung, »aufgepfropft« auf die stammesgeschichtlich älteste Funktion melodisch-rhythmischer Lauterzeugung: die »Stimmfühlung« zwischen Mutter und Kind (178). Diese Funktion wird vornehmlich dem Lallen des Säuglings und dem Zurücklallen der Mutter zugewiesen, das völlig unreflektiert geschieht (179). Die Stimmfühlung soll eine Vertiefung der Mutter-Kind-Bindung bewirken und dem Kind die Präsenz der Mutter beweisen. Das rhythmische Zurücklallen der Mutter wirkt jedenfalls beruhigend auf das Kind, genau wie »echtes« Sprechen in derselben Intention:

»Der Sinn der Worte ist für die beabsichtigte Wirkung gleichgültig; entscheidend sind geringe Lautstärke, dunkle Klangfarbe und regelmäßige Sprachmelodie.« (180)

So entsteht nach Kneutgen »suggestives Sprechen«, das sich durch »ständige Wiederholungen« und »Rhythmus« auszeichnet (181). Rhythmisierung durch Reduplikation ist nicht nur ein universales Merkmal der Wiegenlieder, sondern auch der sogenannten »Ammensprache« (182).

Unter dem Aspekt der Bindung, oder genauer: der »Disgregations-Angst«, hat Bilz den menschlichen Kontaktruf untersucht (183), der unabhängig von den verwendeten Wörtern und Silben – ob mit oder ohne lexikalische Bedeutung (Ma-ma, Hier-her, Ha-lo, Hu-hu) – aus einer Terz, der »Kuckucks-Terz«, besteht, die sich automatisch einstellt. Dieser Kontaktruf soll ebenfalls stammesgeschichtlich sehr alt sein und eine Instinkthandlung darstellen, durch die der verlorengegangene Blickkontakt des Einzelnen zu seiner Gruppe ersetzt wird. Daraus leitet Bilz dann weiter die Form des Wechselgesanges von Einzelstimme und Chor ab, die er als echolalische Bestätigung interpretiert. Eine solche echolalische Bestätigung wird auch bei uns zumindestens der Form nach noch angefordert – wenn auch die Bestätigung selbst meist ausbleibt –, indem repetierende Zustimmung heischende Formeln wie »Nicht wahr?« oder »Gelt?« gebraucht werden.

Diese Beispiele zeigen eine Ebene der sprachlichen Kommunikation, die bei der Analyse des Spracherwerbs auch immer zu berücksichtigen ist. Oksaar legt daher größten Wert auf die Feststellung, »daß man die Frage des Erwerbs von Sprache nicht von der Frage nach anderen Mitteln der kindlichen Kommunikation und Interaktion isolieren kann« (184), was sie folgendermaßen begründet:

1. Kinder kommunizieren schon erfolgreich mit ihrer Umgebung, ehe sie selbst sprechen können.
2. Sie verstehen die Äußerungen der Erwachsenen, bevor sie selbst Wörter verwenden, wobei primär Reaktionen auf die Intonation zu beobachten sind.
3. Sie verstehen auch Gebärden und andere Kontaktversuche früher als Wörter und verwenden selbst Gebärden als Ausdrucks- und Kommunikationsmittel.
4. In der Mutter-Kind-Dyade reagiert das Kind zunächst mit nichtverbalen Mitteln auf die Sprache der Mutter (185).
5. Das Kind reagiert aber nicht nur auf Stimmqualitäten wie Lautstärke und Schärfe, es gibt auch selbst Informationen durch diese Mittel (186).

Welche Bedeutung diese nicht-lexikalische Information für die sozialen Beziehungen hat, zeigen Sarles' Erfahrungen mit den Tzotzil, einem Maya sprechenden Stamm in Süd-Mexiko. Sarles konnte feststellen, ob zwei Sprecher befreundet waren, verheiratet, verfeindet usw., ob ein Übergeordneter zu einem Untergeordneten sprach, und er konnte viele Einzelheiten der Nachricht selbst benennen, lange bevor er alle Aspekte der Sprache verstanden hatte. Die nicht-lexikalische Ebene des Redeflusses, von Sarles als »Para-Sprache« bezeichnet, überträgt Informationen über die Beziehungen zwischen den Sprechern (187).

Verbale Kommunikation ist demnach nicht etwa der non-verbalen gegenüberzustellen, sondern sie fügt sich ein in ein komplexes Kommunikationssystem, in dem die Lautäußerungen außer auf der lexikalisch-semantischen Ebene auch noch auf derselben Ebene wie Mimik, Gestik, Kinesik und Proxemik Bedeutung erlangen (188). Diese Ebene wird als paralinguistische bezeichnet (189). Die non-verbale Kommunikation, zu der durchaus auch *Vokalisationen* gehören können, wie z. B. Lachen, Schreien usw. (190), dürfte weitgehend in stammesgeschichtlich vorprogrammierten Bahnen verlaufen (191). Dasselbe gilt für die Para-Sprache, zumal an Sprechakten immer auch subkortikale Strukturen, insbesondere der Thalamus, beteiligt sind (192). Erst die Schriftsprachen (und vergleichbare Systeme) entbehren dieser unmittelbar – über AAMs – verstehbaren Ebene und müssen daher einen wesentlich größeren Aufwand an Symbolen treiben, um die paralinguistische Ebene auf der lexikalisch-semantischen abzubilden. Es ist andererseits aus demselben Grunde sehr viel leichter, im Schriftverkehr seine Emotionen zu verbergen als in einem Gespräch von Angesicht zu Angesicht, und man kann schriftlich manche Boshaftigkeit – oder auch Liebenswürdigkeit – äußern, die man sich sonst nicht zu sagen traut.

Non-verbale und paralinguistische Kommunikation gibt es auch bei außermenschlichen Primaten. In Affengesellschaften, so fand Ploog heraus, »werden die so reich vorhandenen Kommunikationsmittel fast ausschließlich dazu benützt, die Verhältnisse der Partner untereinander zu regulieren« (193). Symbolsprache, obwohl möglich, findet unter natürlichen Bedingungen nicht statt. Gestik, Mimik, Vokalisation verraten die Stimmung des Senders. Sie sind Ausdruck seiner Motivation. Dieser Ausdruck ruft beim Empfänger einen Eindruck hervor, der als Auslösemechanismus fungiert und dadurch dessen Motivation beeinflußt. Ploog kommt daher zu dem Schluß, »daß es keine Kommunikation ohne Motivation gibt« (194). Da das mit Sicherheit auch für die menschliche Kommunikation gilt, ist nach Oksaar Sprache auf der rein linguistischen Ebene nicht adäquat zu beurteilen. Sie wählt daher als Ausgangspunkt für die Beurteilung von Sprache »kommunikative Akte«, die sie wie folgt definiert:

»Unter einem *kommunikativen Akt* verstehe ich den gesamten *Aktionsrahmen*, in dem die Sprechhandlung stattfindet. Er umfaßt Interaktionen mit verbalen und nonverbalen

Mitteln und bezieht auch die Gesamtheit der affektiven Verhaltensmerkmale der Gesprächsteilnehmer mit ein.« (195)

Informationen über die Um- und Innenwelt werden nach dieser Theorie niemals triebunabhängig weitergegeben, aufgenommen und verarbeitet.

Aufgrund der engen Verzahnung der Sprache mit der Triebgrundlage der Instinkte erscheint es als wenig wahrscheinlich, daß sprachlich vermitteltes Wissen, das damit reflektierbar wird, ein irgendwie geartetes »Führungssystem« für das Verhalten abgeben könnte. Vielmehr darf davon ausgegangen werden, daß dieses Wissen, benanntes Denken, Reflexion und Selbstreflexion, vornehmlich in den Dienst der Analyse komplexester Situationen unter dem Aspekt der Triebrelevanz ihrer Merkmale gestellt ist. Die Formel, die Hass für das Zusammenwirken von Phantasie und Antrieben gefunden hat, könnte daher auch folgendermaßen abgewandelt werden:

»Die Triebe wecken unsere Reflexion – und Wissen und Reflexion wirken auf die Triebe zurück.« (196)

Unter dem Gesichtspunkt, daß auch das sprachlich vermittelte Wissen im Dienste der Weltbewältigung durch die Instinktmechanismen steht, werden Phänomene wie logisches Denken und kognitive Dissonanz überhaupt erst verstehbar.

Die reine Verknüpfung von Begriffen und Urteilen zu komplexen Beziehungsgefügen, Hypothesen und Theorien, läßt sich mit Hetzer als »theoretisches Denken« bezeichnen (197). Der Erwerb von sprachlich verschlüsseltem Wissen ist zumeist mit solchen Denkakten verbunden, weil die neu erworbenen Begriffe, Urteile usw. in das vorhandene benannt-begriffliche Netzwerk eingebaut werden müssen, d. h. das neue Wissen muß erst einen Ort in dem bisher schon Gewußten finden, an dem es sich möglichst widerspruchslos einfügen läßt. Denn widersprüchliche Urteile zeigen an, daß auf irgendeine Weise die realen Beziehungen nicht zutreffend dargestellt sein können. Das wiederum könnte zu fatalen Konsequenzen für das Wohlergehen des betreffenden Individuums (und/oder seiner Nachkommen) führen.

So entsteht ein einigermaßen tragfähiges Gerüst von Hypothesen über die reale Welt. Der Selektionsvorteil, den der Besitz eines solchen Gerüstes möglichst zutreffender Hypothesen darstellt, wird allerdings nicht über die Hypothesen*bildung* erzielt, er ergibt sich ausschließlich aus der *Anwendung dieser Hypothesen im Lebensvollzug*! »Denn«, wie Riedl schreibt, »es kann ja nicht zum Lebenserfolg beitragen ..., etwas zu lernen, selbst das Profundeste, ohne daß die Aussicht bestünde, es mit Erfolg anwenden zu können« (198). Seiner Ansicht nach mag »Wissen an sich« der philosophischen Freude an der Wahrheit dienen; das Lebendige jedoch bedürfe fortgesetzt auch des Erfolgs (199). Erfolg im Sinne der stammesgeschichtlichen Entwicklung bedeutet aber maximale Ausbreitung der eigenen Gene. Daß diese Aufgabe auch beim Menschen nicht Zufällen überlassen ist, sondern zu bewährten Vorprogrammierungen des Verhaltens geführt hat, wurde schon dargelegt. Wenn aber Denken zum biologischen Erfolg unserer Spezies beitragen soll, dann muß es den Wirkungsgrad des angeborenen Instrumentariums zur Weltbewältigung, des Systems der Instinkte in Form »Relativer Stimmungshierarchien«, irgendwie verbessern. Und das kann es nur, wenn es folgerichtig und erkennbar widerspruchsfrei abläuft.

Hypothesen und Theorien werden an ihrer Bewährung im Lebensvollzug gemessen – insofern unterscheidet sich vorwissenschaftliches Handeln nicht von wissenschaftlichem. Bewährte Hypothesen stellen, genau wie Gewohnheiten, Sicherheiten dar, und die sollte man nicht ohne Not aufgeben. Es ist daher verständlich, daß angesichts widersprechender neuer Erkenntnisse ein Unbehagen auftritt und der Drang, die Widersprüche aufzuheben.

Eine solche Unvereinbarkeit verschiedener Hypothesen über die reale Welt wird »kognitive Dissonanz« genannt (200). Das Bedürfnis, sie zu reduzieren oder aufzuheben, scheint angeboren. Malewski legt das jedenfalls – von einem der Instinkttheorie diametral entgegengesetzten Standpunkte aus – nahe, wenn er schreibt:

»Die kognitive Dissonanz wirkt in ähnlicher Weise wie ein Hungerzustand, ein sexuelles Bedürfnis, die Bedrohung des Prestiges oder irgend ein anderer Spannungszustand, der durch Nichtbefriedigtsein irgendeines Bedürfnisses hervorgerufen worden ist.« (201)

Nach Malewski lassen sich folgende Strategien zur Vermeidung oder Verminderung bzw. Aufhebung von kognitiver Dissonanz unterscheiden:

1. Situationen und Informationen werden vermieden, die das Entstehen oder die Verstärkung einer Dissonanz bewirken können.
2. Mittels zusätzlicher Überzeugungen wird die Überzeugung bagatellisiert, die in einer dissonanten Beziehung zu den anderen Überzeugungen steht, oder es entstehen Überzeugungen, die zeigen, daß die Dissonanz nur zum Schein besteht.
3. Eine der einander widersprechenden Überzeugungen wird geändert (202).

Sprachlich vermitteltes Wissen hat in dieser Hinsicht sehr vieles mit den Gewohnheiten gemeinsam (203), die ja nach Gehlen auch die Tendenz haben, »kritikfest und einwandsimmun« zu werden (204), dennoch aber die Möglichkeit ihrer Veränderung offenlassen, aber eben nur bei dringender Notwendigkeit. Ein weiteres gemeinsames Merkmal ist die Tradierbarkeit. Genau wie Gewohnheiten werden bewährte Hypothesen und Theorien über die reale Welt an die nächste Generation weitergegeben. Da die Erwachsenen weltweit ihren Nachwuchs belehren, darf angenommen werden, daß es sich dabei um eine angeborene Verhaltensdisposition handelt, wie auch das spontane Auftreten der »Warum-Fragen« im sogenannten »zweiten Fragealter« (205) auf eine angeborene Disposition bei den Kindern hindeutet.

Aber nicht nur die Theorien und Hypothesen, auch die zu ihrer Darstellung verwendeten Symbole werden weitergegeben, und zwar lange bevor nach dem Warum gefragt wird. »Was ist das?«, die Frage nach den Namen der Dinge, die sofort zu Begriffen generalisiert werden – Eigennamen treten erst sekundär auf (206) –, gilt in der Entwicklungspsychologie als die typische Frage des »ersten Fragealters« (207). In dieser Phase seiner Kindheit versucht der Mensch nicht, was ja auch möglich wäre, »diese sprachlichen Symbole selbst zu *erfinden*«, wie Lorenz feststellt, »sondern er 'weiß' angeborenermaßen, daß er sie von einem Traditionsgeber zu lernen hat« (208). Sprache und Tradition sind also auf das engste miteinander verquickt, da Sprache im Gegensatz zu den praktischen Erfahrungen *immer* einen sozialen Aspekt hat, indem der Empfänger auf einen Sender angewiesen ist. Das gilt sowohl für den Informationserwerb als auch für den Erwerb des dafür benötigten Symbolsystems.

Das primäre Symbolsystem sowie die ersten Hypothesen und Theorien über die reale Welt beziehen sich genau wie die primären Gewohnheiten auf den Ausschnitt der realen Welt, mit dem die Gruppe, in der das Kind aufwächst, jeweils konfrontiert ist, d. h. auf deren Ökosystem. Wissen ist deshalb auch immer gruppenspezifisches Wissen. Unter diesem Aspekt stellt die kognitive Dissonanz einen Filtermechanismus her, der die Übernahme von Fremdwissen, das nicht auf die ökologische Situation, die eine bestimmte Gruppe zu bewältigen hat, abgestimmt ist, erschwert. So wird das von der Primärgruppe vermittelte Wissen zum Maßstab für alle weiteren Informationen, und zwar unabhängig von deren objektiver Richtigkeit. Dem Individuum werden im Laufe seines Lebens immer mehr Hypothesen für immer weitere Bereiche der realen Welt angeboten. Je mehr objektiv zutreffende Hypothesen es *von Anfang an* geboten bekommt, desto weniger Widersprüche sind zu erwarten, wenn die späteren Fremdinformationen ebenfalls objektiv richtig sind. Da sich ein solcher Zustand wohl kaum jemals wird herstellen lassen, wird der angeborene Schutzmechanismus gegen kognitive Dissonanz für Meinungsvielfalt, Vorurteile, Besserwisserei und Dogmatisierung sorgen.

Durch das Auftreten der Schriftsprache wächst das Angebot an Fremdinformation ins Unermeßliche. Nach Rensch läßt sich in Bibliotheken ein Vielfaches von dem speichern, was in jedem einzelnen menschlichen Gehirn Platz hätte. Man könnte deshalb von einem

»sozialen Übergehirn« sprechen, und er meint, dies bereichere »unsere Denkfähigkeit in unvorstellbarem Ausmaß mit 'extrazerebralen Assoziationsketten'«. Damit sei die Möglichkeit gegeben, sich jederzeit in die Gedankenreihen anderer Menschen – auch räumlich und/oder zeitlich weit entfernter – einzuschalten (209). Auf diese Weise wächst die Menge tradierbarer Hypothesen und Theorien dergestalt, daß verworfene konserviert werden und konkurrierende ohne die Möglichkeit, sie auf ihren Realitätsbezug zu überprüfen, den gleichen Anspruch auf Geltung erheben. Das schafft Unsicherheit in dem Maße, wie die unvermeidlichen Widersprüche sich häufen. Dadurch jedoch, daß das primäre Symbolsystem und damit die in der Herkunftsgruppe relevanten Inhalte schon gelernt sind, verfügt das Individuum über Orientierungsmarken, die es ihm ermöglichen, dennoch auf eine seiner ökologischen Situation angemessene Weise die Fremdinformationen zu bewerten und zu nutzen. Der dazu notwendige »Abstand« zur Fremdinformation wird durch den Mechanismus der kognitiven Dissonanz bewirkt.

2.6 Zusammenfassung und erste Schlußfolgerungen

Nach dem derzeitigen Erkenntnisstand der Biologie werden im Verlauf der Stammesgeschichte über das phänotypische Verhalten Gene und Gensysteme ausgelesen, die den Aufbau neuronaler Strukturen determinieren, die ihrerseits die Interaktionen des Organismus mit den übrigen Elementen seines Ökosystems steuern. Damit wird die Entstehung lebenserhaltender und -fördernder angeborener Verhaltensprogramme unter relativ konstanten Bedingungen erklärt.

Beim Menschen kompliziert sich dieser Selektionsmechanismus dadurch, daß sein phänotypisches Verhalten sowohl auf genetischer Information als auch zentralnervöser Informationsverarbeitung beruht. Diesem Sachverhalt versucht die Gen-Kultur-Koevolutionstheorie gerecht zu werden. Sie kann den mathematischen Beweis dafür antreten, daß die kulturelle Vielfalt menschlichen Verhaltens mit der Annahme verhaltenssteuernder epigenetischer Regeln vereinbar ist, die als angeborene Mechanismen der Gen-Selektion unterliegen. Dieses System epigenetischer Regeln wird auch Biogrammatik genannt.

Anhand neurophysiologischer Untersuchungen läßt sich feststellen, daß diese Biogrammatik mit Sicherheit in den stammesgeschichtlich älteren Hirnteilen codiert ist, und nicht im Neocortex. Versuche, das menschliche Verhalten allein aus der Tätigkeit des Großhirns zu erklären, können daher den Tatsachen nicht gerecht werden. Die Annahme, das konkrete Verhalten sei eine integrierte Gesamtleistung des ZNS, wird durch die experimentellen Befunde eher gestützt.

Die vergleichende Verhaltensforschung kommt mit ihrer Theorie der »Relativen Stimmungshierarchie« zu vergleichbaren Ergebnissen. Auch sie betont die Abhängigkeit intelligenten und gelernten Verhaltens von der Biogrammatik in dem Sinne, daß die epigenetischen Regeln in Form von Instinkten und angeborenen Lern- und Verhaltensdispositionen deren Tiefenstruktur darstellen, während das konkrete kultur- und gruppenspezifische Individualverhalten ihre Oberflächenstruktur abgibt. Die Verhaltensbiologie kann zeigen, daß selbst die komplexesten Formen des Lernens keine isolierten und isolierbaren Großhirnleistungen sind.

Die Aussagen, die die Biologie von verschiedenen Seiten und Ansätzen aus (Soziobiologie, Neurobiologie, Ethologie) zum Verhalten des Menschen macht – und die mit pädolinguistischen und entwicklungspsychologischen übereinstimmen –, lassen es als ein höchstkompliziertes Zusammenspiel angeborener artspezifischer Steuerungen und umweltbedingter Erfahrungen erscheinen, wobei sich das Steuersystem selbst im Laufe der Ontogenese durch spezifische Erfahrungen zu »justieren« scheint. Handlungs- und Denkgewohnheiten, Symbolsysteme und hypothetisches Wissen richten den Steuermechanismus ökospezifisch ein, zugleich werden durch die fortschreitende Justierung des Systems weitere Lernmöglichkeiten kanalisiert. Das heißt, das arttypische Steuersystem, das in Form »Relativer Stimmungshierarchien« eine große Zahl möglicher Konkretionen des Verhaltens zuläßt, legt sich je individuell auf eine gruppenspezifische und umweltangemessene Auswahl konkreter Verhaltensmuster fest. Damit wird zugleich der Rahmen des überhaupt Erfahrbaren eingeengt, ohne daß jedoch die grundsätzliche Offenheit gegenüber völlig neuen Situationen verlorenzugehen braucht. Entscheidend wichtig ist, daß das System der »Relativen Stimmungshierarchien« *nicht festgelegt wird*, sondern dies eine *Eigenleistung des Systems* darstellt, da die Umwelteinflüsse die Justierung gar nicht in direkten Kausalketten bewirken können, sondern ausschließlich auf dem Wege der Verarbeitung dieses Angebots nach Maßgabe der zentralnervösen Mechanismen und ihrer schon erfolgten Justierungen (210). Erfahrungsabhängige Selbstregulation also nicht nur im aktuellen Verhalten, sondern auch bei der Einstellung des individuellen Steuermechanismus auf die spezifischen Bedingungen des Ökosystems, in das ein menschlicher Organismus hineinwächst!

Wir haben eingangs »Sozialisation« mit Hurrelmann weitgefaßt als den Prozeß der Vergesellschaftung der menschlichen Natur definiert. Dabei haben wir uns die Konkretisierung des Begriffs vorbehalten. Angesichts der bisher aus biologischen Theorien abgeleiteten Erkenntnisse können wir nun einen ersten Schritt zu seiner Konkretisierung unternehmen. Wir definieren nunmehr »Sozialisation« als die Selbstjustierung des angeborenen arttypischen Systems der »Relativen Stimmungshierarchien« in Abhängikeit von den Bedingungen des Ökosystems (211), in das der Mensch hineinwächst *(Abb. 11)*.

Diese Darstellung und die dazugehörige Definition des Sozialisationsbegriffs sind als erste Annäherung an unsere endgültigen Vorstellungen von einem biosoziologischen Verständnis der Vergesellschaftung der menschlichen Natur aufzufassen. Die biologischen Vorgaben erscheinen hier als ein System, dessen Selbstregulation und -organisation ausschließlich von der aktiven Verarbeitung von Umweltangeboten abhängt. Noch nicht geklärt ist, ob das System nicht auch zugleich noch eigenen Entwicklungsgesetzen folgt, ob es nicht parallel zur körperlichen Entwicklung auch eine biologisch vorprogrammierte Reifung des verhaltenssteuernden Systems gibt. Falls das zutrifft, dann wäre zu vermuten, daß die aktive Auswahl und Verarbeitung von Umweltdaten in jedem Reifestadium nach anderen Kriterien erfolgt und daß die Justierung nicht aus immer genaueren Feineinstellungen besteht, sondern so verläuft, daß ein nach inneren Gesetzen wachsendes Steuersystem immer wieder neu auf die vorhandenen Umweltbedingungen eingerichtet wird. Ein solcher Vorgang würde Regulationsprozesse erfordern, die für die Selbstorganisation homöostatischer Systeme, d. h. für organisches Wachstum, typisch sind. Entwicklung heißt Veränderung, Homöostase Gleichgewicht. Ein sich entwickelndes homöostatisches System hat das Problem, mit den entwicklungsbedingten Veränderungen immer wieder *neue Gleichgewichtszustände* zu erreichen. Wir müßten demnach Gleichgewichtsphasen von Organisationsphasen unterscheiden können. Wie bereits oben in Kapitel 2.5.2 angedeutet, spricht vieles dafür, daß dies beim Menschen möglich ist. Wir müssen daher die ontogenetische Verhaltensentwicklung des Menschen und ihre Strukturelemente untersuchen, wenn wir alle Dimensionen der Vergesellschaftung der menschlichen Natur erfassen wollen.

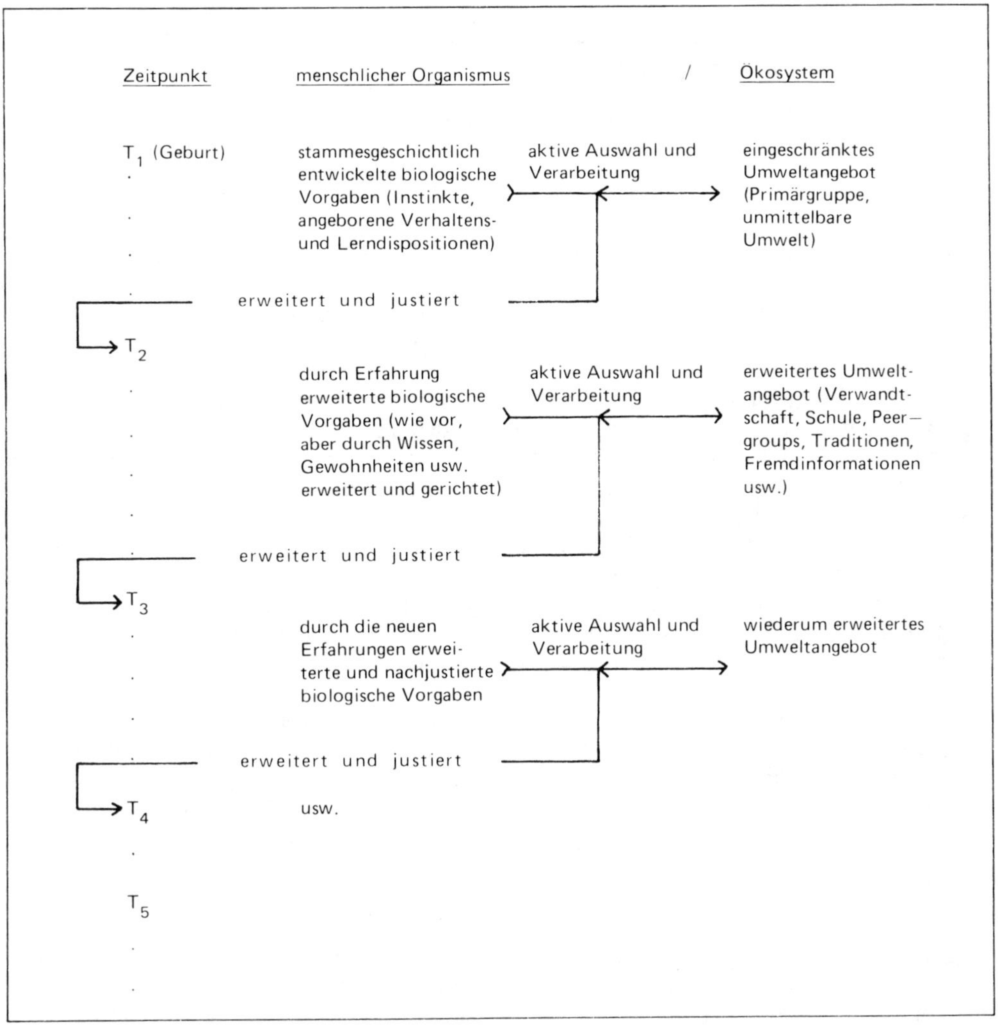

Abb. 11: Die Selbstjustierung des verhaltenssteuernden Systems

3 Die ontogenetische Verhaltensentwicklung des Menschen und ihre Strukturelemente

Sozialisation als Vorgang, als »Menschwerdung des Menschen«, erfordert einen definierbaren Ausgangszustand A und einen definierbaren erstrebten Endzustand A'. Man muß angeben können, in welchem Zustand der Mensch noch nicht Mensch ist und welche Kriterien bestimmend sind dafür, daß der Zustand der vollen Menschlichkeit erreicht ist. Geht man vom Begriff der »Vergesellschaftung der menschlichen Natur« aus, dann stellt sich das Problem etwas anders. Wir müßten fragen, welches die noch nicht vergesellschaftete Natur des Menschen ist, und woran man erkennt, daß Vergesellschaftung stattgefunden hat. Unserer eigenen Definition nach wäre zu untersuchen, welche Instinkte, angeborenen Verhaltens- und Lerndispositionen der Mensch mit auf die Welt bringt und wann diese als auf bestimmte ökologische Bedingungen eingerichtet gelten können.

Läßt man in Anbetracht der Tatsache, daß der Mensch lebenslang lernfähig bleibt und ihm – zumindest in Industriegesellschaften – oft bis ins hohe Alter Lernleistungen auch abverlangt werden, den Endzustand A' offen, dann ist der Sozialisationsbegriff von dem Allgemeinbegriff des menschlichen Lebens kaum mehr unterscheidbar. Es scheint daher sinnvoller, für A' Kriterien festzulegen, die spezifischer sind als das bloße Ende allen Lernens.

Der Ausgangszustand A scheint dagegen relativ leicht zu bestimmen: es bietet sich hier praktisch nur der Geburtszustand an – einschließlich seines eventuell vorhandenen Entwicklungspotentials. Aus biosoziologischer Sicht wird man natürlich niemals vom Neugeborenen als von einem »Noch-nicht-Menschen« sprechen (1). Deshalb bezeichnen wir A als den »larvalen« Zustand des Menschen. A' dagegen nennen wir den »adulten« Zustand. Sozialisation ist dann die Wandlung des larvalen Menschen zum adulten Menschen.

In der Biologie gilt der Zustand des Adulten als erreicht, wenn ein Individuum fortpflanzungsfähig ist. Das ist bei vielen Arten mit Eintritt der Geschlechtsreife der Fall. Wenn, wie bei zahlreichen Insektenarten, die Larve sich augenfällig in Form und Verhalten von der Reifeform unterscheidet, wird letztere in der Regel durch eine Metamorphose herbeigeführt, in deren Verlauf der Gesamtorganismus sich neu organisiert, sich sozusagen von Wachstum auf Fortpflanzung umschaltet. Bei Insekten, die sich verpuppen, ein dramatischer Vorgang, bei Kaulquappen, die zu Fröschen werden, aber immerhin noch bemerkenswert. Bei den reinen Landwirbeltieren ist an die Stelle der Metamorphose eine Entwicklung getreten, die anscheinend kontinuierlich, tatsächlich aber schubweise erfolgt.

Bei den höheren Primaten hat sich gezeigt, daß der Entwicklungsschub, der die Geschlechtsreife mit sich bringt, keineswegs der letzte ist, und daß Geschlechtsreife allein noch nicht den Erwachsenenstatus definiert. Hier gibt es geschlechtsspezifische Unterschiede, und da es sich bei den höheren Primaten um soziallebende Arten handelt, spielt die Stellung in der Rangordnung eine entscheidende Rolle bei der Wahrnehmung des Rechts auf Fortpflanzung und damit der Anerkennung des Erwachsenenstatus durch die übrigen Mitglieder der Gruppe. In der Regel ist es so, daß geschlechtsreife Weibchen sofort als Fortpflanzungspartner, d. h. als Erwachsene, akzeptiert werden, während geschlechtsreife Männchen erst als erwachsen gelten, wenn sie sich in der Dominanzhierarchie eine Position erkämpft haben, von der aus die Gewinnung eines Weibchens oder Harems zu Fortpflanzungszwecken überhaupt erst möglich ist. Solange sie einen niederen Rang bekleiden, zeigen sie infantiles Verhalten (2). Hat ein Männchen den vollen Erwachsenenstatus erreicht, dann findet im Alter noch ein Entwicklungsschub statt, in dessen Verlauf das sogenannte »Altersprachtkleid« ausgebildet wird, das Autorität und Führungsanspruch signalisiert (3).

Für die Bestimmung des Endzustandes A' bieten sich nunmehr drei Möglichkeiten an:
1. Wir betrachten die Sozialisation mit Erreichen der Geschlechtsreife als beendet.
2. Wir lassen die Sozialisation mit dem vollen Erwachsenenstatus enden, wofür ein Kriterienkatalog zu entwickeln wäre, in dem die Geschlechtsreife enthalten sein muß.
3. Falls auch der Mensch ein »Altersprachtkleid« ausbildet und dies die letzte Stufe der Ontogenese darstellt, könnte man hier die »Menschwerdung des Menschen« enden lassen.

Die letzte Möglichkeit scheidet aus, wenn wir Sozialisation als die Wandlung des larvalen zum adulten Menschen definieren. Aber auch die erste Möglichkeit kommt nicht mehr in Betracht, da der Adulte ja nicht nur als geschlechtsreif, sondern als fortpflanzungsfähig definiert ist. Und das bedeutet, daß der volle Erwachsenenstatus erst zugestanden wird, wenn man in der Lage ist, einen Fortpflanzungspartner zu gewinnen (für ihn also attraktiv ist) und Nachwuchs aufzuziehen (ob man das dann auch wirklich tut, ist eine andere Frage). Wir werden daher die Bestimmung von A' nach der zweiten Möglichkeit vornehmen müssen.

Wenn wir versuchen wollen, einen Kriterienkatalog für den Erwachsenenstatus zu entwickeln, dann müssen wir zunächst die Tatsache zur Kenntnis nehmen, daß bei vielen sozialen Säugern und auch beim Menschen der Zeitpunkt des Erwachsenwerdens sowohl von der je individuell erworbenen und erlangten Reife als auch der Reaktion der sozialen Umwelt darauf bestimmt wird. Zum einen wird der Erwachsenenstatus nach Erlangung der Geschlechtsreife, wenn man »ausgewachsen« ist, *beansprucht*, was sich in Verhaltensweisen äußert, die Paarungswilligkeit, Ranganspriüche u. ä. signalisieren. Zum anderen muß der beanspruchte Erwachsenenstatus von den Gruppengenossen auch *zugestanden* werden, was entweder freiwillig nach bestimmten Kriterien geschieht oder aber gewaltsam durchgesetzt werden muß. Unser Sozialisationsmodell sollte unter diesem Gesichtspunkt etwaige Bemühungen von Gruppengenossen und besonders der Eltern oder Aufzuchtpersonen berücksichtigen, am Heranwachsenden Merkmale hervorzubringen, die es erlauben, ihm den Erwachsenenstatus zuzugestehen. Da jede Gruppe Teil eines bestimmten Ökosystems ist, werden diese Bemühungen die für das Erwachsenenleben wesentlichen Aspekte des Umgangs mit den vorgefundenen natürlichen Elementen, Artefakten und Mentifakten des jeweiligen Ökosystems umfassen.
Ausgehend von der noch nicht vergesellschafteten Natur des Menschen, von seinen Instinkten und Verhaltens- und Lerndispositionen werden wir im folgenden zu klären versuchen, wie *endogene* Mechanismen vom larvalen Zustand an bis zum Anspruch auf Erwachsensein ontogenetisch wirksam sind (Reifung und Entwicklung) und wie *exogene* Einflüsse von der Geburt an, bis der Erwachsenenstatus zugestanden wird (Erziehung i. w. S.), in diesen Entwicklungsprozeß integriert werden. Dabei sind mittlerweile *drei* voneinander abhängige Steuerungen zu beachten:
1. die arteigenen angeborenen verhaltenssteuernden Mechanismen,
2. die Regulierung ihrer Wirksamkeit durch vorprogrammierte Reifungsprozesse,
3. die Beeinflussung dieses endogenen Systems durch planmäßige Auswahl und gezielte Setzung von Umweltangeboten.

3.1 Stammesgeschichtliche Vorprogrammierungen in Wahrnehmung und Verhalten

Die Vorprogrammierungen im Verhalten beziehen sich, soweit die Humanethologie hier Aussagen treffen kann, auf die menschlichen Instinkte mit ihren verschiedenen Integrationsniveaus, die Vorprogrammierungen in der Wahrnehmung auf die zugehörigen AAMs. EAAMs und EAMs sind hier mit einzubeziehen, ebenso die Erwerbsmotorik, da die Instinkte des Menschen in »Relativen Stimmungshierarchien« – und zwar mit der größten bekannten Auflösung – organisiert und deshalb häufig nur noch als Verhaltensdispositionen zu erkennen sind. Die Darstellung wird deshalb fortschreiten von den noch relativ starr vorhandenen Instinktbewegungen und ihren Auslösemechanismen über komplexere Verhaltensdispositionen zu den sogenannten »Verspannungssystemen«, die nach Leyhausen den »Charakter eines Menschen« ausmachen sollen.

3.1.1 Einfache Instinktbewegungen und AAMs

Ein vollständiges Ethogramm der Spezies Mensch ist noch nicht geschrieben. Ansätze dazu finden sich aber z. B. bei Morris (1978) und in grundlegender Form bei Eibl-Eibesfeldt (1973, bes. 1984). Als besonders vielversprechendes Forschungsgebiet wird auch das Verhalten von Kindern angesehen (Tinbergen/Tinbergen (1972), Blurton Jones (1972) und McGrew (1972)). Am offensichtlichsten, und daher auch von Gegnern der Instinkttheorie nicht bestritten, ist, daß Säuglinge bestimmte Fertigkeiten einfach mit auf die Welt bringen müssen.

Das neugeborene Kind würde jämmerlich verhungern, wenn es nicht schon über die notwendigen Mechanismen der Nahrungsaufnahme verfügte. Wie sollte die Mutter es das Saugen lehren? Das Neugeborene verfügt daher sofort über entsprechende Erbkoordinationen und AAMs: ein rhythmisches Brustsuchen (Kopfpendeln), das sofort aufhört, wenn das Kind die Brustwarze der Mutter mit den Lippen umschlossen hat, und das dann einsetzende Pumpsaugen. Nach einigen Tagen wird der Suchautomatismus allmählich durch ein räumlich orientiertes Suchen ersetzt, und die Saugmotorik wandelt sich zu einem Melken mit der Zunge. Das geschieht ohne Beteiligung irgendwelcher Lernvorgänge. Hier ist der Säugling ganz auf Erbkoordinationen und AAMs angewiesen (4).

Aber nicht nur im Bereich der Nahrungsaufnahme treten Instinkthandlungen auf. Durch Untersuchungen von Pieper und Prechtl ist bekannt, daß auch das Greifen (mit Händen und Füßen!) und das Schreiten und Kriechen (im Kreuzgang) erbkoordiniert sind (5). Darüber hinaus besteht kein Zweifel mehr daran, daß – nicht nur beim Säugling – der größte Teil des Ausdrucksgeschehens angeboren ist. Dazu gehören Lächeln, Lachen und Weinen ebenso wie die Wutmimik und -gestik sowie AAMs, die die signalisierte Freundlichkeit bzw. Bedrohung als solche wahrnehmen lassen (6). Diese Eindrucksmechanismen orientieren sich an der Topographie des Gesichts, an der Körperhaltung und an spezifischen Signalbewegungen, z. B. dem sogenannten Augengruß (7). Das wohl bekannteste Beispiel für einen AAM, der übrigens auch noch die Körperproportionen mit einbezieht, ist jener AAM, der auf das oben schon beschriebene »Kindchenschema« als Schlüsselreiz anspricht (8).

Die Instinktbewegungen und AAMs des Ausdrucks- und Eindrucksgeschehens sind soziologisch höchst relevant, da sie die soziale Interaktion strukturieren. Sie werden damit zu einem wesentlichen Faktor der sozialen Ordnung (9). Kontaktaufnahme- und -abbruchbereitschaft, Hilfsappelle, die Bereitschaft zur Durchsetzung von Ansprüchen, Freundschaft und Feindschaft und dergleichen mehr werden so signalisiert, auch sexuelle Wünsche und Bereitschaften; kurz: auf dem Wege nonverbaler und paralinguistischer Kommunikation werden die sozialen Beziehungen in einer Gruppe (und auch Dyade) geregelt, ein Sachverhalt, der im Zusammenhang mit der Symbolsprache schon einmal erwähnt worden ist. Weil diese Art des Informationsaustauschs stammesgeschichtlich älter ist als die Spezies Mensch, kann es nicht überraschen, daß einige Ausdruckserscheinungen sich in vergleichenden Untersuchungen als homolog erweisen (10). In der Literatur finden sich gute Übersichten über die Signale des menschlichen Ausdrucks, die als Instinktbewegungen angesehen werden, so daß sie hier nicht noch im einzelnen dargestellt werden müssen (11).

In anderen Bereichen können noch weitere Erbkoordinationen identifiziert werden. Als Endhandlungen im biologischen Ernstvollzug gelten z. B. das Schlucken, die Kopula und verschiedene Bewegungen, die der Körperpflege dienen (Nasebohren), als Werkzeughandlungen das Gehen, Laufen und Greifen. Da schließlich alle Elemente aller Bewegungsweisen aus hierarchischen Instinktzusammenhängen stammen und daher auf jeden Fall – wenn auch in unterschiedlichen Größenordnungen – erbkoordiniert sind, ließe sich eine beliebig lange Liste von Erbkoordinationen erstellen. Es ist bekanntlich nie gelungen, Einigkeit über die Anzahl menschlicher Instinkthandlungen zu erzielen – aufgrund ihrer Organisation als »Relative Stimmungshierarchien« auch ein sinnloses Unterfangen! Die hier angeführten Beispiele mögen deshalb genügen. Die einzelne Instinktbewegung und der einzelne AAM besagen für sich sowieso nichts, denn sie stehen immer in komplizierten Wechselwirkungsverhältnissen mit anderen. Die stammesgeschichtlichen Vorprogrammierungen in Wahrnehmung und Verhalten werden daher erst auf höherem Niveau für uns interessant.

3.1.2 Angeborene Verhaltens- und Lerndispositionen

Das meiste im Verhalten des Menschen ist gelernt. Allerdings: es kann nicht unabhängig von den Antriebsmechanismen gelernt werden, wie in den Kapiteln über Intelligenz und Lernen beschrieben wurde. Ursprünglich streng lineare Instinkthierarchien wandelten sich im Laufe der stammesgeschichtlichen Entwicklung zu »Relativen Stimmungshierarchien«. Starre triebbedingte Verhaltensabläufe sind so zu Verhaltensdispositionen geworden, deren Verfestigung zu tatsächlicher Praxis durch angeborene Lerndispositionen an den ökologischen Gegebenheiten orientiert wird.

Der Mensch tut, wie jedes andere Tier auch, aus ererbtem Antrieb ganz bestimmte Dinge. Die dazu eingesetzten Verhaltensweisen sind zwar in gewissem Umfang flexibel, aber auch jetzt bestimmt die erstrebte Endhandlung immer noch die in dem jeweiligen Zusammenhang möglichen Verhaltensweisen. Gelerntes Verhalten findet sich daher im Appetenzbereich, während, wie Craig schon 1918 feststellte, »die Endhandlung immer angeboren ist« (12). Wenngleich der Gesamtablauf nun keine artspezifisch vollständig festgelegte Form mehr hat, läßt sich doch anhand der angestrebten Endhandlung oder des erstrebten triebbedingten Ruhezustandes ablesen, in welchen »Funktionskreis« das gezeigte Verhalten gehört. Oft genug geben sogar die Elemente der Verhaltenssequenz selbst schon Auskunft darüber. So braucht man z. B. nicht erst die Endhandlung abzuwarten, um auch in fremden Kulturen bestimmte Verhaltenselemente als Paarungsaufforderung zu identifizieren (13). Mit Verhaltensdispositionen sind also genetische Vorprogrammierungen des Verhaltens gemeint, die die *Tendenz* des Verhaltens bestimmen, ohne die zu ihrer Verwirklichung notwendigen Verhaltensweisen und deren Reihenfolge detailliert vorzugeben. Sie sind deshalb auf die zentralnervöse Verarbeitung *exogener* Informationen angewiesen. Ihre jeweilige Grundlage jedoch ist *immer* eine bestimmte »Relative Stimmungshierarchie« mit der ihr eigenen Antriebsdynamik.

Wenn man davon ausgeht, daß die Instinkte der Ausbreitung genetischen Materials dienen, dann sind beim Menschen als sozialem Säuger in den folgenden Bereichen angeborene Verhaltens- und Lerndispositionen zu erwarten.

a) Sicherung des individuellen Überlebens

Neben den Verhaltensweisen der Flucht und der Meidung sowie den Schutzreaktionen sind hier die Dispositionen zu Nahrungserwerb und -aufnahme zu nennen. Während die Nahrungsaufnahme noch aus meist starren Elementen besteht – zum Munde führen, Kauen, Schlucken –, sind Nahrungserwerb einschließlich Zubereitung wesentlich flexibler. Während die Zubereitung der Nahrung gänzlich erwerbkoordiniert ist, lassen sich bei ihrer Beschaffung mindestens zwei verschiedene Verhaltensdispositionen unterscheiden, und zwar nach Geschlechtern differenziert: zum Jagen (vorwiegend männlich) und zum Sammeln, d. h. primär *Ein*sammeln, nicht unbedingt auch Horten (vorwiegend weiblich) (14). Nach den Regeln der »Relativen Stimmungshierarchie« können beide auch unabhängig von der tatsächlichen Nahrungsbeschaffung eigene Appetenzen entwickeln. Das ist nicht nur im Kinderspiel zu beobachten. Koenig vermutet z. B. das Wirksamwerden der Jagddisposition beim Autofahren (15). Die Ritualisierung (16) der Jagd als »Sport«, die Jagd auf zu »Nicht-Menschen« erklärte Artgenossen (Verbrecherjagd, Krieg) sowie außerhalb des »Jagdsports« die Jagd als Freizeitvergnügen sind als weitere *direkte* Manifestationen dieser Verhaltensdisposition zu nennen. Elemente des Jagdverhaltens dürften auch noch in anderen Sportarten eine Rolle spielen (17). Das Sammeln dagegen ist weniger ritualisiert – zumindest das *Ein*sammeln. Es mag dem Blumenpflücken und dem Einkauf »netter Kleinigkeiten« zugrunde liegen. Klar zutage tritt diese Verhaltensdisposition aber in ihrem ursprünglichen Zusammenhang: bei der Nahrungsmittelbeschaffung – im Selbstbedienungsladen! Packard zitiert in seiner schon klassischen Studie eine amerikanische Untersuchung über den Anstieg an Impulskäufen von Lebensmitteln, die zu dem Schluß kommt, »daß der Anstieg an Impulskäufen mit den zunehmenden Selbstbedienungs-Einkaufsstätten zusammenfällt« (18). Dabei spielen – wie wahrscheinlich auch beim Blumenpflücken – *Geruch und Aussehen* eine ausschlaggebend wichtige Rolle (19). Inwieweit das Zusammensammeln und *Horten* vieler nützlicher und unnützer Kleinigkeiten, wie es sich in der (hauptsächlich männlichen?) Sammelleidenschaft äußert, hier einzuordnen ist, bleibt fraglich. Es könnte sein, daß es – zumindest als gezieltes Sammeln unter dem Gesichtspunkt der Vollständigkeit und Wertsteigerung der Sammlung – auf einer ganz anderen Ebene liegt, vielleicht auf der der Rangdemonstration. Das bloße Festhalten von Gegenständen aus Angst, etwas wegzuwerfen – unter dem Gesichtspunkt späterer Verwendung –, hängt aber möglicherweise wieder enger mit einer Disposition zur Bevorratung zusammen, die aus dem Bereich der Nahrungsbeschaffung stammen könnte. Der ursprüngliche Selektionsvorteil einer solchen Disposition liegt auf der Hand, wenn man von ökologischen Bedingungen ausgeht, die durch abwechselnde Perioden von Nahrungsreichtum und Nahrungsknappheit gekennzeichnet sind. Nicht nur die Bevorratung mit Nahrungsmitteln, auch die Bevorratung mit Jagdwaffen, Brennmaterial u. ä. ist mit Bedingungen, die plötzlichen und hohen Bedarf fordern, erklärbar.

Ein weiterer Bereich der Sicherung des individuellen Überlebens ist die Erhaltung der eigenen Gesundheit. Die Existenz angeborener Verhaltensdispositionen, die die Reinerhaltung des Körpers und der Wohnstätte bewirken, wird in der Ethologie angenommen (20).

b) Fortpflanzung und Kinderaufzucht

In der *soziobiologischen* Literatur werden diverse evolutionär stabile Strategien (ESS) aufgeführt, die den Fortpflanzungskomplex betreffen (21). Aus dem mathematischen Nachweis der Möglichkeit solcher ESS läßt sich aber, wie schon dargelegt wurde, nicht schließen, daß die jeweiligen Verhaltensstrategien als solche angeboren sind. Schlüsse, die aus Experimenten sowie arten- und kulturvergleichenden Untersuchungen gezogen werden, erscheinen hier tragfähiger. In der deshalb heranzuziehenden *ethologischen* Literatur werden folgende Verhaltensdispositionen beschrieben:

Werbung mit weiblichem Sprödigkeitsverhalten und Männerrivalität (22), eine Disposition zur Ausbildung paarbindender Riten, die zu den verschiedenen Formen der Ehe führen und die Beteiligung des Mannes an den Investitionen für die Aufzucht der gemeinsamen Kinder bewirken (23), und eine – bei Frauen stärker ausgeprägte – Disposition zur Pflege und Aufzucht von Kindern (24).

Daß es auch viele Paarbeziehungen ohne eigenen Nachwuchs gibt, spricht aus verschiedenen Gründen nicht gegen eine angeborene Verhaltensdisposition zur Paarung und Aufzucht. Ein Grund für den Verzicht auf eigene Kinder könnte nach soziobiologischer Auffassung darin liegen, daß unter bestimmten Bedingungen mehr für die Ausbreitung der eigenen Gene getan werden kann, wenn man nahe Verwandte bei der Aufzucht *ihrer* Kinder unterstützt, als wenn man die Aufzucht eigener Kinder unter der Voraussetzung möglichen Mißlingens riskiert. Der Paarung als Endhandlung steht schließlich auch bei bewußtem Verzicht auf Kinder nichts im Wege (25), und auch die Disposition zur Aufzucht kann sich an Ersatzobjekten – oder auch Neffen und Nichten – entfalten.

Zu den Mechanismen der Paarbindung gehören neben rein sexuellen Verhaltensweisen solche, die dem Aufzuchtbereich entstammen, wie z. B. Fütterungs- und Schutzgesten und die zugehörigen kindlichen Appelle sowie Körperpflegehandlungen. Sie sind hier in das Appetenzverhalten übernommen, während sie im Ernstvollzug Endhandlungen darstellen.

Das Pflege- und Aufzuchtverhalten weist einige Besonderheiten auf, die hier noch erwähnt werden müssen. Die erste wurde soeben schon angedeutet: Es handelt sich beim Aufzucht-Komplex um eine *asymmetrische Partnerbeziehung*, bei der die Aktionen der erwachsenen Individuen größtenteils durch besondere kindliche Appelle gesteuert werden, indem diese als Schlüsselreize (oder auch aufladende Reize) fungieren. Während im Zusammenhang der Paarbindung die kindlichen Appelle von beiden Partnern ausgehen können, ist es im Ernstvollzug nicht möglich, die Partnerbeziehung umzukehren, jedenfalls nicht bei kleinen Kindern, und auch bei größeren nicht ohne aufwendige Lernprozesse. Seitens des Kindes wird ein solcher Versuch spontan bestenfalls als Spiel gedeutet. Eine weiter Besonderheit ist das oben beschriebene Anfrageverhalten der Kinder, das an die Erwachsenen als Traditionsgeber und Wissensvermittler gerichtet ist und dem die innere Bereitschaft der Erwachsenen entspricht, ihre Kinder zu unterweisen. Auch hierin wird wieder die Asymmetrie der Eltern-Kind-Beziehung sichtbar. Im Zusammenhang mit der Wissensvermittlung und Tradierung ist schließlich noch auf eine dritte Besonderheit des Aufzuchtverhaltens hinzuweisen. Sie betrifft das eher weibliche Interesse an der Aufzucht. Daß Säuglinge ursprünglich primär von der Mutter versorgt werden, ergibt sich schon aus dem biologischen Faktum der Laktation. Männer mögen zwar auch mit Säuglingen spielen, »richtig« interessant werden die Kinder aber erst, wenn sie in männliche Tätigkeiten und Geheimnisse eingeweiht werden können. Daher zeigen Männer auch ein spezifisches Interesse an ihrem heranwachsenden männlichen Nachwuchs, das in der Initiation seinen feierlichen Höhepunkt erreicht (26). Mit dieser Einweihung wird zugleich der Schritt von der Familie zur überfamiliären Gruppe vollzogen (27).

c) Gruppenbindung, Reziprozität und Selbstbehauptung

Sehr viele Verhaltensdispositionen betreffen das überfamiliäre Sozialleben des Menschen, d. h. sein Verhalten gegenüber anderen Artgenossen, die weder Fortpflanzungs- und Aufzuchtpartner noch Kinder sind. Folgende Verhaltensdispositionen werden von Ethologen genannt: Territorialverhalten (28), Dominanz (29) und Bandstiftung (30). Diese recht allgemeinen Dispositionen lassen sich auf niedrigerer Ebene auch wieder in eine ganze Reihe speziellerer Verhaltensdispositionen zerlegen, in die z. T. ritualisierte Elemente anderer Hierarchien übernommen sind. So kann die Bandstiftung z. B. als erweiterte Paarbindung aufgefaßt werden.

Im bandstiftenden Verhalten finden sich nämlich Elemente aus dem Sexualverhalten, kindliche Appelle und Elemente aus der Kinderbetreuung, aber auch aggressive Akte (31). Jedes dieser Elemente kann im Sinne der »Relativen Stimmungshierarchie« als relativ selbständige Verhaltensdisposition noch niedrigerer Integrationsstufe angesehen werden.

Das gilt mutatis mutandis auch für alle anderen Verhaltensdispositionen. Das Territorialverhalten kann sich daher ebenfalls auf verschiedenste Weise äußern und sich sowohl auf den individuellen Raumanspruch als auch auf Gruppenterritorien beziehen (32). Zum Territorialverhalten gehören Verhaltensweisen der Distanzierung, Drohung, Grenzmarkierung und schließlich der aktiven Verteidigung. Aggressive Verhaltensweisen finden sich aber auch im Bereich der Selbstbehauptung, machen aber nur einen geringen Teil des Repertoires aus. Rangkonkurrenz wird zumeist auf der Ebene der Zurschaustellung von ranganzeigenden Merkmalen ausgetragen, die durch *Symbole* ersetzt sein können. Dabei ist aber im Gegensatz zu der von Lauster vertretenen Ansicht nur die Bedeutung einzelner Symbole, nicht aber das Rangstreben selbst erlernt (33).

Zusammenfassend kann man sagen, es existieren Verhaltensdispositionen, die die Bindung an die übrigen Mitglieder einer Gruppe bewirken, bis hin zur Bereitschaft, das gemeinsame Territorium zu verteidigen, aber auch solche zur Selbstbehauptung gegenüber den Gruppenmitgliedern, bis hin zur offenen Aggression.

Eine besondere Eigenart der Gruppenbindung ist hier noch nachzutragen. Bindungsverhalten beinhaltet u. a. auch die Betonung der eigenen Gruppenmerkmale und die Abschließung gegenüber den Angehörigen fremder Gruppen (34). Die so entstehende Exklusivität der Gruppe ist aber nicht absolut: viele Gruppen kennen sogar besondere Aufnahmeriten, die mit den Grundzügen der Initiationsriten übereinstimmen (35). Das Leben in relativ exklusiven Gruppen, deren Mitglieder sich individuell kennen oder sich zumindest anhand von Gruppenmerkmalen als solche identifizieren können, ermöglicht Verhaltensweisen, die Trivers unter dem Begriff des »reziproken Altruismus« zusammenfaßt (36). Fremde, die sich nicht in die Gruppe aufnehmen lassen wollen, sowie Gruppenmitglieder, die beträchtlich gegen die Gruppennorm verstoßen, Artgenossen also, die die Reziprozität des Altruismus infrage stellen, werden entweder zur Annahme der Norm gezwungen oder feindselig behandelt – wobei in manchen Kulturen, und in früheren Zeiten auch bei uns, ihre Tötung stattfinden konnte (37). So wird nach außen die Exklusivität, nach innen aber der Zusammenhalt bewahrt und bestärkt.

Alle diese unter c) genannten Verhaltensdispositionen könnte man unter einer umfassenden Disposition zum Zusammenleben in exklusiven und territorialen Kleingruppen subsummieren. Wie schon bei den einzelnen Erbkoordinationen – und aus demselben Grunde – ist es nicht möglich, alle Verhaltensdispositionen auf allen Integrationsniveaus lückenlos zu benennen. Es dürfte aber deutlich geworden sein, daß die Organisation des menschlichen Verhaltens in Form komplexester »Relativer Stimmungshierarchien« jedem Individuum eine Unmenge Daten und Zusammenhänge aus den verschiedensten Sachgebieten zu lernen aufgibt. Die relative Flexibilität der angeborenen Verhaltensdispositonen grenzt bereits die Felder ab, in denen gelernt werden *muß* – wodurch zugleich die Flexibilität wieder eingeschränkt wird. Wir nannten diesen Automatismus die Selbstjustierung des verhaltenssteuernden Systems.

3.1.3 Charakterbildende Verspannungssysteme

Die Selbstjustierung des verhaltenssteuernden Systems macht sich äußerlich bemerkbar als Ausbildung von Gewohnheiten. Mögen sie individuell durch eigene Erfahrung erworben und durch erfolgreichen Gebrauch verfestigt sein oder mögen sie aus dem Traditionsgut der Gruppen stammen, denen man angehört, immer schränken sie die Freiheit, die mit den angeborenen Verhaltensdispositionen gegeben ist, ganz zwangsläufig ein auf eine beschränkte Anzahl stets zuhandener Handlungsmuster. Stets zuhanden sind auch die Gesichtspunkte, nach denen die Situationen des Alltagslebens zu beurteilen sind. Der Mensch handelt nicht nur, er urteilt auch gewohnheitsmäßig.

Die einzelnen Gewohnheiten – sowohl des Handelns als auch des Urteilens – stehen nicht isoliert nebeneinander. Gerade dadurch, daß komplexe Situationen in den seltensten Fällen so eindeutig sind, daß sie nur die Auslösung einer einzigen Handlungsweise zulassen, werden über EAAMs und EAMs jeweils mehrere Antriebe in einer bestimmten Situation miteinander verkoppelt, und das gilt praktisch für alle immer wiederkehrenden Situationen des Alltagslebens. Dem relativ stabilen System der Gewohnheiten entspricht damit ein ebenfalls relativ stabiles System der Antriebe. Die »Relativen Stimmungshierarchien« finden sowohl in sich als auch untereinander einen schwebenden Gleichgewichtszustand, wodurch das menschliche Verhalten seine je individuelle Form gewinnt, die es in Grenzen vorhersagbar macht. Leyhausen nennt solche relativ stabilen Triebsysteme deshalb auch »charakterbildende Verspannungssysteme« (38).

Solche »charakterbildenden Verspannungssysteme« können wir, wenn wir die Sozialisation als die Selbstjustierung des verhaltenssteuernden Systems definieren, als »Ergebnis« von Sozialisation auf der »Antriebsseite« ansehen. Dieses Ergebnis scheint sich jedoch nicht automatisch im Verlaufe der Ontogenese einzustellen. Wie Leyhausen ausführt, ist »die Entwicklung der Verspannungssysteme besonders störanfällig: mangelhafte Verspannungssysteme, auf deutsch Charakterschwäche, der Mangel an Belastbarkeit des Antriebssystems und damit dann auch der Persistenz, mit der bestimmte Motive, bestimmte Zielsetzungen, bestimmte Wertsetzungen verfolgt und eingehalten werden«, sind zu erwarten, wenn die Konstituierung solcher Verspannungssysteme aus Gründen, die sowohl im Antriebssystem selbst, aber auch in den Erfahrungsmöglichkeiten liegen können, mißlingt (39). Von geglückter oder gelungener Sozialisation könnte demgegenüber dann gesprochen werden, wenn das relativ flexible »Ausgangsmaterial« der angeborenen Verhaltensdispositionen und der zugehörigen Antriebe zu einer den ökologischen Gegebenheiten angemessenen persistierenden Form geronnen ist, wofür ein intaktes Antriebssystem offenbar ebenso Voraussetzung ist wie ein ökospezifisches Minimalangebot von Erfahrungsmöglichkeiten. Die Form, die die Antriebe miteinander als »charakterbildendes Verspannungssystem« gefunden haben, müßte zugleich den Erwachsenenstatus konstituieren, mit dem wir ja die Sozialisation als abgeschlossen betrachten wollen.

Eine solche Annahme ist jedoch etwas voreilig. Es scheint nämlich, daß derartige Gleichgewichtszustände *mehrmals* im Verlaufe der Ontogenese erreicht, aufgegeben und wieder neu gefunden werden! Wir hatten bereits die Möglichkeit angedeutet, daß das Antriebssystem selbst organischen Wachstumsprozessen unterliegen könnte, die durch die Erreichung immer neuer physiologischer Gleichgewichte gekennzeichnet sind, und wir haben darauf hingewiesen, daß die Entwicklung von der larvalen zur adulten Form bei den höheren Primaten, zu denen ja auch der Mensch biologisch gehört, schubweise verläuft. Beides paßt gut zusammen, und wir werden zu zeigen haben, daß es tatsächlich Organisations- und Konsolidierungsphasen in der menschlichen Ontogenese gibt, von denen auch das verhaltenssteuernde System betroffen ist. Unsere »Bestandsaufnahme der menschlichen Natur« in Form eines »Kataloges« von Erbkoordinationen und angeborenen Verhaltensdispositionen mit ihren AAMs, EAAMs und EAMs, Antrieben und erbkoordinierten Einschlüssen und Endhandlungen sowie den zugehörigen Lerndispositionen wird damit jedoch nicht hinfällig. Wir müssen ihn nur unter dem Aspekt schubweiser Vervollständigung – angefangen bei den Erbkoordinationen des Neugeborenen – bei gleichzeitiger Abstimmung aufeinander und auf die ökologischen Gegebenheiten betrachten, wenn wir als Ausgangspunkt für den Sozialisationsprozeß die noch nicht vergesellschaftete menschliche Natur, d. h. die Natur im larvalen Zustand einschließlich ihres biologischen Entwicklungspotentials wählen.

3.2 Reifestadien und sensible Phasen

Der komplette Satz der menschlichen Verhaltensmöglichkeiten liegt nicht gleich nach der Geburt gebrauchsfertig da. Vielmehr sind dies zunächst nur die Erbkoordinationen des Schreiens, des Brustsuchens und Saugens sowie des Greifens mitsamt ihren AAMs, Verhaltensweisen nur, die der Säugling auch wirklich benötigt. Signalbewegungen, Lokomotionsbewegungen und Sprechmotorik treten nach und nach hinzu, und auch die intellektuelle Leistungsfähigkeit (40) ist einer spezifischen Entwicklung unterworfen (41), die, wie alle organischen Reifungsprozesse, in dauernder Rückkopplung mit der Umwelt geschieht. Das heißt, auch die Fähigkeit, AAMs in EAAMs und EAMs umzusetzen und motorische Lernprozesse zu durchlaufen, gewinnt während der Ontogenese erst ihren vollen Umfang, ebenso wie die Fähigkeit zum benannten (begrifflichen) Denken. In der Pubertät schließlich reift das Sexualverhalten aus. Die einzelnen Stadien (42) werden jetzt in aller Kürze skizziert. Dabei soll versucht werden, mögliche sensible und optimale Phasen den verschiedenen Reifestadien zuzuordnen.

Zuvor ist allerdings noch zu entscheiden, wie die Reifestadien überhaupt eingeteilt werden sollen. Es bieten sich hier u. a. an:

- Piagets Stufen der kognitiven Entwicklung,
- die an den Gestaltmerkmalen orientierte Stufenfolge der Entwicklungspsychologie und
- die von der Psychoanalyse behaupteten Phasen der psychosexuellen Entwicklung.

Alle diese Einteilungen sind nicht willkürlich: ihnen liegen beobachtbare und beobachtete Tatbestände zugrunde. Die vorhandenen Überschneidungen und Entsprechungen zeigen darüber hinaus den inneren Zusammenhang der genannten Modelle. Ihre Gemeinsamkeiten spiegeln die psychologischen Umorganisationen des menschlichen Organismus wider, die mit Änderungen des Hormonhaushalts einhergehen und schon von daher auch verhaltenswirksam sind. Sie markieren den Weg vom hilflos geborenen Säugling, der ganz auf die mütterliche Fürsorge angewiesen ist, es aber nicht zeitlebens bleiben kann, wenn er sich eines Tages selbst fortpflanzen will, zu einem geschlechtsreifen Individuum, das fähig ist, sich selbst zu versorgen und Verantwortung für seine Nachkommenschaft zu übernehmen.

Wir werden die Spanne zwischen Säuglingszeit und Reifezeit einteilen in eine Stufenfolge von Organisationsphasen (O) und Konsolidierungsphasen (K), die in stetiger Folge ineinander übergehen. Dabei verwenden wir weitgehend die bewährten Begriffe der Entwicklungspsychologie, weil sie u. a. die Veränderungen des äußeren Erscheinungsbildes markieren:

Die Säuglingszeit (O) – das Kleinkindalter (K) – die Entwöhnungsphase = Gestaltwandel (O) – die späte Kindheit = Schulkindalter (K) – die Pubertät (O) – die Adoleszenz (K) (43).

Genau genommen beginnt diese Entwicklung schon mit der Bildung der Zygote im Vorgang der Befruchtung. Hier setzt die erste Organisationsphase ein: die Embryogenese. Sie ist nach etwa zwölf Wochen abgeschlossen; der Keim ist voll ausgebildet und heißt nun Fetus. Damit beginnt die erste Konsolidierungsphase. Sie ist durch bloßes Wachstum gekennzeichnet und dauert bis zur nächsten dramatischen Umorganisation – der Geburt. Obwohl die Umstellung der Atmung und Ernährung ziemlich abrupt erfolgt, wird die Umorganisation doch bereits im Uterus vorbereitet, und sie geht auch erst einige Zeit nach der Geburt in die nächste Konsolidierungsphase über. Dennoch aber erscheint der Eintritt in die Welt als ein so tiefer Einschnitt, daß seine Wahl als Ausgangspunkt der weiteren Betrachtung als gerechtfertigt erscheint. Notwendige Rückgriffe auf die vorgeburtliche Entwicklung brauchen deshalb ja nicht zu unterbleiben (44).

3.2.1 Die Säuglingszeit

Sofort zu Beginn des extrauterinen Lebens und als Bestandteil des mit der Geburt verbundenen Organisationsprozesses tritt eine sensible Phase auf, deren Anfänge bis in das intrauterine Dasein zurückverfolgt werden können. Die »Prägung« (45) der kindlichen Zuwendungsappelle (den Kontaktschrei »kann« das Kind sofort nach der Geburt) auf die Mutter beginnt vermutlich schon mit der Konstituierung des mütterlichen Herzschlags als Schlüsselreiz für die Abschaltung des Kontaktschreiens. Nicht nur, daß das Ungeborene den Herzschlag der Mutter schon wahrnehmen kann, Salk und andere konnten auch in zahlreichen Untersuchungen zeigen, daß Frauen – im Gegensatz zu Männern und unabhängig davon, ob sie Rechts- oder Linkshänderinnen sind – Babies in fast allen Fällen spontan auf der *linken* Seite halten (46). Dies scheint auf einen prägungsähnlichen Lernvorgang seitens der Mutter zurückzugehen, denn Erstgebärende, denen ihre Säuglinge sofort nach der Geburt für längere Zeit fortgenommen werden mußten, wiesen nachher keinen solchen Linkstrend auf (47).

Lausch berichtet allerdings, daß auch Babies, denen im Säuglingszimmer einer Entbindungsklinik der ruhige Herzschlag (72 Schläge/Min.) *eines beliebigen Menschen* vorgespielt wurde, weniger schrien und schneller zunahmen als andere (48). Obwohl der mütterliche Linkstrend für die Herzschlag-Hypothese spricht, könnte natürlich auch ein *AAM* für die Abschaltung des Kontaktschreiens auf den menschlichen Herzrhythmus schlechthin existieren.

Säuglinge können die Mutter offenbar trotzdem bereits zu Beginn ihres Erdendaseins einigermaßen sicher identifizieren, denn Canestrini hat schon am Anfang dieses Jahrhunderts beobachtet, daß »die Neugeborenen in den ersten Lebenswochen ... vom zärtlichen Angesprochenwerden durch die Mutter besser beruhigt werden können als durch entsprechende Bemühungen sonstiger Pflegepersonen« (49). Als Anhalt für die intrauterine Identifizierung könnte auch die Stimme der Mutter dienen, und diese Hypothese ist nach dem, was in Kap. 2.5.6 gesagt wurde, nicht unbedingt von der Hand zu weisen. Sicher ist jedoch auch diese Annahme bisher nicht bewiesen.

Eine weitere Möglichkeit, die Identifizierung der Mutter durch das Neugeborene zu erklären, sieht Morath im olfaktorischen Bereich. Es hat sich nämlich gezeigt, daß Säuglinge bereits eine Woche nach der Geburt den Geruch der mütterlichen Brust bevorzugen (50).

Hassenstein, der sich mit der Mutter-Kind-Bindung hauptsächlich auf der Ebene visueller Kontakte beschäftigt – das *Gesicht* der Mutter muß das Kind ja in jedem Fall erst lernen –, läßt die sensible Phase, in der der Bindungsprozeß zwischen Mutter und Kind stattfindet, mit dem 2. bis 3. Lebensmonat beginnen (51). Dies ist die Zeit, in der sich das soziale Lächeln zum erstenmal zeigt (52). Emde/Gaensbauer (1982) haben dessen Entwicklung genauestens untersucht und dabei folgendes festgestellt:

Zunächst lächeln Neugeborene (und besonders Frühgeburten) »im Leerlauf«. Das ist das sogenannte »endogene Lächeln«. »Exogenes Lächeln«, ausgelöst durch verschiedenartige Reize, folgt, bis um den zweiten Lebensmonat herum das soziale Lächeln, das Anlächeln des menschlichen Gesichts, auftritt. Emde/Gaensbauer konnten zeigen, daß es sich hierbei um einen »Entwicklungssprung« handelt, der sich ankündigt, im Zusammenhang mit noch anderen physiologischen Veränderungen vollzieht und in eine Konsolidierungsphase ausläuft.

In engem Zusammenhang damit sehen sie einen zweiten »Entwicklungssprung« im achten Lebensmonat, die Entstehung des sogenannten »Fremdelns«. Auch hier stellen sie ankündigende Veränderungen fest, die Zunahme der Wachzeit z. B. und Veränderungen im EEG, dann eine kurze und dramatische Phase der Neuorganisation, die wiederum in eine Konsolidierungsphase mündet.

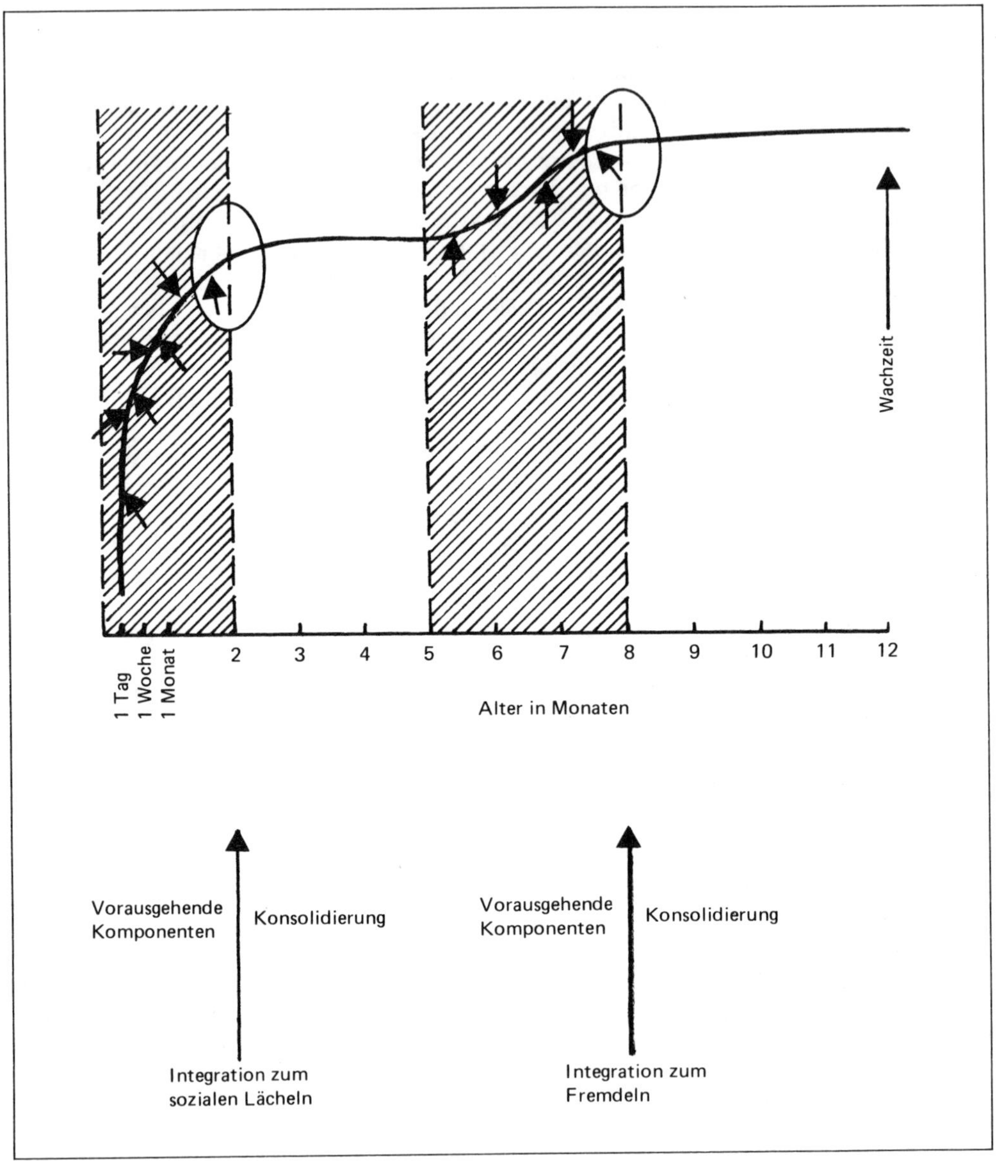

Abb. 12: »Entwicklungssprünge« und Konsolidierungsphasen im 1. Lebensjahr. Die kleinen Pfeile deuten das Auftreten einzelner Komponenten des neuen Verhaltens an (leicht verändert nach Emde/Gaensbauer in : Immelmann et al., 1982, S. 678)

Die übrigen im Säuglingsalter auftretenden Entwicklungen der Lokomotion, der Schließmuskelkontrolle und der Grundzüge der sprachlichen Kommunikation folgen nicht so augenfällig diesem Schema. Dennoch ist es unzweifelhaft, daß auch die Entwicklung der Lokomotion mit dem Auftreten einzelner Komponenten beginnt und sich nach einer kurzen Integrationsphase als gekonntes Krabbeln und, in einem zweiten Vorgang, als gekonntes Laufen konsolidiert (53). Nichts spricht gegen die Annahme, auch die Beherrschung der Schließmuskeln folge diesem Muster. Allerdings scheint die Integration der Fähigkeit, den Ausgang von Darm und Harnröhre zu kontrollieren, in das übrige Verhaltenssystem ausgesprochen anfällig zu sein für neurotische Störungen (54). Bekannt und gut belegt ist schließlich die Entwicklung der Sprachkompetenz als stufenweises Fortschreiten von Integrationsebene zu Integrationsebene (55).

Jonas/Jonas (1979) sehen die Entwicklung der Sprache sowohl phylogenetisch wie ontogenetisch in engem Zusammenhang mit der sozialen Bindung. Man kann den Zusammenhang mit Bilz (1956) erweitern auf die Lokomotion, die als Fähigkeit zur räumlichen Distanzierung ein bindendes Medium mit Fernwirkung erforderlich macht. Daß man auch die Schließmuskelkontrolle in den Gesamtzusammenhang »Bindung« stellen kann, entnehmen wir Schraml, der Bettnässen und Einkoten zu einer Zeit, da die Kontrolle funktionieren müßte, als »Zeichen der gestörten Wechselbeziehungen zwischen Mutter und Kind« aufgefaßt wissen will (56). Damit scheint sich Schub für Schub ein Gesamtzusammenhang des Verhaltens herauszubilden, der als Zustand einer stets rückversicherten Selbständigkeit endet, wozu möglicherweise auch die Entwicklung des ersten Gebisses als Zeichen der Verselbständigung bei der Nahrungsaufnahme gehört. Während dieser ersten Organisationsperiode muß die Mutter, wie Schmalohr schreibt, »immer erreichbar bleiben und als Zufluchtsort zur Verfügung stehen, von dem aus das Kind die Umwelt erobert« (57). Hassenstein läßt diese Phase zwischen dem 18. und 24. Lebensmonat enden (58).

Aus der Betrachtung der Verhaltensentwicklung im Säuglingsalter ergibt sich folgendes:

Erstens:

Die komplette Organisationsphase ist selbst wieder in einzelne Entwicklungsschübe gegliedert, an die sich Konsolidierungsphasen anschließen. Dies ist nach der Theorie organischen, d. h. systemischen Wachstums nicht anders zu erwarten.

Zweitens:

Wie auch Spitz überzeugend dargelegt hat (59), erfordern die »epigenetischen Regeln«, die immanenten Entwicklungsgesetze dieser Stufe, die ein erstes funktionierendes Verspannungssystem der bis dahin aufgetretenen Antriebe zum Ziel haben, bestimmte Umweltbedingungen, um eine sozial allgemein akzeptable Form des Gesamtverhaltens zu erreichen. Hospitalismus und ähnliche Verhaltenssyndrome gelten als »pathologisch«, obwohl auch sie »charakterbildende Verspannungssysteme« darstellen, die *ihrer* ökologischen Situation angemessen sind. Hassenstein, der sich weitgehend auf Spitz beruft, engagiert sich daher (wie auch Schmalohr (o. J.), Bowlby (1973) und andere) ganz entschieden für eine Optimierung der Umweltbedingungen in dieser ersten Phase der postnatalen Entwicklung (60). Der Nachweis des prägungsähnlichen Bindungsphänomens führt ihn zu der Erkenntnis, die stammesgeschichtlich »vorgesehene« Entwicklung im Säuglingsalter erfordere eine möglichst überschaubare und beständige familiäre Situation. Wie oben dargestellt, ist das Neugeborene wahrscheinlich primär für akustische und olfaktorische Signale der *leiblichen* Mutter besonders empfänglich. Andererseits scheint es aber so flexibel zu sein, daß es auch jemanden anderes als Hauptpflegeperson akzeptieren kann – was ja für das Überleben auch sinnvoll ist –, wenn diese Person hauptsächlich auf die Bedürfnisäußerungen des Kindes mit Zuwendung reagiert. Für eine den stammesgeschichtlichen Vorgaben entsprechende Entwicklung (61) scheint daher das langfristige Vorhandensein einer vom Säugling als Bindungspartner annehmbaren Person die Grundvoraussetzung zu sein. Der Grad der Annehmbarkeit bemißt sich nach Spitz und Hassenstein aber danach, wie diese Person auf die bandstiftenden Appelle, auf die Kontakt- und Nahrungsforderungen usw. reagiert. Nach soziobiologischer Theorie ist zu erwarten, daß hier die leibliche Mutter den idealen Partner darstellt, aber, wie gesagt, durchaus nicht den einzig möglichen. Aufgrund der universellen Wirksamkeit des »Kindchenschemas« auf die angeborenen Verhaltensdispositionen zur Betreuung kann jede andere Person – wiederum »gesunde« Entwicklung vorausgesetzt – diese Rolle übernehmen.

Abschließend können wir also feststellen, daß die Prägung der kindlichen Zuwendungsappelle auf die Mutter (die Person, die nachher dafür angesehen wird) in Verbindung mit der Entwicklung der Lokomotion, Sprachkompetenz usw. ein epigenetisch gesteuerter Prozeß ist, der sein stammesgeschichtlich vorgegebenes Ziel nur erreichen kann, wenn das Milieu die Beschaffenheit zeigt, auf die die epigenetischen Regeln während der Phylogenese programmiert wurden. Andernfalls finden die zu integrierenden Elemente zwar auch ein Gleichgewicht, dieses aber ist ohne weiteres (wie eine Mißbildung aufgrund gestörter Embryogenese) als pathologisch zu erkennen.

3.2.2 Das Kleinkindalter

Aus dem automatisch brustsuchenden, kontaktschreienden Neugeborenen ist in einer rasanten Entwicklung ein Mensch mit neuen Qualitäten geworden (62). Das Kind – und nur um das »normal« entwickelte geht es hier – hat eine gewisse Selbständigkeit auf der Basis gesicherter sozialer Bindungen erreicht. In der sich nun einstellenden Phase der Konsolidierung kann es in Ruhe seine bisherigen Erfahrungen ordnen, ergänzen, zueinander in Beziehung setzen, in neuen Zusammenhängen ausprobieren usw.

Das »physiognomische Weltbild« des Säuglings, das aus seiner unmittelbaren Eindrucksfähigkeit resultiert (63), bricht zusammen und wird ersetzt durch das »magische Weltbild«, in dem aufgrund mangelnder Kenntnis der realen Zusammenhänge Unmögliches möglich und wirklich erscheint (64). Das Interesse des Kindes ist jedoch von vornherein schon auf die Überwindung dieses Zustands gerichtet: Es fragt nach kausalen Zusammenhängen (65). Es schöpft aus seiner unmittelbaren ökologischen Situation angemessene Denk- und Handlungserfahrungen, aus denen sich erste Gewohnheiten bilden. Auch der soziale Bereich wird geordnet. Durch Trotzreaktionen bestimmt das Kind seinen eigenen Standort, wobei es sich immer wieder auch der überlegenen Autorität seiner Pflegepersonen versichert (66). Da das Kind in dieser Phase weitgehend von biologischen Ernstvollzügen entlastet ist, kann es im spielerischen Umgang mit den natürlichen Elementen seiner Umwelt sowie den Artefakten und Mentifakten, mit denen es in Berührung kommt, mehr lernen als es zum unmittelbaren Lebensvollzug benötigt.

Nicht von ungefähr wird das Kleinkindalter geradezu als »Spielalter« definiert (67). Die Konsolidierungsphasen sind ja dadurch gekennzeichnet, daß *keine* neuen Antriebe (mit den zugehörigen AAMs und EAAMs) auftreten, die in das vorhandene System integriert werden müßten. Hier hat der Organismus demgegenüber Zeit und Muße, in Form »Relativer Stimmungshierarchien« neue Verhaltens- und Erfahrungsmuster in bezug auf seine Umweltsituation aufzubauen. Das »Lernen« auf dieser Ebene besteht nicht primär aus der ein spezifisches Entwicklungsmilieu erfordernden Integration epigenetischer Vorgänge. Es gewinnt völlig neue Qualitäten. Aus dem »Instinktbaukasten« konstituieren sich im spielerisch handelnden und denkenden Umgang mit dem, was die Umwelt zur Verfügung stellt, ungezählte neue Handlungs- und Interpretationsmuster. Das geschieht, da es sich unserer Auffassung nach um eine Intelligenzleistung handelt, im Rahmen der bis dahin entwickelten intellektuellen Fähigkeiten (68). Die Erfahrungen, die das Kind sammelt, taugen daher auf dieser Stufe noch nicht zur eigenständigen Lebensbewältigung. Der ehemalige Tragling bleibt trotz aller Denk- und Handlungserfahrung als Kleinkind absolut auf die »Mutter« bezogen.

3.2.3 Der erste Gestaltwandel

Das Kleinkindalter findet sein allmähliches Ende, wenn um das fünfte Lebensjahr herum die Körperproportionen sich zu verändern beginnen. Die »Kleinkindform« wandelt sich zur sogenannten »Schulkindform«. Die kleinkindspezifischen Signale (Kindchenschema!) verlieren an Deutlichkeit. Da die Stammesgeschichte keine Schulkinder kennt – der Gestaltwandel ist ja auch da zu beobachten, wo es keine Schulen gibt –, muß die *Reduzierung der betreuungsauslösenden Signale* eine andere biologische Funktion haben.

Zunächst drängt sich ganz allgemein die Vermutung auf, daß mit einem weiteren Zuwachs an Selbständigkeit zu rechnen ist. Es gibt eine Phase im Säugetier-Biogramm, in der die Mutter die Betreuung des noch nicht geschlechtsreifen Kindes merklich zurücknimmt oder sogar vollends beendet: die Entwöhnungsphase. Der Zeitpunkt sollte hier nicht irritieren. Es ist bekannt, daß Schimpansen z. B. ihre Kinder bis zu fünf Jahren stillen (69), und auch für nicht zivilisierte Völker sind ähnlich lange Stillperioden nachgewiesen (70). Wir nehmen daher an, daß die mit der Entwöhnung gegebene Loslösung des Traglings von der Mutter einhergeht mit dem Gewinn einer erweiterten Selbständigkeit, die hierzulande als »Schulreife« ihren Niederschlag findet. Dabei kommt es überhaupt nicht auf die tatsächliche Entwöhnung an, sondern allein auf den in der Stammesgeschichte durch natürliche Auslese festgelegten Zeitpunkt, von dem ab mit Selbständigkeit für den zukünftigen Fortpflanzungserfolg des genetischen Materials mehr zu gewinnen ist als durch weitere Abhängigkeit von der Mutter, die dadurch an der Hervorbringung weiterer *verwandter* Organismen gehindert würde (71). Trivers (1974) bezeichnet diesen Zeitpunkt als »Entwöhnungs-Konflikt«. Er soll daraus resultieren, daß hinsichtlich des maximalen genetischen Gewinns aus der Sicht der Mutter der optimale Zeitpunkt für die Entwöhnung etwas früher anzusetzen ist als aus der Sicht des Kindes (72). Eine verstärkte Ablehnung des Vaters durch das Kind (er könnte die Mutter schwängern und damit die Stillperiode beenden) bei gleichzeitiger Abstoßung des Kindes durch die Mutter (sie möchte die Stillperiode beenden, um erneut empfangen zu können) sind die Folge. Dies geschieht unbewußt und aufgrund des schon geschilderten Zusammenhanges von Gen-Wirkung und zentralnervöser Verhaltenssteuerung auch dann, wenn der ursprüngliche Verhaltenszusammenhang durch die Schaffung der Möglichkeit, mehrere Kleinkinder gleichzeitig aufzuziehen oder auf weitere Kinder ganz zu verzichten, längst zerstört ist. Was bleibt, ist eine kurze Periode besonderer Eifersucht auf den Vater bei mehr oder weniger starker Abwehr durch die Mutter, was Freud zu seiner Theorie der »ödipalen Phase« angeregt haben dürfte.

Entwöhnung hat aber noch einen anderen Aspekt. Das Kind gewinnt nämlich, indem die Mutter es nicht mehr stillt, ein völlig neues Verhältnis zur Nahrungsbeschaffung. Nicht daß es nun sammeln, jagen oder arbeiten gehen müßte, um sich seinen Unterhalt selbst zu besorgen, aber es muß allmählich lernen, wie man sich in der Umwelt, in der man lebt, üblicherweise ernährt. Der entwöhnte Organismus muß sich vorbereiten auf die ökospezifischen Möglichkeiten des Nahrungserwerbs, denn die Fähigkeit zur Selbstversorgung ist eine wesentliche Grundlage für die spätere Zuerkennung des vollen Erwachsenenstatus.

Da das menschliche Verhaltenssystem als System »Relativer Stimmungshierarchien« organisiert ist, bedürfen die jetzt anstehenden Lernprozesse einer Basis im Antriebssystem. Wir halten es daher für äußerst wahrscheinlich, daß zugleich mit der Entwöhnung und dem Abbau der betreuungsauslösenden Signale die Antriebe der Nahrungsbeschaffung reifen. Die in dieser Zeit zunehmende Bereitschaft, nicht nur nachahmend, sondern erfolgsorientiert den Erwachsenen bei ihren alltäglichen Verrichtungen behilflich zu sein, und das Auftreten von Sammelleidenschaften und Jagdspielen deuten insgesamt darauf hin.

Prägungsähnliche Lernprozesse finden in Phasen der organischen Umorganisation statt. Die hier beschriebene Entwöhnungsphase – ob die tatsächliche Entwöhnung zu diesem

Zeitpunkt stattfindet oder nicht – ist eine solche Phase der Umorganisation. Nicht nur, daß das äußere Erscheinungsbild sich ändert, es kündigt sich auch der Zahnwechsel an, und das »seelische Gleichgewicht« ist gestört, weil sich das Mutter-Kind-Verhältnis lockert. Die größere Selbständigkeit, auf die sich das Kind nunmehr vorbereitet, macht es biologisch notwendig, daß das Kind schon jetzt sein Gegengeschlecht als solches kennenlernt, denn die eigentliche Zeit der Geschlechtsreifung bringt darauf aufbauende angeborene Lerndispositionen mit sich. Daher steht während des ersten Gestaltwandels nach Hassenstein das »Artbild des künftigen Geschlechtspartners« (73) als Gegenstand prägungsähnlichen Lernens an:

»Die sexuelle Prägung des 4- bis 6jährigen Kindes erfolgt ohne sexuelle Verhaltensimpulse und bestimmt die *allgemeine Richtung* der späteren Empfänglichkeit für sexuelle Eindrücke. Auch sexuell getönte Bindungen zu Erwachsenen sind in diesem Lebensabschnitt möglich; sie aber können durch *erregungsbedingte Prägung* zu einer nicht altersgemäßen *individuellen Fixierung* auf den betreffenden Erwachsenen führen.« (74)

Aus verschiedenen Beobachtungen kann noch auf einen weiteren prägungsähnlichen Lernvorgang in der Entwöhnungsphase geschlossen werden: Das gemeinsame Aufwachsen von Kindern bis zu diesem Alter scheint spätere sexuelle Beziehungen zu verhindern (75). Bei der Konstituierung der Inzest-Vermeidung werden anscheinend das Objekt oder die Objekte der Vermeidung aufgrund einer angeborenen Lerndisposition erworben (76). Die Inzestscheu selbst reift dann mit der Geschlechtsfunktion.

Diese zweite Organisationsphase in der menschlichen Ontogenese scheint insgesamt nicht weniger dramatisch zu verlaufen als die erste. Wieder müssen neue Antriebe in das System der bestehenden integriert werden, wieder treten neue Wahrnehmungsschablonen auf, die die Umwelt in neuem Licht erscheinen und neue Inhalte und Zusammenhänge erfahrbar und erlebbar werden lassen. Neue »Relative Stimmungshierarchien« müssen sich bilden, und die vorhandenen Denk- und Handlungsmuster müssen sich nach den Erfordernissen der nun wirksam gewordenen Instinktmechanismen – verbunden mit qualitativen Veränderungen auch im intellektuellen Bereich (77) – neu orientieren.

3.2.4 Die späte Kindheit

Im siebenten Lebensjahr etwa ist die zweite Organisationsphase abgeschlossen. Sie mündet ein in die Phase der späten Kindheit. In dieser nun beginnenden Konsolidierungsphase findet die Nachjustierung des verhaltenssteuernden Systems statt. Die Möglichkeit zu einer größeren Selbständigkeit, die der erste Gestaltwandel durch das Hinzutreten der neuen Antriebs- und Wahrnehmungsmechanismen geschaffen hat, kann nun genutzt werden. Das Vorhandensein einer Hauptpflegeperson ist zwar weiterhin wichtig, aber sie braucht nun nicht mehr als »Fluchtburg« allgegenwärtig zu sein. Das Kind verfügt jetzt über einen großen Wissensdurst und Erlebnishunger, denn die neuen Triebe drängen nach Betätigung. Je nach den Erlebnis- und Erfahrungsmöglichkeiten, die die Umwelt bietet, werden sich neue »Relative Stimmungshierarchien« und neue EAMs bilden, und sie werden sich zu einem neuen »Verspannungssystem« integrieren, dem man auch die Erweiterung der intellektuellen Fähigkeiten anmerken kann.

Aufgrund der veränderten Verhältnisse im verhaltenssteuernden System, die nunmehr auch die gezielte und systematische Unterweisung durch Erwachsene ermöglichen, wird die Phase der späten Kindheit oft als »Schulkindalter« bezeichnet. Damit soll angedeutet werden, das Kind solle nun die für die eigenständige Bewältigung seiner ökologischen Situation und die Bestreitung des Lebensunterhaltes notwendigen Handlungsmuster erwerben sowie das nötige theoretische Wissen. Dazu bleibt es noch weitgehend freigestellt von biologischen Ernstvollzügen. Trotzdem hat Unterricht – in welcher Form auch immer – nicht nur spielerische Züge. Die Aufnahme und Verarbeitung der vermittelten Handlungs-

und Denkmuster, der Situationsanalysen und -interpretationen sowie die daraus resultierenden Handlungsentwürfe werden Bewährungsproben unterworfen, die allerdings oft konstruiert sind und somit noch nicht den »Ernstfall« darstellen. Immerhin aber führt die Konfrontation der veränderten intellektuellen Fähigkeiten mit dem Wissen und Können, das der Sozialverband, in welchen das Kind gestellt ist, für lebenswichtig hält, zu einem in bezug auf die ökologische Situation realitätsbezogenen Weltbild. Falls das Kind die Fähigkeiten und Möglichkeiten hat, die sogenannten Kulturtechniken zu erwerben (78), kann es sich schon jetzt die Mittel schaffen, eigenständig sein Weltbild zu ergänzen und zu erweitern.

In der Trotzperiode hat das Kleinkind seine Beziehungen zu seiner unmittelbaren familialen Umwelt geregelt. Das Schulkind tritt nun aus dieser Umwelt heraus und sucht verstärkt Kontakt zu anderen Kindern (79). Aus der Primatenforschung ist bekannt, »daß das Spiel in der Peer-Gruppe wichtig ist für die volle Entwicklung des Sozialverhaltens im Erwachsenenalter« (80). Im einzelnen, so berichtet Loizos, konnte gezeigt werden, daß das Vorhandensein einer Bezugsperson allein nicht genügt, normales Sozialverhalten hervorzubringen, ja, daß – zumindest bei Rhesusaffen – das Spiel mit Peers die Ausfälle beim Fehlen einer Bezugsperson weitgehend kompensieren kann (81). Das trifft allerdings wohl kaum auf den Menschen zu, wie die Fälle früher Mutterentbehrung beweisen (82). Da das Spiel mit anderen Kindern trotzdem auch ein Bestandteil der normalen Ontogenie des Menschen ist, muß davon ausgegangen werden, daß ihm eine wesentliche Orientierungsfunktion in dieser Konsolidierungsphase zufällt.

Innerhalb des kindlichen sozialen Spiels scheint das Vorhandensein – oder auch Erfinden – von *Spielregeln* von besonderer Bedeutung zu sein. Für Sbrzesny jedenfalls ist »die Tatsache, daß sich Kinder freiwillig und automatisch den Regeln von Spielen unterwerfen, ... höchst bemerkenswert« (83). Sie zitiert in diesem Zusammenhang eine Arbeit von Redl und Wineman, wonach in fast allen Nachbarschaften Aktivitäten und Spiele zu finden sind, deren ungeschriebene Regeln von jedem Kind eingehalten werden, sogar von schwer verhaltensgestörten, die sonst keine Regelungen akzeptieren (84). Dabei scheinen die größeren Kinder die kleineren »nach und nach mit bestimmtem Wohlwollen« in das Regelsystem einzuführen (85).

Menschliches Sozialverhalten ist grundsätzlich durch Reglement abgesichertes Verhalten, wodurch Orientiertheit erst ermöglicht wird. Im biologischen Ernstvollzug der Erwachsenen beziehen sich diese Regeln auf die Gruppenhierarchie, das Fortpflanzungsverhalten, den Nahrungserwerb usw. Die Kinder der Spielgruppe werden versorgt und nehmen an den Aktivitäten der Erwachsenen nur eingeschränkt und meist innerhalb der eigenen (Kern-)Familie teil. Aber auch die Kinderspielgruppe vermittelt Orientiertheit und Sicherheit nur durch Regelung des Verhaltens, und deshalb schafft sie sich den Regelungen des Ernstvollzuges vergleichbare Spielregeln, die dann genau wie die Regeln der Erwachsenen tradiert werden. Auf diese Weise bietet die Spielgruppe dem Kind soziale Sicherheit und Orientierung auch für die Zeitabschnitte, in denen es nicht mit den vertrauten Erwachsenen zusammen sein kann: Die neue Selbständigkeit vollzieht sich im Schonraum geregelter Peer-Beziehungen!

Nach Kummer ist bei nichtmenschlichen Primaten die Neigung, sich zu Peer-Gruppen zusammenzuschließen, bei den Männchen am deutlichsten ausgeprägt (86), und Tiger bringt überzeugende Beweise für das Vorhandensein einer rein männlichen Bindung auch beim Menschen (87). Sbrzesny berichtet, daß es (zumindest bei den !Ko-Buschleuten) eine ebenso ausgeprägte weibliche Bindung gibt (88), die sich, genau wie die männliche Bindung, bereits in den Spielgruppen ankündigt, da sowohl die Jungen als auch die Mädchen »eine deutliche Präferenz zeigen, sich mit gleichgeschlechtlichen Spielpartnern zusammenzutun« (89). Diese Rückversicherung beim eigenen Geschlecht – analog zur Rückversicherung des Kleinkindes bei der Mutter – könnte ihre Ursache haben im Reifen der auf das Gegengeschlecht gerichteten Wahrnehmungsschablonen während der vorangegangenen Organisationsphase. Der Umgang vornehmlich mit Geschlechtsgenossen könnte die anfängliche Unsicherheit in der Beurteilung des Gegengeschlechts dämpfen und schließlich überwinden helfen, da die Einrichtung des individuellen Antriebs- und Wahrnehmungssystems mit dem Rückhalt einer Gruppe erfolgt, die über vergleichbare Erfahrungen verfügt.

Die Orientierung an der Gleichgeschlechtlichengruppe könnte allerdings auch noch einen anderen Grund haben. Es wäre denkbar, daß Geschlechtsunterschiede bei den neu aufgetretenen Antrieben der Nahrungsbeschaffung deren noch weitgehend spielerischen Ausbau zu »Relativen Stimmungshierarchien« infolge entsprechender AAMs und EAMs so kanalisieren, daß gleichgeschlechtliche Spielpartner bevorzugt werden. Vielleicht wird damit sogar schon der Grund gelegt für die später zu beobachtende Tendenz der Männer, sich mit ihren gleichgeschlechtlichen Gruppengenossen zu exklusiven »Männerbünden« zusammenzuschließen. Hier eröffnet sich noch ein weiter Raum für Spekulationen.

3.2.5 Die Pubertät

Das Wachstum der menschlichen Keimdrüsen kommt mit dem Ende der ersten Organisationsphase (Säuglingszeit) allmählich zum Stillstand. Erst im Alter von elf bis vierzehn Jahren (bei Jungen etwas später als bei Mädchen) setzt es sich fort bis zur Ausreifung der Geschlechtsfunktionen (90). Die mit dem Reifungsprozeß verbundene Umstellung der Hormonproduktion bringt auch äußerlich sichtbare Veränderungen mit sich. Das Längenwachstum beschleunigt sich noch einmal, die Körperproportionen ändern sich (91), und die sekundären Geschlechtsmerkmale bilden sich aus.

Die Reifung der Geschlechtsfunktionen beinhaltet die Reifung der sexuellen Antriebe und ihrer Auslösemechanismen. Diese Phase, die Pubertät, bringt daher die Notwendigkeit der Integration der neu erwachten Antriebe in das bis dahin vorhandene System mit sich. Sie stellt die letzte Organisationsphase auf dem Weg zur Erlangung des Erwachsenenstatus dar.

Die Umorganisation des in der vorhergehenden Konsolidierungsphase verfestigten »charakterbildenden Verspannungssystems« der Antriebe begünstigt wiederum prägungsähnliches Lernen. Nach Hass befindet sich der junge Mensch nunmehr in einer »kritischen Phase« (Hess würde sie »sensible Phase« nennen), in der er Anschluß sucht an die größere Gemeinschaft:

»Er wird bereit, patriotische, religiöse und weltanschauliche Ideen zu seinen eigenen zu machen, und sucht nach Vorbildern.« (92)

Der Heranwachsende gewinnt in dieser Organisationsphase eine weitere Dimension der Selbständigkeit. Er löst sich noch weiter von seiner Orientierungsfamilie ab und identifiziert sich zunehmend mit überfamiliären Gruppen. Diese können in Form von Weltanschauungsgemeinschaften oder Nationen weit über den Rahmen von Sippe und Stamm hinausgreifen. Mit der Geschlechtsreife beginnt der Heranwachsende, den Erwachsenenstatus zu beanspruchen, ein Anspruch, der nur als »anerkanntes Gruppenmitglied« eingelöst werden kann. Wegen ihres prägungsähnlichen Charakters wirkt die Selbsteinordnung manchmal zwanghaft und übersteigert (93). Prägung setzt ja voraus, daß die individuellen Merkmale des Objektes, auf das sich das Verhalten – in diesem Falle das soziale Engagement – richten wird, noch nicht bekannt sind. Beim zügigen »Lernen« der Merkmale »seiner« Gruppe ist der Heranwachsende daher auf die Vorurteile angewiesen, die die Gruppe ihm präsentiert. Dem entspricht eine ausgesprochene Vorurteilsbereitschaft in dieser Phase (94). Wir vermuten daher, daß die Gewinnung der Gruppenidentität ein epigenetischer Prozeß ist, der einen Teil jeder gesunden menschlichen Ontogenese darstellt.

Zusätzlich zum Auftreten der neuen Antriebe mit ihren Lern- und Verhaltensdispositionen findet die Entwicklung der intellektuellen Fähigkeiten ihren Abschluß (95). Die Pubertät kann deshalb als die wohl tiefstgreifende Umorganisation der »charakterbildenden Verspannungssysteme« angesehen werden. Leyhausen nennt sie eine »wahrhafte Metamorphose«, nach deren Beendigung sich allmählich neue Verspannungssysteme bilden könnten, die dann »den Kern der späteren reifen Persönlichkeit ausmachen« (96).

3.2.6 Die Adoleszenz

Nach der Reifung der Geschlechtsfunktionen verlangsamt sich das Körperwachstum wieder und kommt etwa mit dem 25. Lebensjahr zum Abschluß. In der Adoleszenz, wie diese Phase genannt wird, sehen wir die letzte Konsolidierungsphase im Sozialisationsprozeß. In diesem Lebensabschnitt erlangt das Individuum den vollen Erwachsenenstatus, indem ihm die Fortpflanzung nunmehr auch zugestanden wird. Damit endet unserer Definition nach der Sozialisationsprozeß als Wandlung des larvalen zum adulten Menschen.

Versluys meint, der zeitliche Unterschied zwischen Geschlechtsreife und Beendigung des Körperwachstums gebe dem Menschen »eine 6–10 Jahre dauernde Jugendzeit« (97). Aus den Forschungen über Initiationsriten ist aber bekannt, daß es bei nichtzivilisierten Völkern ein Jugendalter im Sinne der Hochkulturen nicht gibt. Dort wird das Kind nach einer Probezeit und/oder durch Zeremonie zum Erwachsenen erklärt (98). Solchermaßen »junge Erwachsene« – zumindest die männlichen – genießen jedoch in der Regel zunächst einen sehr niedrigen Rang in der Statushierarchie, der eine Familiengründung nicht erlaubt, vielfach treten sie auch in eine institutionalisierte Altersgruppe ein, in welcher eine Familiengründung nicht vorgesehen ist (99). Insofern darf die Initiation nicht verwechselt werden mit der Zulassung zur Fortpflanzung, die erst den vollen Erwachsenenstatus ausmacht. Die Initiation stellt eher eine komprimierte Form der »Prägung auf die überfamiliäre Gruppe« dar, die noch in die pubertäre Organisationsphase gehört.

Der Adoleszenz als Konsolidierungsphase fällt im epigenetischen Prozeß der Ontogenese daher nicht die Aufgabe zu, »Jugend« hervorzubringen oder einen minderen Erwachsenenstatus. Vielmehr stellt sich die Zulassung zur Fortpflanzung im Laufe dieser Phase ein, je nach den ökologischen Bedingungen früher oder später, meist zeitversetzt für die Geschlechter (100).

Diese Zeitverschiebung hat ihre erste Ursache darin, daß generell bei Mädchen die Reifung der Sexualfunktionen früher einsetzt und früher abgeschlossen ist als bei Jungen. Eine zweite Ursache ist vermutlich die unterschiedliche Funktion der Geschlechter im Fortpflanzungsprozeß. Seit der Auseinanderentwicklung von Eizellen (groß, nahrhaft, unbeweglich und in geringer Stückzahl) und Spermien (klein, nur so viel chemische Energie, wie zur Fortbewegung nötig, beweglich und fast unbegrenzt verfügbar) haben unterschiedliche Selektionsdrücke auf das männliche und weibliche Fortpflanzungsverhalten eingewirkt. Die weitere Entwicklung von innerer Befruchtung, Plazenta und Laktation hat einen deutlichen Verhaltensdimorphismus zur Folge gehabt (101). Da eine Frau im Laufe ihres Lebens nur eine beschränkte Anzahl von Kindern großziehen kann, könnte es sich während der Phylogenese als günstiger erwiesen haben, wenn sie so früh wie möglich damit anfängt und sich dazu einen Partner aussucht, der möglichst viel zur Aufzucht beisteuern kann. Ein Mann dagegen kann sehr viel mehr Nachwuchs zeugen. Auch ist er nicht so unmittelbar mit der Aufzucht befaßt, da er das Kind weder austragen noch säugen kann. Für ihn wären vielfältigere und weniger verbindliche sexuelle Beziehungen von Vorteil. Da solche Beziehungen für Frauen, Fortpflanzungswilligkeit vorausgesetzt, kaum interessant sind, die weibliche Gunst aber eine conditio sine qua non für die Fortpflanzung der Männer ist – außer man greift zum Mittel der Vergewaltigung –, müssen die Männer sich den weiblichen Wünschen beugen und die Bereitschaft zur Beteiligung an der Aufzucht des gemeinsamen Nachwuchses signalisieren. In dem Maße, wie die materielle Versorgung von Mutter und Kind wesentlicher Aspekt dieser Beteiligung ist, muß der junge Mann zunächst einmal die wirtschaftliche Basis für eine Familiengründung erwerben, um überhaupt als Fortpflanzungspartner attraktiv zu sein. Und das braucht Zeit (102). Die Wartezeit der heranwachsenden Männer kann institutionalisiert und ihre Fortpflanzungsfähigkeit an formalen Kriterien festgemacht sein. Das spricht jedoch nicht gegen die Annahme primär biologischer, in den epigenetischen Regeln der menschlichen Ontogenese begründeter Ursachen für die Zeitverschiebung des Fortpflanzungsalters zugunsten der Frauen. Es hat sich nämlich gezeigt, daß selbst bei völliger Loslösung des Sexualverkehrs von der Fortpflanzung durch den Gebrauch von Verhütungsmitteln junge Mädchen eine andere sexuelle Interessenlage haben als gleichaltrige Jungen. Sie neigen eher zu festen Freundschaften und beschränken den Sexualverkehr häufiger auf einen festen Partner. Gleichaltrige Jungen dagegen äußern Interesse an wechselnden Partnern und weniger festen Beziehungen (103).

Auch in ihren freundschaftlichen Beziehungen zum eigenen Geschlecht unterscheiden sich heranwachsende Jungen und Mädchen. Mädchen bilden exklusivere Freundschaften als Jungen (104). Jungen neigen eher dazu, größere, oft miteinander konkurrierende, Gruppen zu bilden, die als reine »Junggesellenschaften« institutionalisiert werden können (105), wobei ihnen nicht selten besondere Aufgaben im Rahmen der überfamiliären Großgruppe zugewiesen werden (106). Die Grundlage dafür scheint eine spezifische Bereitschaft zu einer rein männlichen Bindung zu sein. Diese könnte sich unter Bedingungen phylogenetisch entwickelt haben, die es dem Einzelnen nicht gestatten, allein auf sich gestellt die materiellen Grundlagen für die Aufzucht von Nachwuchs zu schaffen und zu erhalten. Die biologisch orientierten Theorien der männlichen Bindung gehen davon aus, daß diese Bedingungen in den frühmenschlichen Gruppen geherrscht haben, die zu ihrem Überleben auf die gemeinschaftliche Großwildjagd angewiesen waren (107).

Möglicherweise stellt daher die Zugehörigkeit zu einer – allgemein formuliert – »Erwerbsgemeinschaft« für den heranwachsenden Mann ein wesentliches Kriterium seiner Fortpflanzungsfähigkeit im Sinne der Aufzuchtfähigkeit dar, über welches heranwachsende Mädchen nicht unbedingt verfügen müssen. Junge Männer haben daher zusätzliche Probleme während der Adoleszenz zu bewältigen, weshalb junge Mädchen grundsätzlich früher als erwachsen gelten können. Sie brauchen sich lediglich zum Zwecke der Familiengründung in wirtschaftliche Abhängigkeit von einem bereits erwachsenen Mann zu begeben.

Für beide gilt aber, daß sie bis zum Zeitpunkt der Familiengründung die Probleme, die die Pubertät ihrem verhaltenssteuernden System beschert hat, einigermaßen verarbeitet haben müssen. Durch das Auftreten der neuen Antriebe, Wahrnehmungsweisen und intellektuellen Fähigkeiten ist dieses System nachhaltig gestört. Zudem verfügt der junge Mensch nun über vollständig ausgebildete sekundäre Geschlechtsmerkmale. Nicht nur er selbst sieht deshalb seine Umwelt mit anderen Augen, er wird auch anders wahrgenommen und wird mit neuartigen sozialen Signalen und Erwartungen konfrontiert. Das bedeutet wiederum die Nachjustierung des gesamten Systems der Handlungs-, Denk- und Interpretationsmuster. Neue EAAMs und EAMs müssen sich konstituieren, neue Erfahrungen gesammelt werden.

Die Situationen, in denen neue Denk- und Handlungserfahrungen gewonnen werden, verlieren den Spielcharakter: Der Zugewinn an Selbständigkeit mündet in Eigenständigkeit. Innerhalb der durch die Umstände vorgegebenen Möglichkeiten fallen jetzt weitreichende Entscheidungen in eigener Verantwortung. Sicher *können* auch weiterhin Erfahrungen spielerisch im »entspannten Feld« gesammelt werden, aber das Heraustreten aus der Orientierungsfamilie verlagert solche Prozesse in eigens dafür geschaffene Situationen, die die überfamiliären Gruppen bereithalten.

Insgesamt gesehen werden in der Konsolidierungsphase der Adoleszenz auf der Grundlage der angeborenen Lern- und Verhaltensdispositionen aus den Bereichen der Sexualität,

Brutpflege, Nahrungsbeschaffung sowie Gruppenbindung und -verteidigung geschlechtstypisch die endgültig für das Leben als erwachsenes Gruppenmitglied tauglichen Handlungs-, Denk- und Interpretationsmuster aufgebaut. Das in den früheren Konsolidierungsphasen Erreichte bildet dafür sozusagen das Ausgangsmaterial. Die in der Ontogenese von Stufe zu Stufe zunehmende Selbständigkeit bedeutet durchaus nicht auch zunehmende Freiheit. Sie stellt vielmehr eine ökospezifisch zunehmende Kanalisierung des Entwicklungspotentials dar. Die Eigenständigkeit, die mit der Erlangung des Erwachsenenstatus gegeben ist, ist immer nur eine Eigenständigkeit innerhalb des Ökosystems, in das man hineingewachsen ist – vor allem hinsichtlich der darin enthaltenen Artefakte und Mentifakte.

3.3 Umwelteinflüsse

Die ontogenetische Entwicklung des menschlichen Verhaltens wird nicht nur von inneren Faktoren bestimmt. Die Umwelt ist fortwährend präsent und wirkt auf den Organismus in jedem Augenblick seines Lebens ein. Es ist deshalb sinnlos zu fragen, ob Erbe *oder* Umwelt, angeborene Struktur *oder* die Reize der Außenwelt das Verhalten bestimmen. Tatsache ist, daß die Umwelt *immer* auf ein organisches Substrat einwirkt, das nach immanenten Gesetzen auf die Umwelt reagiert. Die Umwelt *allein* vermag ebensowenig wie die angeborenen Verhaltensdispositionen usw. *allein* sinnvolles Verhalten hervorzubringen. Leben heißt immer leben in einem Organismus-Umwelt-System. Lebendige Organismen kommen von jeglicher Umwelt gesondert nicht vor. Dennoch lassen sich Organismus und Umwelt *theoretisch* trennen. Nur so wird es ja möglich, die Umwelteinflüsse zu betrachten. Realistisch eingeschätzt werden können sie allerdings nur, wenn die Strukturen, auf die sie einwirken, und deren Reaktionsweisen bekannt sind.

Wie aus den vorhergehenden Kapiteln ersichtlich, sind die Reaktionsweisen in den verschiedenen ontogenetischen Stadien unterschiedlich, und ihrer Entstehung nach stellen sie selbst wieder Produkte epigenetischer Interaktionen mit eben der Umwelt dar, auf die sie abgestimmt sind. Umwelteinflüsse haben daher im Sozialisationsprozeß eine doppelte Wirkung:

1. Sie beeinflussen das aktuelle Verhalten, indem der Organismus sie zum Anlaß nimmt für seine momentanen Aktionen.
2. Sie beeinflussen die Justierung des verhaltenssteuernden Systems, indem der Organismus die Erfahrungen, die er mit ihnen macht, verarbeitet und speichert.

Beide Wirkungen sind dergestalt miteinander verbunden, daß die zweite aus der ersten folgt, sofern der Organismus hinsichtlich dieses Umweltmerkmals noch erfahrungslos ist. Hat er aber bereits einschlägige Erfahrungen, hängt die momentane Reaktion von der schon erfolgten Justierung ab, kann aber trotzdem natürlich zu weiterer Nachjustierung führen.

Umwelt verstehen wir als Geflecht aus natürlichen Elementen, Artefakten und Mentifakten, in das der individuelle Organismus eingebettet ist. Wenn wir den Organismus als aktiven Part zunächst unberücksichtigt lassen wollen (im Sinne unserer theoretischen Sonderung), dann müssen wir uns auf eine reine Aufzählung von Umweltelementen beschränken, die Auswirkungen auf die Verhaltenssteuerung eines Menschen haben *könnten*. Wir werden dabei so verfahren, daß wir funktionale Elemente und intentionale Elemente getrennt behandeln.

3.3.1 Funktionale Elemente

Funktionale Elemente nennen wir alle Umweltelemente, die nicht von Menschen mit dem Ziel der Beeinflussung anderer Menschen gesetzt sind. Dazu gehören alle natürlichen Elemente, alle Artefakte, sofern sie nicht in verhaltensregelnder Absicht hervorgebracht sind, wie z. B. Verkehrszeichen, alle Mentifakte, sofern sie keine Verhaltensmaßregeln, Aufforderungen usw. darstellen oder beinhalten, sowie alle Verhaltensweisen von Menschen, die nicht auf die erzieherische Beeinflussung anderer gerichtet sind.

Wir wären hoffnungslos überfordert, sollten wir alle möglichen funktionalen Elemente auflisten. Wir werden daher die Elemente »bündeln« und die »Bündel« mit Begriffen umschreiben, die den Vorteil umgangssprachlicher Geläufigkeit mit einem gewissen Mangel an Präzision erkaufen. Wir halten dieses Vorgehen für vertretbar, weil durch die obige Definition des »funktionalen Elements« der Rahmen vorgegeben ist, der mit den umgangssprachlichen Begriffen ausgefüllt werden soll.

Ein wichtiges funktionales Element der menschlichen Umwelt ist zunächst die Mutter – mit allen Implikationen des Mutterseins: Nimmt sie ihr Kind an? Lehnt sie es ab? Beschäftigt sie sich viel oder wenig mit ihm? Ist sie gereizt und nervös oder ruhig und ausgeglichen? Pflegt sie ihr Kind und hält sie es sauber? Wacht sie bei ihm, wenn es krank ist? Ist sie überhaupt die leibliche Mutter oder eine sonstige Person, die die Betreuung übernommen hat?

Dann ist die übrige Familie zu nennen. Sie kann eine Kleinfamilie sein, sie kann aber auch eine Großfamilie sein; das Individuum kann Geschwister haben oder auch nicht. Es kann auch sein, daß die Familie unvollständig ist und nur aus einer einzigen Dyade besteht. Möglicherweise ist die Familie sogar vollständig durch ein Heim oder sonstige Institution ersetzt.

Weiter von Bedeutung sind die Peers, die Spiel- und Schulkameraden, die Lehrer, Nachbarn und religiösen Führer, die Beispiele geben und Wahrheiten verkörpern. Dazu kommen die Massenmedien, Musik, Theater, Sport und Feste. Dann die sonstige Umwelt: Stellt sie sich als westlich geprägte Zivilisation dar? Als Agrar- oder Industriestaat? Ist der Lebensraum ländlich oder städtisch strukturiert? Besteht der engere Lebensbereich aus einem Bauernhof oder einer Villa im Park oder aus einem Wohnblock? Es ließen sich hier beliebig viele Möglichkeiten in unendlichen Kombinationen vorstellen.

Schließlich kann noch die Frage bedeutsam sein, ob die Familie Freunde hat oder nicht, ob das Familienleben harmonisch ist, ob man gefährdet lebt, ob die Nahrung reicht, ob man Krieg und Flucht erleben muß usw. usw. Außerdem kann wichtig sein, ob man in einem kontinuierlichen Zusammenhang dessen aufwächst, was von Generation zu Generation weitergegeben wird, oder ob man Zeiten des Umbruchs erlebt, und auch die Inhalte der erlebten Traditionen sind sicher nicht ohne Bedeutung.

Ohne auch nur im entferntesten den Anspruch auf Vollständigkeit zu erheben, wollen wir unsere Aufzählung möglicher funktionaler Einflußgrößen beenden. Es sollte sichtbar geworden sein, daß nicht nur die Zahl ihrer Kombinationsmöglichkeiten ins Unendliche geht, die verwendeten Begriffe zeigen auch an, daß die Umwelt selbst »geschachtelt« ist. Wenn also die Umweltelemente irgendeinen Einfluß auf die menschliche Verhaltenssteuerung haben sollen, dann muß der Organismus jedes einzelne Element auch als Teil eines größeren Ganzen erkennen und einem Subsystem auf der zutreffenden Systemebene zuordnen, d. h. er muß aus seinen Begegnungen mit den Umweltelementen eine Theorie seiner Umwelt entwickeln, in der jedes bekannte Element seinen festen Ort hat.

3.3.2 Intentionale Elemente

Um eine möglichst zutreffende Theorie einer komplexen Umwelt, verbunden mit angemessenen Verhaltensmustern, zu erwerben, genügt es nicht mehr, individuelle Erfahrungen allein in zufälligen Begegnungen mit dieser Umwelt zu sammeln. Der Mensch greift daher zum Mittel der Erziehung und Unterweisung. Die Umweltelemente, die in der Absicht, andere zu beeinflussen, von Menschen gesetzt sind, nennen wir intentionale Elemente.

Solche intentionalen Elemente können sein: das Lied, das die Mutter summt, um ihren Säugling zu beruhigen, die Ermahnung, gegenüber Erwachsenen höflich zu sein, die Ohrfeige als Strafe für Ungehorsam, die Predigt in der Kirche, das Schulbuch, Kirche und Schule als Institutionen usw. usw. Auch hier wieder Schachtelung und, je höher die Systemebene, natürlich auch Verknüpfung mit funktionalen Elementen.

Intentionalität bedeutet nicht unbedingt auch Rationalität, wie die Beispiele des Wiegenliedes und der Ohrfeige zeigen. Intentionalität deutet lediglich auf Beeinflussung als Ziel. Im Grunde genommen kann auch niemals ein Artefakt oder Mentifakt allein dieses Ziel verkörpern, immer steht die menschliche Absicht dahinter. Die intentionalen Elemente, die der Mensch im Sozialisationszusammenhang setzt - und nur sie sind hier von Interesse -, setzt er in der Absicht, seinem Nachwuchs von dessen Geburtszustand aus zum Zustand des Erwachsenen zu verhelfen. Darin unterscheidet sich der Mensch in keiner Weise von anderen brutpflegenden Arten. Der große Unterschied zu anderen Arten liegt in der Menge und Komplexität dessen, was er lernen muß, um in seinem von ihm selbst mit Artefakten und Mentifakten angereicherten Ökosystem überhaupt als individueller Organismus leben zu können, als Organismus mit einem phylogenetisch entwickelten Steuersystem des Verhaltens, in welches die stammesgeschichtlich *nicht* vorgegebenen kulturgeschichtlichen Daten erst sinnvoll integriert werden müssen. Die intentionalen Elemente beziehen sich daher immer auf das Ökosystem, in dem der Mensch sich während seiner Ontogenese befindet und in dem er sich als Erwachsener bewähren soll. Während die funktionalen Elemente einfach da sind, werden die intentionalen Elemente am jeweiligen Stand der ontogenetischen Entwicklung orientiert. Damit soll erreicht werden, daß der Nachwuchs

1. in jeder Phase seiner Entwicklung optimal, d. h. entsprechend seiner Bedürfnisstruktur handlungsfähig, in sein Ökosystem eingepaßt ist, und
2. von Stufe zu Stufe aufbauend eine Eigenständigkeit erwirbt, die es ihm ermöglicht, sich in seinem Ökosystem fortzupflanzen (108).

Die phasenspezifische Setzung intentionaler Elemente trägt der Tatsache Rechnung, daß sowohl die intellektuellen Fähigkeiten als auch die Lern- und Verhaltensdispositionen des Menschen organisch reifen und somit der zeitliche Rahmen und die systematischen Möglichkeiten von Erziehung und Unterweisung biologisch vorgegeben sind.

3.3.3 Die Wirksamkeit der Umwelt

Die funktionalen und intentionalen Elemente der Umwelt werden erst wirksam, wenn ein Organismus zu ihnen in Beziehung tritt. Nachdem wir das System von Organismus und Umwelt theoretisch getrennt hatten, um definieren zu können, was überhaupt »Umwelt« heißen soll, müssen wir es nunmehr wiederherstellen, wenn Aussagen über die Wirksamkeit der Umwelt im Sozialisationsprozeß möglich werden sollen.

Es wäre falsch, »Wirksamkeit« hier im Sinne von »Monokausalität« oder auch nur als »streng lineare Kausalität« zu verstehen. *Immer* ist es der individuelle Organismus, der die Art der Beziehungen zu den Elementen seiner Umwelt bestimmt. D. h. die Umwelt hat für ihn *grundsätzlich* Angebotscharakter (mit Ausnahme der rein physikalischen Einwirkungen, deren Objekt er sein kann). Wie er auf ein Umweltangebot reagiert, hängt *allein* von den momentanen Möglichkeiten seines verhaltenssteuernden Systems ab. Allerdings: Dieses System hat sich in der phylogenetischen Auseinandersetzung mit einer Umwelt zu seiner heutigen Form entwickelt und sich ontogenetisch auf spezifische Bedingungen eingerichtet. Es »weiß« also sehr wohl, daß sein biologischer Erfolg, das genetische Überleben, u. a. von seinen Reaktionen auf die Umweltangebote abhängt. Deshalb gibt es ja auch eine ganze Reihe von Reaktionen, die in durchaus gesetzmäßiger Weise auf bestimmte Umweltangebote hin erfolgen. Wir haben sie als *Instinkthandlungen* beschrieben; die auslösenden Umweltangebote stellen die zugehörigen *Schlüsselreize* dar. Aber auch alle übrigen Handlungsmuster, die zusammen das System der »Relativen Stimmungshierarchien« bilden, wurden in der Auseinandersetzung mit der Umwelt erworben. Der Organismus kann daher in den meisten Fällen das aktuelle Umweltangebot als *spezifische Handlungsaufforderung* interpretieren. Wo nicht, muß er spielen, probieren, theoretisieren. Natürlich kann er auch »falsch« interpretieren, irrtümlich, spielerisch-scherzhaft oder provokativ. Immer aber ist er es, der die Umwelt wirksam werden *läßt*.

Der Organismus bestimmt also, was zu welcher Zeit verhaltensauslösendes Umweltelement ist. Die Umwelt hält ja nicht nur eines, sie hält eine Fülle von Angeboten bereit. Die Strukturierung dieses Reizchaos und die Auswahl dessen, was gerade verhaltenswirksam werden soll, ist eine Leistung des individuellen verhaltenssteuernden Systems (109).

Andererseits tut der Organismus natürlich gut daran, wenn er sich auf Umweltelemente einstellt, zu denen er aus Gründen seiner Lebensführung längerfristige Beziehungen unterhalten muß. Wir hatten die biologischen Mechanismen der Gewohnheitsbildung, Tradierung usw. ausführlich dargestellt. Weil das menschliche verhaltenssteuernde System stammesgeschichtlich auf seine ontogenetische Einstellung vorprogrammiert ist und diese Einstellung ökospezifisch erfolgt, nämlich nach Maßgabe dessen, was vorgefunden und von der Elterngeneration als lebenswichtig erkannt wird, werden die einzelnen Ontogenesen in einem Ökosystem einen gewissen Rahmen einhalten. Natürlich wird es, da jeder einen besonderen Platz im System besetzt, »rollenspezifische« Unterschiede geben, aber grundsätzlich ruht die Vergleichbarkeit der Wirksamkeit von Umwelteinflüssen auf diesen beiden Säulen:

1. der Ähnlichkeit der verhaltenssteuernden Systeme selbst und ihrer Entwicklungsgesetze aufgrund der Zugehörigkeit aller Menschen zu einer Spezies und
2. der Ähnlichkeit der menschlichen Umwelten aufgrund der Beschaffenheit des Planeten Erde.

Ähnlichkeit oder Vergleichbarkeit heißt jedoch durchaus nicht Gleichheit. Die Ähnlichkeit wird in beiden Bereichen systemisch abnehmen zwischen Individuen, Stämmen und Rassen einerseits und zwischen Familien, überfamiliären Gruppen und geographisch-klimatisch-kulturellen Großräumen andererseits. D. h. die Ähnlichkeit der Wirksamkeit von Umwelteinflüssen im Sozialisationsprozeß verringert sich mit der Abnahme der genetischen Ähnlichkeit und der Abnahme der ökologischen Ähnlichkeit. Brezinka hat richtig gesehen, als er auf die grundsätzliche Unmöglichkeit hinwies, im Einzelfall erzieherische Kausalzusammenhänge zu belegen (110). Die Vergleichbarkeit der Einzelfälle wegen der oben genannten genetischen und ökologischen Ähnlichkeiten hat er dabei jedoch übersehen (111).

Abschließend sei darauf hingewiesen, daß hier bewußt nicht der Frage nachgegangen werden soll, ob es vielleicht genetische Präferenzen für bestimmte Ökosysteme und/oder bestimmte »Rollen« gibt. Nicht, weil der Nachweis solcher Präferenzen, wenn er gelänge, die geschilderten Zusammenhänge weiter komplizieren würde, sondern weil die Aussage, die Umwelt habe grundsätzlich Angebotscharakter, derartige Möglichkeiten weder voraussetzt noch ausschließt.

3.4 Sozialisation als ontogenetischer Prozeß

Wenn man aus biosoziologischer Sicht von Sozialisation spricht, dann erscheint es wenig sinnvoll, »davon auszugehen, daß der Säugling ein ganz und gar hilfloses Wesen ist, bar jeder Fähigkeit, sich selbst zu entwickeln« (112). Es scheint theoretisch ergiebiger, wenn man vom arteigenen Verhaltenssystem des Menschen ausgeht. Das würde bedeuten, das Faktum der Sozialisation statt an der Hilflosigkeit des Menschen (als »tabula rasa«) an seinen immanenten Entwicklungsgesetzen festzumachen. Der Sozialisationsprozeß als »sozio-kulturelle Veranstaltung« erweist sich dann (wie alle Kultur) als ein menschliches Produkt, dessen Struktur, Funktion und Grenzen wesentlich von der menschlichen Natur bestimmt werden.

Die Struktur des Sozialisationsprozesses wird bestimmt durch die Abfolge der ontogenetischen Phasen und deren epigenetische Verlaufsform. Die Abfolge der Phasen ist irreversibel, und die in den Organisationsphasen auftretenden sensiblen Phasen verlangen nach den spezifischen Objekten für die zugehörigen prägungsähnlichen Lernvorgänge. Der Wechsel von Organisations- und Konsolidierungsphasen und die damit verbundene Ausfaltung des Antriebssystems (durch das Hinzutreten neuer Instinktmechanismen infolge Reifung einerseits und durch deren Integration zu neuen Verspannungssystemen Relativer Stimmungshierarchien infolge neuer Erfahrungen andererseits) sowie die schrittweise Entwicklung der intellektuellen Fähigkeiten machen »altersgemäßes« Verhalten und Empfinden überhaupt als solches erkennbar und beschreibbar. Die in der Regel unbewußt »altersangemessene« Reaktion der Erwachsenen auf die Jungen läßt auf eine »phylogenetisch prästabilisierte Wechselbeziehung« zwischen Eltern- und Nachwuchsgeneration schließen.

Diese »prästabilisierte Harmonie« zwischen den am Sozialisationsprozeß beteiligten Generationen ist erklärbar mit der biologischen Funktion der Sozialisation.

Im Sozialisationsprozeß stellt sich das menschliche Verhaltenssystem auf die ökologischen Bedingungen, die es vorfindet, so ein, daß der Mensch in seiner Umwelt (als Element eines Mensch-Umwelt-Systems) *lebensfähig bleibt* und *fortpflanzungsfähig wird*. Da die menschliche Ontogenese in Schüben verläuft, wobei jeweils neue Gleichgewichtszustände des Verhaltenssystems angestrebt werden, kann es nur biologisch sinnvoll sein, wenn die Generation der Erwachsenen ein sicheres Gespür für den jeweiligen ontogenetischen Status von Heranwachsenden hat. Der Mensch als intelligenter Kosmopolit (113) muß in bezug auf sein jeweiliges Ökosystem sehr viel lernen, wobei er schrittweise im Zusammenhang mit Reifungsprozessen seine Selbständigkeit steigert. Die doppelte Funktion der *Erhaltung* der Lebensfähigkeit durch alle ontogenetischen Phasen hindurch und *Erlangung* der Fortpflanzungsfähigkeit ist nur gewährleistet, wenn die Erwachsenen ihren Nachwuchs *altersangemessen* behandeln und fördern. Das gilt nicht nur für die Bedienung der angeborenen Lerndispositionen in den sensiblen Phasen der ontogenetischen Entwicklung; als Träger ökospezifischer Erfahrung müssen sie auch ihr Wissen und Können jeweils so anbieten, wie es die Heranwachsenden gerade benötigen und verarbeiten können. Da die Selektion über Fortpflanzungsraten wirkt, ist anzunehmen, daß wegen der Abhängigkeit der individuellen Fortpflanzungsfähigkeit vom Sozialisationsprozeß die oben genannte »prästabilisierte Harmonie« tatsächlich eine stammesgeschichtlich entwickelte Grundlage hat.

Wenn Sozialisation die Funktion hat, bei schrittweise sich bis zur Eigenständigkeit steigernder Selbständigkeit die Lebensfähigkeit des individuellen Organismus als Element in einem Mensch-Umwelt-System zu erhalten und ihm schließlich die Fortpflanzung in diesem System zu ermöglichen, dann kann diese Funktion wie folgt präzisiert werden.

Lebens- und Fortpflanzungsfähigkeit sind immer Lebens- und Fortpflanzungsfähigkeit *in einem Ökosystem*. Unserer Definition nach machen nicht nur Landschaft, Klima,

Pflanzen und Tiere ein Ökosystem aus, sondern auch die Menschen mit den dazugehörigen Artefakten und Mentifakten. Auf jeder Stufe seiner Ontogenese ist der Mensch Element bzw. Subsystem in einem solchen Ökosystem. Da er sich ontogenetisch nach immanenten Entwicklungsgesetzen Umwelterfahrungen suchend, verarbeitend und speichernd verändert, können seine Beziehungen zu den übrigen Elementen seines Ökosystems nicht statisch sein. Sie müssen sich mit verändern, und zwar vermutlich dergestalt, daß sie sich nach jeder Organisationsphase neu herausbilden. Nicht nur die »charakterbildenden Verspannungssysteme« müssen sich jeweils in den Konsolidierungsphasen neu stabilisieren, sondern der individuee Organismus muß auch seinen Ort in seinem Ökosystem nach seinem jeweiligen ontogenetischen Status neu bestimmen. In dem Maße, wie die Umwelt eines Menschen auf seinen jeweiligen ontogenetischen Status reagiert, erweitert sich die lebenserhaltende Funktion der Sozialisation über die Justierung des individuellen verhaltenssteuernden Systems hinaus zur jeweils phasenspezifischen Harmonisierung des gesamten Mensch-Umwelt-Systems. D. h. Sozialisation bewirkt, daß der larval geborene Mensch trotz der entwicklungsbedingten Veränderungen, die er während seiner Ontogenese durchmacht, jederzeit altersgemäß in seiner Umwelt handlungsfähig ist, und daß diese Handlungsfähigkeit so weit gesteigert und erweitert wird, wie es zur Erreichung der Fortpflanzungsfähigkeit notwendig ist.

Biologisch begrenzt wird der Sozialisationsprozeß durch die menschliche Biogrammatik, das System der epigenetischen Regeln der Verhaltensentwicklung und -steuerung. Enthält die Biogrammatik selbst Fehler aufgrund neurologischer Störungen oder bietet die Umwelt wichtige funktionale und/oder intentionale Elemente, zu denen das verhaltenssteuernde System keine angemessenen Beziehungen herstellen kann, weil damit die Möglichkeiten des individuellen menschlichen Antriebssystems in seiner ontogenetisch aktuellen Ausformung überschritten würden, dann sind pathologische Erscheinungen im Verhalten zu erwarten. Das Vorenthalten notwendiger Erfahrungen in den sensiblen Phasen der Ontogenese dürfte ebenfalls biologisch-dysfunktional sein. Was Sozialisation, falls man ihr überhaupt Ziele setzen kann, die über die hier genannten hinausgehen, sicher nicht erreichen kann, ist eine Veränderung der artspezifischen menschlichen Biogrammatik selbst. Hier stößt sie an ihre absolute Grenze.

Die Biogrammatik gibt somit den Rahmen vor, in dem Sozialisation stattfinden kann. Weiterhin bestimmt sie auch durch die phylogenetisch entstandene Organisationsform ihrer ontogenetischen Entwicklung die Funktion von Sozialisation sowie die Struktur des Sozialisationsprozesses. Die stammesgeschichtlichen Vorgaben im verhaltenssteuernden System bestimmen formal sogar, welcher Art die Inhalte sein müssen – durch die angeborenen Lerndispositionen nämlich –, die die Umwelt bieten muß, wenn eine der »biologisch-funktionalen Norm« entsprechende Verhaltensentwicklung statthaben soll. Wir können daher mit Cloak zusammenfassend sagen, daß »das kindliche Nervensystem, aufgebaut und programmiert durch das genetische System, eine große Menge spezifischer umweltbedingter Inputs erfordert, verlangt und sucht, um die neuralen Instruktionen zu erwerben, die es zu einem normalen erwachsenen Nervensystem machen« (114). Auch Cloak betrachtet Sozialisation als Bestandteil der natürlichen menschlichen Ontogenese, und er meint, genau wie ein Lebewesen die richtigen Enzyme usw. benötige, die innerhalb des Körpers gebildet werden, weshalb die richtigen Nährsubstanzen außerhalb verfügbar sein müßten, brauchte es auch einen Satz Instruktionen, die für seine Art normal sind, und deshalb die richtigen artspezifischen sensorischen und motorischen Erfahrungen (115). Diese biologisch notwendigen »Inputs« findet der heranwachsende Mensch teilweise in seiner Umwelt vor, teilweise werden sie von den sogenannten »Sozialisationsinstanzen« (Familie, Schule, Peers etc.) unbewußt oder gezielt gegeben. Dieser von Anfang an wechselseitige Prozeß der Anforderung und Bereitstellung artgemäßer Umweltbedingungen im Rahmen des Zuhandenen zur Ermöglichung einer artgemäßen Ontogenese ergibt sich als natürliches Merkmal der menschlichen Spezies aus deren phylogenetischer Entwicklung (116).

Wir hatten Sozialisation vorläufig definiert als die Selbstjustierung des angeborenen arttypischen Systems der »Relativen Stimmungshierarchien« in Abhängigkeit von den Bedingungen des Ökosystems, in das der Mensch hineinwächst. Unter Berücksichtigung der immanenten Entwicklungsgesetze des menschlichen Verhaltenssystems können wir Sozialisation jetzt genauer definieren *als den artspezifischen Verlauf der Ontogenese des menschlichen Verhaltenssystems, der auf einer phylogenetisch prästabilisierten Wechselbeziehung von erwachsenen und heranwachsenden Mitgliedern einer Gruppe beruht, wobei das bewährte ökospezifische Wissen und Können weitergegeben wird mit dem Ziel, dem Sozialisanden zu Denk-, Interpretations- und Handlungsmustern zu verhelfen, die ihn zur eigenständigen Bewältigung der ökospezifischen Lebensbedingungen und zur Fortpflanzung befähigen sollen. Während des Sozialisationsprozesses bildet der Heranwachsende im steten Wechsel von Formung und Umformung die »charakterbildenden Verspannungssysteme«, die sein Antriebsgeschehen nach jeder Organisationsphase neu stabilisieren und ihn schließlich zu dem machen, was man gemeinhin »Persönlichkeit« nennt. Dabei zerfällt das schwebende Gleichgewicht des Systems der »Relativen Stimmungshierarchien« in jeder Organisationsphase aufgrund immanenter Entwicklungsgesetze und konsolidiert sich anschließend in erweiterter Form. Die ökospezifische Selbstjustierung des verhaltenssteuernden Systems ist daher kein kontinuierlicher Prozeß, sondern »aufmoduliert« auf die sukzessive Reifung einzelner Subsysteme, was eine fortschreitende Integration von organisch reifendem Antriebssystem und Umwelterfahrungen bewirkt.*

Mit dieser sehr umfangreichen Definition haben wir versucht, der Vielschichtigkeit des Sozialisationsphänomens gerecht zu werden. Es wird nicht einfach sein, die Abhängigkeiten, Wirkungen und Rückwirkungen zwischen den zahlreichen beteiligten Elementen schematisch darzustellen, dennoch soll es versucht werden *(Abb. 13)*.

Das hier entwickelte Modell beschreibt, wie die menschliche Natur *sich selbst* »vergesellschaftet«, und zwar nach einem angeborenen artspezifischen Entwicklungsplan. Es zeigt auch, daß die menschliche Natur diese Leistung nur vollbringen kann, wenn die von ihr geforderten Umweltangebote zur rechten Zeit auch vorliegen und daß zu den entwicklungsnotwendigen Umweltangeboten auch helfende, erziehende und unterweisende Erwachsene gehören. Weiterhin läßt unser Modell erkennen, daß es in biosoziologischer Sicht offenbar keine »letzten Ziele« der Sozialisation gibt in bezug auf »Freiheit«, »Gerechtigkeit« u. ä.; ihr einziges biologisch vorgegebenes Ziel scheint zu sein, *effizient* mit der vorgefundenen Umwelt umgehen zu können. *Was effizient ist, bestimmt sich nach den Möglichkeiten des individuellen Organismus von Stufe zu Stufe auf der Basis des jeweils schon Erreichten und nach Maßgabe dessen, was die Umwelt gerade bietet, neu.*

Wenn Sozialisation eine arttypische Erscheinung ist, die eine stammesgeschichtlich vorgegebene Funktion in der menschlichen Ontogenese erfüllt, dann ist sie so alt wie die Spezies Mensch. Alle über das biologische Ziel des Erwachsenwerdens in der vorgefundenen Umwelt hinausgehenden Zielformulierungen sind dann vom Menschen selbst nachträglich gesetzte Mentifakte, die als Umweltelemente durchaus als Orientierungsmarken für die Selbstjustierung individueller verhaltenssteuernder Systeme dienen können. Menschliche Setzungen beruhen aber auf menschlichen Interessen, und die Interessen derer, die setzen, müssen nicht immer mit den (biologischen) Interessen derer übereinstimmen, denen die Setzungen als Orientierungsmarken zugedacht sind. Wie schon die evolutionistische Betrachtung des Erziehungsphänomens durch Liedtke und Muhri zur Frage nach der biologischen Begründbarkeit von Normen geführt hat (117), mündet auch die biosoziologische Betrachtung des Sozialisationsphänomens in die vergleichbare Fragestellung nach den biologischen Interessen im ontogenetischen Prozeß.

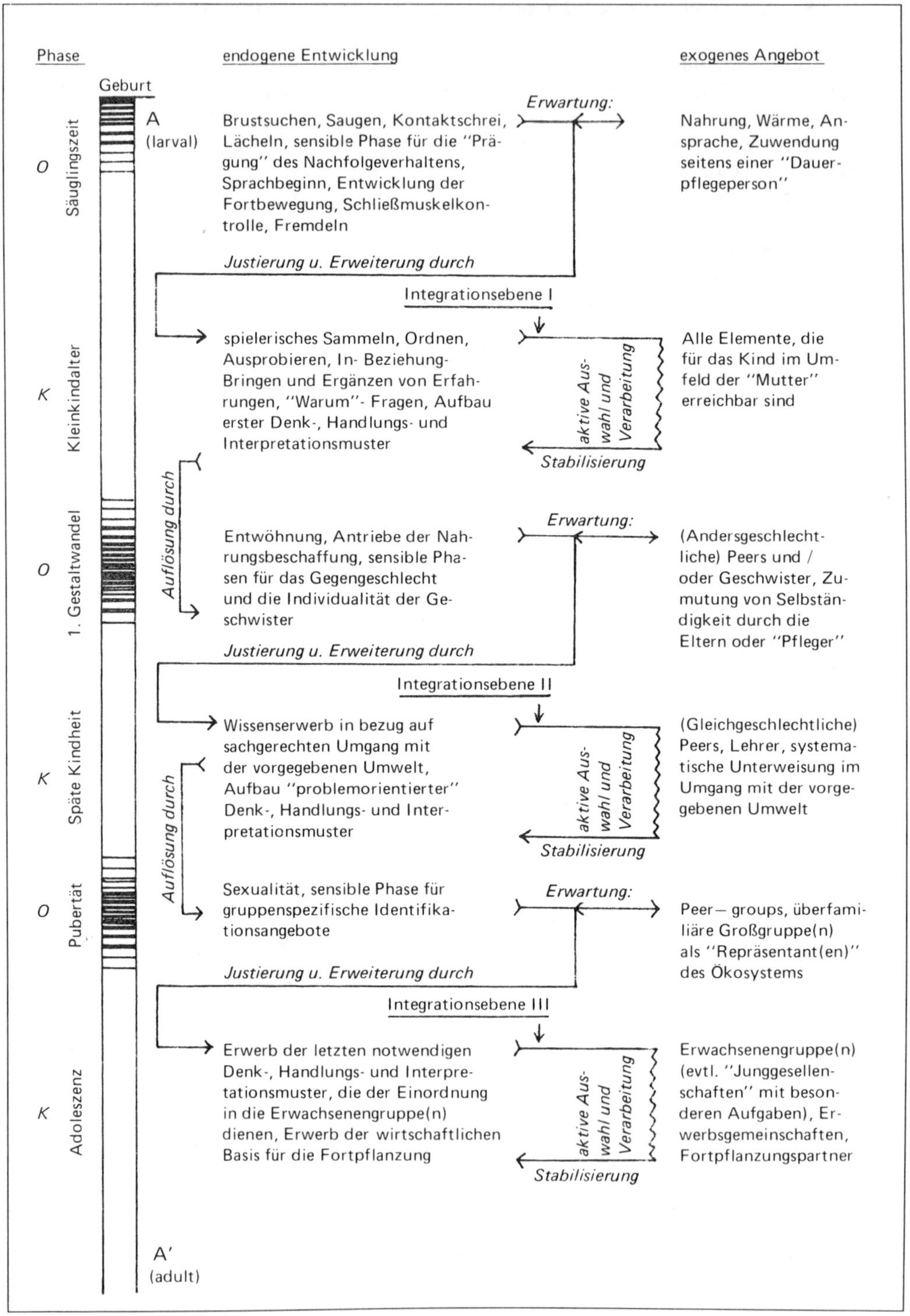

Abb. 13: Sozialisation als ontogenetischer Prozeß

Alle heute lebenden Menschen sind durch eine ununterbrochene Kette von Vorfahren direkt mit dem Ursprung des Lebens auf der Erde vor ca. vier Milliarden Jahren verbunden. Die Spezies Mensch hat sich während oder nach ihrer Herausbildung in verschiedene Rassen gegliedert, und diese teilen sich in verschiedene Fortpflanzungsgemeinschaften, die ihre eigenen Sprachen und Kulturen hervorgebracht haben. Jeder Mensch wird daher in ein bestimmtes »sozio-kulturell« geprägtes »Biotop« hineingeboren. Aus dem Faktum des ununterbrochenen Lebensstroms läßt sich ableiten, daß das elementarste biologische Interesse *das Interesse an der Fortführung des Lebensstroms* sein muß. Dieses auch von der Soziobiologie als Interesse an der Vermehrung des genetischen Materials erkannte Elementarinteresse wird kaum *bewußt* verfolgt, es stellt vielmehr ein Prinzip des Lebens schlechthin dar. Es ist daher davon auszugehen, daß Sozialisation als Lebenserscheinung letztlich diesem Interesse dient. Die Erlangung der Fortpflanzungsfähigkeit ist deshalb nicht nur aus definitorischen Gründen gesetzter Endpunkt von Sozialisation, sondern auch lebensgesetzlich begründeter Kristallisationskern für die als Ziel genannte Effizienz im Umgang mit der vorgefundenen Umwelt (118).

4 Ontogenetisches Modell und Wechselwirkungs- oder Interaktionsmodell im Vergleich

Unser ontogenetisches Modell der Sozialisation läßt sich auffassen als ein Modell der Verhaltensentwicklung, das Wechselwirkungen zwischen angeborenen Mechanismen der Verhaltenssteuerung und der Umwelt, in der der Organismus sich befindet, darstellt.

Abb. 14 veranschaulicht noch einmal, wie das verhaltenssteuernde System sich in der Auseinandersetzung mit seiner Umwelt, dabei aber durchaus eigengesetzlich, entwickelt und zugleich einen immer weiteren Erfahrungshorizont gewinnt. Nun hat aber Wolf schon vor längerer Zeit ein Modell vorgestellt, das ebenfalls solche Wechselwirkungen oder Interaktionen beschreibt (1). Es ist daher zu fragen, was das ontogenetische Modell vom Wechselwirkungsmodell unterscheidet.

Das Wechselwirkungsmodell »geht von der Grundannahme aus, daß sich die Auswirkungen der Faktorenbündel Anlage und Umwelt nicht trennen lassen, sondern sich wechselseitig bedingen« (2). Wolf bringt diese Annahme auf folgende Formel:

»Wenn Anlagefaktoren A *und* Umweltfaktoren U sich in ihrer Wirkung auf die Ausbildung eines phänotypischen Verhaltens V wechselseitig beeinflussen, so bedeutet dies, daß die Auswirkungen von U auf V davon abhängen, in welchen Formen und in welchem Ausmaß A vorhanden ist. Und daß gleichzeitig umgekehrt die Auswirkung von A auf V davon abhängt, in welchen Formen und in welchem Ausmaß U vorhanden ist« (3).

In den Mittelpunkt seiner Überlegungen rückt er folgerichtig die Frage, *»in welcher Weise Anlage und Umwelt* zusammenwirken«, und beantwortet sie auch gleich dahingehend, daß es hier prinzipiell nur individuelle Wechselwirkungen geben könne. Allerdings ließen sich in der Menge der individuellen Fälle sehr wohl Gesetzmäßigkeiten feststellen (4). Wolf weist dann abschließend darauf hin, daß es mehr oder minder stark genetisch kontrollierte Variablen gäbe, und er meint, nur bei genetisch schwach kontrollierten Variablen ließen sich durch Umweltänderungen große Verhaltensänderungen erzielen (5).

Diese sehr allgemeinen Aussagen werden von Diederich auf die menschliche Ontogenese bezogen, wodurch konkret faßbar wird, worauf Wolf eigentlich hinaus will (6). Diederich definiert zunächst das Verhalten eines Menschen als »Funktion des Status, der Rolle, der Erfahrungen, schließlich des biologischen Alters und ... der jeweiligen Umweltsituation« (7). Er warnt dann vor einer Überbewertung des »biologischen Alters« und stellt dem Begriff der »natürlichen Entwicklung« den der »gesellschaftlichen Normierung der Entwicklung« gegenüber (8). Eine kritische Würdigung verschiedener entwicklungspsychologischer Stufentheorien führt ihn schließlich zu der Annahme, wo immer von der »Natur des Menschen« gesprochen werde, gehe es in Wirklichkeit um »geschichtlich gewordene, gesellschaftlich erwünschte Normen und Vorurteile« (9). Um diese Annahme zu belegen, wird vor allem Portmanns Theorie des »sekundären Nesthockers« herangezogen, dazu einige Experimente zur Reifung von Orientierungsreaktionen in Abhängigkeit von »frühen Erfahrungen«. Aufgrund dieser Experimente – andere stellt er nicht vor – kommt Diederich zu dem Schluß, daß die für die Entwicklung entscheidenden Reifungsprozesse wohl in der frühen Kindheit lägen. Innerhalb des Wechselwirkungsmodells habe sich damit das Forschungsinteresse stark verschoben, es sei nun vorwiegend auf die Umweltfaktoren gerichtet. Das sei von theoretischer Bedeutung, weil man sie beobachten und beschreiben könne,

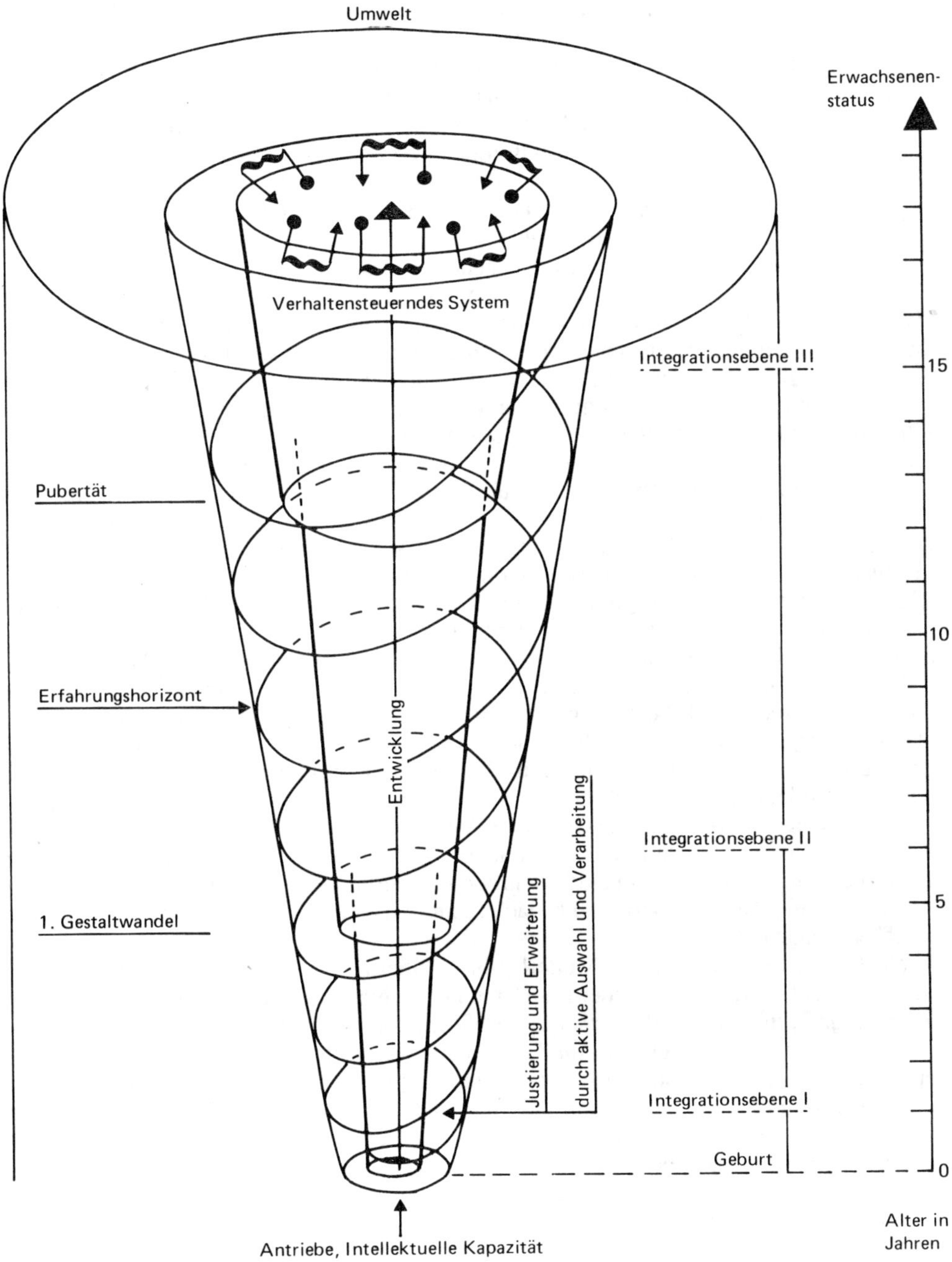

Abb. 14: Ontogenetisches Modell der Sozialisation

und von praktischer Bedeutung, weil man sie in Experimenten kontrollieren und in pädagogischer Absicht beeinflussen könne (10).

Schon die bloße Darstellung zeigt, daß sich das Wechselwirkungsmodell trotz gewisser formaler Ähnlichkeiten doch nicht mit dem ontogenetischen Modell deckt.

Der grundsätzliche Mangel des Wechselwirkungsmodells besteht darin, daß Anlage und Umwelt als zwei gleichrangige Einflußgrößen beschrieben werden, die gemeinsam aufgrund nicht näher bestimmter Wechselwirkung im »Sozialisanden« Verhalten hervorbringen. Das Verhalten des »Sozialisanden« ist aber das Verhalten eines lebendigen Organismus, welchem der »Faktor A« (= Anlage) seinsmäßig zugehört. Die Umwelt befindet sich dagegen außerhalb des Organismus und gehört ihm seinsmäßig *nicht* zu. Verhalten und »Faktor A« sind daher grundsätzlich anders aufeinander bezogen als Verhalten und Umwelt. Das ontogenetische Modell berücksichtigt diesen Sachverhalt und kommt so in die Lage, die Art der Wechselwirkung genauer bestimmen zu können. Es wurde erkannt, daß »Faktor A« nicht als statische genetische Anlage oder auch nur statisches angeborenes Antriebssystem aufzufassen ist, sondern als ein ontogenetisch nach epigenetischen Regeln sich in »Relative Stimmungshierarchien« ausfaltendes Antriebssystem, das aufgrund seiner Beschaffenheit *von sich aus* die Ausrichtung an der vorgefundenen Umwelt erstrebt und betreibt. Die Umwelt, so hatten wir deshalb formuliert, habe grundsätzlich Angebotschaakter. Wenn dennoch Gesetzmäßigkeiten in der Wirksamkeit von Umweltfaktoren gefunden werden, so sind dies die Gesetzmäßigkeiten des reagierenden und rezipierenden Organismus! Bei der Verhaltenssteuerung wirkt daher »Faktor A« als Biogrammatik unmittelbar, während die Umwelt grundsätzlich über die Sinne und die nachgeschalteten neuronalen Filter- und Ordnungsmechanismen vermittelt werden muß. Sie kann gar nicht anders als mittelbar wirken (rein physikalische Einwirkungen einmal außer acht gelassen).

Ein anderer augenfälliger Unterschied zwischen dem Wechselwirkungsmodell und dem ontogenetischen Modell besteht in der Frage der Reifung. Das Wechselwirkungsmodell läßt Reifungsprozesse des Verhaltens nur in der frühen Kindheit gelten. Von da ab wird die Anlage wie eine feste Größe behandelt, die für jedes Verhalten einen bestimmten Wert annimmt. So kann es dann nach diesem Modell Verhaltensmerkmale geben, die »stärker« genetisch kontrolliert sind, weshalb durch Veränderung der Umweltbedingungen wenig auszurichten ist, und andere, die »schwächer« genetisch kontrolliert sind, wodurch ihre Umweltabhängigkeit einen quantitativ größeren Wert erhält. Anlage und Umwelteinfluß werden als umgekehrt proportional gedacht: nimmt die eine Größe zu, muß die andere entsprechend abnehmen.

Nach dem ontogenetischen Modell gibt es überhaupt gar keine direkte genetische Steuerung des Verhaltens, sondern nur eine neurophysiologische. Diese weist allerdings *als Endhandlungen im biologischen Ernstvollzug* streng angeborene Instinkthandlungen aus. Daraus entwickeln sich aber *im Appetenzbereich* nach wiederum streng angeborenen epigenetischen Regeln und in Auseinandersetzung mit der Umwelt die »Relativen Stimmungshierarchien«. Da angenommen wird, daß die Antriebe zu den lebens- und arterhaltenden Endhandlungen sukzessive reifen, und zwar in der Reihenfolge, wie sie benötigt werden, muß weiter angenommen werden, daß das zugehörige umweltorientierte Appetenzverhalten in derselben Reihenfolge auftritt. Dessen spezifische Antriebsüberschüsse lassen sich dann im Falle weitgehender Entlastung von Ernstvollzügen erst in Lernen und später in Produktivität umsetzen. Weil die Endhandlungen immer starr angeboren, das Appetenzverhalten jedoch umweltorientiert ist, erscheint jedes Verhalten sowohl als »stark« (nämlich im Hinblick auf das Ziel) als auch als »schwach« (nämlich im Hinblick auf die Wege zu seiner Erreichung) genetisch kontrolliert.

Als Modell für das Zustandekommen von Verhalten vereinfacht das Wechselwirkungsmodell zu sehr. Zur Veranschaulichung seien die unterschiedlichen Auffassungen hier noch einmal bildlich dargestellt:

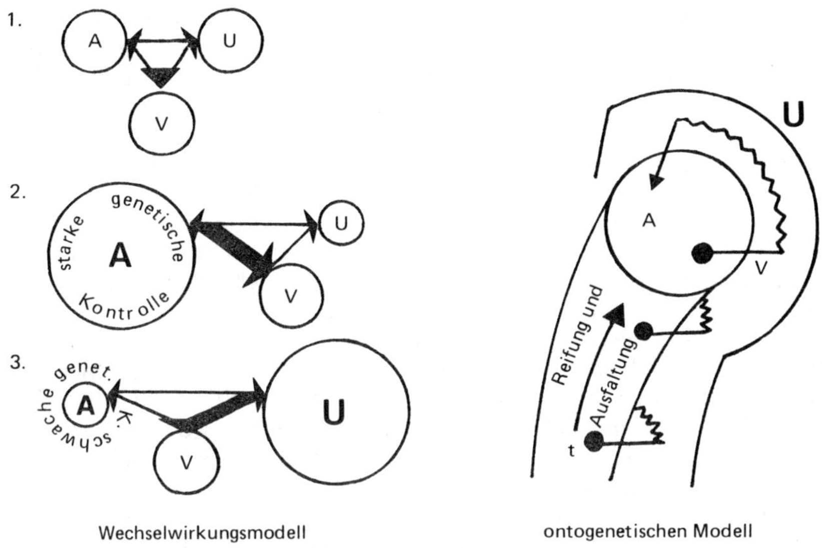

Abb. 15: Zustandekommen von Verhalten nach dem Wechselwirkungsmodell bzw. ontogenetischem Modell

Da das ontogenetisch sich entwickelnde verhaltenssteuernde System sich an nichts anderem ausrichten kann als an dem, was es vorfindet, können die Verfechter des Wechselwirkungsmodells (man möchte fast sagen: zu ihrem eigenen Erstaunen) selbstverständlich nichts anderes finden als »geschichtlich gewordene, gesellschaftlich erwünschte Normen und Vorurteile« – und natürlich auch »abweichendes Verhalten«. (Die Normen und Vorurteile sind freilich ersetzbar – durch andere Normen und Vorurteile!)

Das ontogenetische Modell vermag aber nicht nur die Umweltorientiertheit – und das heißt auch: die Orientierung an Normen und Vorurteilen – zu erklären. Es erklärt darüber hinaus, warum diese Umweltorientiertheit *niemals* vollständige Fremdbestimmung bedeuten kann. Die aktive Auswahl und Verarbeitung des Umweltangebots als Eigenleistung des Heranwachsenden verhindert jede von ihm nicht selbst mitgetragene Formung seines verhaltenssteuernden Systems. Das soll nicht bedeuten, daß nun alle, die die Umwelt in erzieherischer Absicht gestalten, aus der Verantwortung entlassen sind. Im Gegenteil: gerade das ontogenetische Modell zeigt Möglichkeiten auf, Umweltangebote im Hinblick auf phasenspezifische Erfordernisse zu optimieren.

Das ontogenetische Modell hat gegenüber dem Wechselwirkungsmodell den Vorzug, vollständig dem derzeitigen Kenntnisstand der Biologie zu entsprechen. Es nimmt daher für sich in Anspruch, das Sozialisationsphänomen zutreffender zu beschreiben als Modelle, die biologische Erkenntnisse nicht berücksichtigen. Die größere Kompliziertheit des Modells ergibt sich aus dem Versuch, der Komplexität der für die Sozialisation relevanten Lebenserscheinungen gerecht zu werden.

Hat aber nicht trotz alledem auch dieses Modell letztlich nur die Auffassung bestätigt, *Geschichtlichkeit* sei doch die »wahre Natur« des Menschen? Wir sollten hier nicht zu sehr vereinfachen. Geschichtlichkeit ist nicht Geschichtlichkeit des Menschen, sondern Geschichtlichkeit der Mensch-Umwelt-Systeme, in die Menschen hineinwachsen, um darin handelnd ihr System zu erhalten. Die »wahre Natur« des Menschen erblicken wir in der stammesgeschichtlich entwickelten Organisation seines Antriebssystems einschließlich der Entwicklungsgesetze, nach denen es sich ontogenetisch ausfaltet. Erst dadurch, daß es sich dabei an einer geschichtlich gewordenen Umwelt ausrichtet, entsteht der Eindruck der Geschichtlichkeit der menschlichen Natur. Veränderbar ist daher immer nur die Umwelt: das macht Geschichte aus. Der Mensch in seinem stammesgeschichtlich entwickelten »Kern« ist nicht veränderbar (jedenfalls nicht durch Veränderung der Umwelt). Da aber der Mensch nicht nur Individuum, sondern auch Subsystem oder Element in einem größeren System ist, bedeuten Änderungen an einzelnen Elementen und/oder den Beziehungen zwischen ihnen immer eine Veränderung des Gesamtsystems: Nachjustierungen individueller verhaltenssteuernder Systeme können die Folge sein. Das wäre dann zwar auch Veränderung, aber nicht der menschlichen Natur, sondern aufgrund derselben.

Unser Modell stellt die an »biologisch-funktionalen Normen« orientierte Ontogenese dar. Es sagt deshalb auch etwas darüber aus, welche Umweltangebote vonnöten sind, um den stammesgeschichtlich vorgegebenen *Ablauf* wahrscheinlich zu machen. Es gestattet jedoch keinerlei weiterreichende Schlüsse auf eventuell sonst noch zu »verbessernde« Umweltbedingungen. Als stammesgeschichtlich vorgegebenes Sozialisations*ziel* hatten wir Effizienz im Umgang mit der vorgefundenen Umwelt bestimmt. Dieses Ziel kann prinzipiell in *jeder* Umwelt erreicht (oder auch verfehlt) werden, wenn sie nur überhaupt menschliches Leben und menschliche Fortpflanzung gestattet. Das ontogenetische Sozialisationsmodell ist daher kein spezielles Modell für die Verhältnisse in zivilisierten und industrialisierten Gesellschaften, sondern es beansprucht Allgemeingültigkeit.

Fassen wir abschließend die Vorzüge zusammen: Das hier aus biosoziologischer Sicht entwickelte Sozialisationsmodell
- stimmt mit den Erkenntnissen der Biologie vollständig überein,
- ist allgemeingültig,
- kann die der Sozialisationsforschung bekannten Phänomene ebenfalls erklären und
- bietet Ansatzmöglichkeiten für weitere Detailforschung, auch interdisziplinär.

Sozialisationsforschung, die biologisch-anthropologisch orientiert sein will, wird auf dieses Modell zurückkommen müssen.

5 Konsequenzen

Hurrelmann nannte als Verwendungsbereiche des Sozialisationsbegriffs in der pädagogischen Soziologie
1. alle *gesellschaftlichen Aktivitäten und Vorkehrungen*, die direkt oder indirekt auf die Ausbildung der Persönlichkeitsstrukturen der Gesellschaftsmitglieder Einfluß nehmen (Erziehung im weitesten Sinne),
2. die *Persönlichkeitsentwicklung selbst*, soweit sie durch Umwelteinflüsse bestimmt wird (in Konkurrenz zum psychologischen Entwicklungsbegriff) und
3. den *Prozeß der Vermittlung* von gesellschaftlichen Normen und Handlungsmustern, in dessen Verlauf das Gesellschaftsmitglied erst zu einem potentiell handlungsfähigen menschlichen Subjekt wird (Vergesellschaftung der menschlichen Natur).

Der biosoziologische Sozialisationsbegriff dagegen beschreibt eindeutig *kein* Verhältnis von tun und erdulden, von sozialisieren und sozialisiert werden. Er beschreibt vielmehr einen Prozeß, der sich *als natürlicher Vorgang ereignet*, und zwar zwischen einem aktiven heranwachsenden Subjekt und seiner Umwelt, zu der als entwicklungsnotwendige Elemente auch »Sozialisationsinstanzen« in dem Sinne gehören, daß diese ihrerseits aktiv intentionale Umweltelemente für das Subjekt setzen, daß es sich daran orientiere. Der biosoziologische Sozialisationsbegriff bezieht sich daher bestenfalls auf den dritten Verwendungsbereich, wobei aber der Prozeß der Vermittlung aufgegliedert wird in die Bereitstellung und Formierung von Umweltarrangements einerseits und die Ausrichtung daran als Eigenleistung des Heranwachsenden andererseits. Der ursprünglich weit gefaßte Begriff der »Vergesellschaftung der menschlichen Natur« verengt sich damit auf das, was tatsächlich zwischen der Natur des menschlichen Subjekts und der vorgefundenen, auch »gesellschaftlich«, d. h. von den zum Ökosystem gehörenden Menschen und ihren Artefakten und Mentifakten, mitstrukturierten Umwelt vorgeht, während der larvale Mensch sich zum adulten entwickelt.

Biosoziologische Sozialisationsforschung könnte als empirische Forschung betrieben werden, die Gesetzmäßigkeiten in ontogenetischen Reaktionen auf bestimmte Umweltarrangements sucht und zur menschlichen Biogrammatik in Beziehung bringt, oder sie könnte die ontogenetischen Auswirkungen des Fehlens bestimmter Elemente erforschen, mit dem Ziel, die für die optimale Entwicklung von menschlichen Ökosystemen notwendigen Elemente und deren Arrangements zu bestimmen. Dabei würde sie zwangsläufig auf die von uns ausgeklammerte Frage nach der möglichen Präferenz bestimmter Genotypen für bestimmte Umweltarrangements stoßen, d. h. eine mögliche Fragestellung wäre auch, ob verschiedene Gruppen von Heranwachsenden auf dasselbe Umweltangebot unterschiedlich reagieren. Biosoziologische Sozialisationsforschung könnte die Einseitigkeit der »schicht«orientierten Sozialisationsforschung aufheben, die aus der Reduzierung der reichen menschlichen Umwelt auf wenige »schichtspezifische« Merkmale in Verbindung mit dem Glauben an deren unmittelbare Wirksamkeit resultiert, wobei die menschliche Natur als amorphe Masse den zu formenden Stoff abgibt. Ist es aber die Natur selbst, die sich nach eigenen Gesetzen in Auseinandersetzung mit der Umwelt strukturiert, dann sind, genau wie bei der äußeren Form der Individuen, interindividuelle Unterschiede und familiäre Ähnlichkeiten zu erwarten, die durch sämtliche ontogenetischen Entwicklungsphasen sichtbar beziehungsweise im verhaltenssteuernden System wirksam bleiben. Um es klar zu sagen: Biosoziologische Sozialisationsforschung als empirische Forschung auf naturwissenschaftlicher Grundlage kann und darf nicht aus ideologischen Gründen ausschließen, daß sozialer Auf- und Abstieg – wie auch das Beharren – z. T. mit abhängen könnte von der je individuellen genetischen »Komposition«! Erst wenn sich *auf der Basis der vorgetragenen biologischen Erkenntnisse* einwandfrei beweisen ließe, daß es überhaupt keine interindividuellen Unterschiede im epigenetischen System gibt, oder, falls nicht, daß solche Unterschiede ohne jeden Einfluß auf die unterschiedlichen Ergebnisse von Sozialisationsprozessen sind, ließe sich die Außerachtlassung des epigenetischen Regelsystems als mögliche Quelle interindividueller Verhaltensunterschiede und familiärer Verhaltensähnlichkeiten rechtfertigen.

Damit haben wir die wohl wichtigste Konsequenz aufgezeigt, die sich aus dem ontogenetischen Sozialisationsmodell ergibt: nicht die Augen zu verschließen vor der Möglichkeit der Wirksamkeit biologischer Mechanismen und Einflüsse im Sozialisationsprozeß, sondern sie zu erforschen, um umso gezielter handeln zu können!

Anmerkungen

1 Entwicklung der Fragestellung

(1) Zur Begriffsgeschichte s. Eggers/Steinbacher, 1979, S. 17 ff.
(2) Hurrelmann, 1976, S. 15 f.
(3) Z. B. Wurzbacher, 1971 und Fend, 1976.
(4) Ulich, 1976, S. 64
(5) Hurrelmann, 1976, S. 16 f.
(6) Mühlbauer, 1980, S. 25.
(7) Griese selbst nennt sie teils »biologische *und* philosophische Anthropologie«, teils »biologische *oder* philosophische Anthropologie«, wohl um anzudeuten, daß er die begriffliche Unterscheidung für belanglos hält, 1976, S. 15, (Hervorhebungen v. Verf.).
(8) Griese, 1976, S. 15.
(9) Griese, 1976, S. 9.
(10) A. a. O., S. 187.
(11) A. a. O., S. 95 u. 97; dieser Gedanke findet sich auch bei Ballauff, 1962.
(12) A. a. O., S. 177 f.
(13) Vgl. Langeveld, 1969, S. 173 ff., Roth, H., 1971 (Bd. 1), S. 109 ff., ausführlich auch bei Hammel, 1970, S. 7 ff.: Immer wieder wird versucht, den Menschen als »einzigartiges Wesen« qua »animal educandum« oder »erziehungsbedürftigstes und erziehungsfähigstes Wesen« aus dem Tierreich herauszuheben, wobei »biologische Fakten« im Sinne der »biologisch-philosophischen Anthropologie« zur Begründung angeführt werden.
(14) Habermas, 1958, S. 34 f.
(15) Kob, 1976, S. 14.
(16) A. a. O., S. 101. Andere leiten diese Thesen von Herders »Formel« als dem »ersten Freigelassenen der Schöpfung« ab.
(17) Marx, Thesen über Feuerbach, 6. These.
(18) Nach Habermas soll die philosophische Anthropologie das, »was die einzelnen Wissenschaften gegenständlich vom Menschen wissen (was die Natur aus den Menschen macht), sinnverstehend deuten (nämlich daraufhin, was der Mensch aus sich selber macht)«, 1958, S. 19.
(19) Als Ergänzung und Bestätigung dieses Befundes, bei weniger anthropologisch und mehr psychologisch orientierten Sozialisationskonzepten auch als Ersatz, können die Tabula-rasa-Theorie des Behaviourismus sowie sozial- und tiefenpsychologische Theorien fungieren, die ähnlich vom Menschen als einem »leeren Behälter« ausgehen.
(20) Eggers/Steinbacher, 1979, S. 25.
(21) Scheler gilt geradezu als der »Vater der philosophischen Anthropologie« (Diemer, 1967, S. 9).
(22) Lorenz, 1950, wurde von Gehlen nicht unwesentlich beeinflußt. Erste kritische Stellungnahmen aber bereits 1954; vgl. auch Köhler, O., 1957.
(23) Portmann, 1973, S. 277 ff., vgl. auch Flitner, A., 1967 und Roth, H., 1971.
(24) Habermas, 1958, S. 20.
(25) Schwidetzky, 1975, S. 119.
(26) Eggers/Steinbacher, 1979, S. 26.
(27) Ebd.
(28) Ebd.

(29) Eggers/Steinbacher schreiben, wie schon C. Weiß, diesen Berichten volle Beweiskraft zu, 1979, S. 13, und Weiß, 1965, S. 10 u. 16. Vgl. auch Singh, 1964, und Malson u. a., 1981. Kritisch dazu: Diskussion zwischen Dennis und Zingg, 1940, Mandelbaum, 1943, Dennis, 1951, Koehler, O., 1950 u. 1952, mit Bezug auf die erziehungswissenschaftliche Rezeption dieser Berichte – auch besonders durch C. Weiß – siehe Kuckartz, 1969, S. 31 f.
(30) Eggers/Steinbacher, 1979, S. 27.
(31) Ebd.
(32) Lorenz, 1954, S. 233 ff.
(33) Z. B. Roth, H., 1971 (Bd. 1), S. 115, 125, 149.
(34) Lorenz, 1950 und 1954.
(35) Eggers/Steinbacher, 1979, S. 28.
(36) Vgl. Baker, 1976, S. 108.
(37) Lorenz, 1954, S. 242.
(38) Baker, 1976, S. 213.
(39) Eggers/Steinbacher, 1979, S. 28.
(40) Ebd.
(41) Ebd.
(42) Portmann, 1969, S. 100.
(43) Eggers/Steinbacher, 1979, S. 28.
(44) Vgl. dazu Hemminger, 1982.
(45) Burton, 1957, S. 111 f.
(46) Hassenstein, 1970, S. 7.
(47) Peiper, 1951, Prechtl, 1953, 1954, 1956; Zusammenfassung bei Eibl-Eibesfeldt, 1987, S. 674 ff.
(48) Hassenstein, 1970, S. 7.
(49) Das belegt auch Schwidetzky, 1971, S. 55 f., in ihrer Auseinandersetzung mit Portmann anhand weiterer Merkmale.
(50) Eggers/Steinbacher, 1979, S. 29.
(51) Z. B. Lorenz, 1954, S. 244.
(52) Manchmal wird sogar behauptet, der Mensch besitze überhaupt keine Instinkte mehr (z. B. Montagu in: Hollitscher, 1973, S. 61 ff.).
(53) Eggers/Steinbacher, 1979, S. 29.
(54) Ebd.
(55) Das Phänomen der »zentralen Raumrepräsentanz« ist Grundlage der evolutionären Erkenntnistheorie. Vgl. Lorenz, 1973a, Vollmer, 1975, Riedl, 1980.
(56) Eggers/Steinbacher, 1979, S. 29.
(57) Man vergleiche nur die Beschreibungen geplanten Vorgehens bei Menschenaffen von Köhler, W., 1973, und Rensch, 1973!
(58) Eggers/Steinbacher, 1979, S. 30.
(59) Gardner/Gardner, 1969, Ploog, 1972, Premack/Premack, 1973, Rensch, 1973, Fouts, 1975, Linden, 1976.
(60) Vgl. Sarles, 1969, und Jonas/Jonas, 1979.
(61) Eggers/Steinbacher, 1979, S. 30.
(62) Ebd.
(63) Köhler, W., 1973, s. dazu auch Rensch, 1973.
(64) Eggers/Steinbacher, 1979, S. 31.
(65) Gehlen, 1958, und 1961. Vgl. auch Lorenz, 1940, 1943 und 1950 sowie Morris, 1968a, Rensch, 1969 und Wilson, 1978, S. 564.
(66) Vgl. Promp, 1979 und Eibl-Eibesfeldt, 1984, S. 838ff.
(67) Berger/Luckmann, 1969, S. 52, vgl. auch Habermas, 1958, S. 22.
(68) Vgl. Stw. »Biosoziologie« in: Fuchs et al., 1975, Hartfiel, 1976, König, R., 1958 u. 1967 sowie Bernsdorf, 1969.
(69) Der »jüngere« Sozialdarwinismus entwickelte sich aufgrund der Erkenntnis, daß sich durchaus nicht immer die »Bestangepaßten« oder »Tüchtigsten« im Sinne bürgerlicher Normvorstellungen am intensivsten fortpflanzten. Als verantwortlich für das Versagen

der Theorie wurden die unnatürlichen Auslesebedingungen in der Zivilisation angesehen. Die Auffassung, diese seien deshalb durch gezielte Maßnahmen zu korrigieren, führte schließlich zur »Eugenischen Bewegung«.

(70) Erste Zusammenfassung: Caplan, 1978. Den Anstoß gab Wilson, 1978 (1. Aufl. 1975).

(71) Als Paradigmenwechsel im Sinne Kuhns, 1976.

(72) 1933 stellte von Wiese als deren sozialwissenschaftliches Gegenstück eine »Biosoziologie« vor. Er definierte sie als die Lehre von den Generationsgebilden. Mit »Generationsgebilde« bezeichnete er alle sozialen Gebilde, die auf Abstammung und Verwandtschaft beruhen (Familie, Volk, Stamm, Rasse). In solchen Gebilden sollten neben sozialen auch biologische Gesetzlichkeiten wirksam sein. Von Wiese meinte, ohne die Berücksichtigung dieser biologischen Gesetzlichkeiten seien die Generationsgebilde nicht adäquat zu erklären. Sein Ansatz wurde nach dem Krieg nicht weiterverfolgt; er wird in den soziologischen Fachlexika und -wörterbüchern unter dem Stw. »Biosoziologie« nicht einmal mehr erwähnt.

(73) Vgl. Lepenies, 1977, Lepenies/Nolte, 1971, Denker, 1971, Pilz/Moesch, 1975, Rattner, 1970 u. a. m. Aber auch in Amerika hat es politisch motivierte Widerstände gegen die Soziobiologie gegeben. Insbesondere wurde der Vorwurf des Rassismus, Sexismus und Determinismus erhoben (vgl. Barash, 1979), aber auch der Hinweis auf deutsche Gaskammern fehlte nicht (Allen et al., 1978).

(74) Siehe aber Bogdany, 1980, Meyer, 1981 und 1982 sowie Flohr/Tönnesmann, 1983 und Phocas, 1986.

(75) S. dazu de Beer, 1966, Kap. 2.

(76) Vgl. Riedl, 1975 und 1976.

(77) Zwar behauptet Griese, 1976, S. 186, der Mensch habe sich »phylogenetisch wie ontogenetisch ... den Gesetzen der Natur mehr und mehr entzogen« (obwohl er »nach wie vor Naturwesen« bleibe), sagt aber nicht konkret, um welche Gesetze es sich handeln soll und bleibt somit den Beweis schuldig.

(78) Lorenz, 1973a, S. 223 ff., vgl. auch Lorenz, 1967.

(79) Vgl. Biervliet et al., 1980, S. 90.

(80) In diesem Sinne argumentiert Denker, 1971, S. 135 f.

(81) Koestler, 1968, S. 58.

(82) Unser Kulturbegriff deckt sich nicht mit dem des kulturellen Systems aus der sozialwissenschaftlichen Systemtheorie.

(83) Der Begriff »Ökosystem« muß hier relativ weit gefaßt werden. Da der Mensch einerseits Kosmopolit ist, sich andererseits aber populationsweise über die Erde verteilt, kann sowohl der Fall vorkommen, daß eine Population mehrere Gebiete mit unterschiedlichen ökologischen Bedingungen bewohnt, als auch der, daß sich mehrere Populationen ein Gebiet mit gleichbleibenden ökologischen Bedingungen teilen.

(84) Vgl. Lorenz, 1973a, S. 48 ff.

(85) Goldschmidt, 1972, S. 67.

(86) Vgl. Eibl-Eibesfeldt, 1973a, auch Keiter, 1966.

(87) Riedl, 1975, s. auch Schrödinger, 1951.

(88) Mit »Verhaltenssystem« sind hier die materiellen Strukturen des Nervensystems (einschl. Rezeptoren und Effektoren) gemeint, die das Verhalten steuern.

(89) Beispiel: Vogelflügel – Insektenflügel.

(90) Das trifft z. B. für die Vorderextremitäten von Fledermäusen und Flugsauriern zu: Sie sind aus den Vorderextremitäten von Landwirbeltieren entstanden (homolog), haben sich aber zu unterschiedlichen Zeiten unabhängig voneinander aufgrund vergleichbarer Auslesebedingungen zu Fluginstrumenten entwickelt (konvergent).

(91) Vgl. Koenig, O., 1969, 1970 und 1975 sowie Riedl, 1976.

(92) Andernfalls müßte man unterschiedliche Hirnstrukturen bei verschiedenen Gruppen und in verschiedenen Epochen fordern, oder man müßte zeigen, daß die Hirnstrukturen für kulturgeschichtlich entwickelte Merkmale nicht mehr Bedeutung haben als ein Blatt Papier für den Inhalt eines Schriftsatzes.

(93) Die Existenz in Form zentralnervöser Engramme (mündliche Tradition, Verhaltenstra-

dition) ist dabei mitgedacht. Unsere Begriffsbestimmung weicht von der Gehlens ab, der Kultur als die vom Menschen »selbst geschaffene 'zweite Natur'« definiert (1966, S. 38). Wir betonen den Ausschnitt-Charakter der Kultur, während Gehlen sie als eine Ganzheit auffaßt.

(94) Vgl. Muhri, 1982, S. 244 ff.

(95) Liedtke, 1972, S. 251; Muhri, 1982, S. 249.

(96) S. dazu Wickler, 1971a.

(97) Liedtke, 1972, S. 255 ff.; Muhri, 1982, S. 249 ff.

(98) Liedtke, a. a. O., S. 257, vgl. auch Wickler, 1971a, S. 8!

2 Allgemeine biologische Grundlagen des menschlichen Verhaltens

(1) Vgl. Wickler/Seibt, 1977, S. 94 sowie Rensch, 1970, S. 14.

(2) Es gehört zu den selteneren Fällen, daß ein Merkmal (Phän) von einem einzigen Gen kontrolliert wird und daß ein Gen nur ein einziges Merkmal kontrolliert. Nach Riedl ist vielmehr die Abhängigkeit einzelner Merkmale von mehreren Genen (Polygenie) bei gleichzeitiger Abhängigkeit mehrerer Merkmale von jedem einzelnen Gen (Polyphänie oder Pleiotropie) die Regel. Riedl spricht in diesem Zusammenhang von der »Verschränkung den Genwirkungen zu interdependenten Komplexen« (1975, S. 231). Gene, deren Wirkungen solchermaßen verschränkt sind, nennen wir Gensysteme. Alexander, 1979a, und Lumsden/Wilson, 1981, verwenden dafür den Begriff »Supergene«. Man muß sich darüber im klaren sein, daß es sich hier um kein holarchisches, sondern um ein System von *Wirkungen* handelt (epigenetisches System). Ein und dasselbe Gen kann durchaus an mehreren Wirkungssystemen beteiligt sein! Deshalb werden auch so gut wie nie Einzelmerkmale ausgelesen, sondern immer nur »Merkmalskompromisse«, zu deren Gelingen als »Überlebenskompromiß« die Einzelmerkmale auf unterschiedliche Weise beitragen. Das Persistieren von Strukturen, die eher eine »Bürde« darstellen, ist nur so zu verstehen.

(3) Riedl, 1975, S. 298; vgl. auch Wuketits, 1980.

(4) Wilson, 1978, S. 23 (Übersetzung vom Verfasser).

(5) Wilson, a. a. O., S. 70 ff.; vgl. auch Burian, 1978, S. 388 ff.

(6) Zum Begriff der evolutionär stabilen Strategie (ESS) s. Maynard Smith/Price, 1973.

(7) Ähnlich auch Alexander, 1979b, und Petryszak, 1980.

(8) Zum Vergleich ökonomischer und biologischer Strukturen: Hass, 1970, Hass/Lange-Prollius, 1978, und Hirshleifer, 1977.

(9) Rosenberg, 1980, S. 164 ff.

(10) Darwin, 1967, S. 337 ff.

(11) Wickler/Seibt, 1977, S. 94 f.

(12) Dawkins, 1978a, S. 2.

(13) Wickler/Seibt, 1977, S. 96; vgl. auch Hamilton, 1964, Dawkins, 1978a und Wilson, 1978.

(14) Vgl. dazu Alexander, 1974 und 1979a, Barash, 1979, Chagnon/Irons, 1979, Dawkins, 1978a, Lockard, 1980, Trivers, 1971, 1972 und 1974, Van den Berghe, 1978, Wickler/Seibt, 1977 und Wilson, 1978 und 1980.

(15) Selbst der königliche Inzest könnte eine genetische Grundlage haben (Van den Berghe/Mesher, 1980)!

(16) Lumsden/Wilson, 1981, S. 370 (Übersetzung vom Verfasser).

(17) Ebd., S. 26 ff. Dem Begriff des »Kulturgens« entsprechen der der »kulturellen Instruktion« (Cloak, 1975) und der des »Mem« (Dawkins, 1978a). Vgl. auch Ruyle, 1973 und Giesen/Lau, 1981: diese Autoren verwenden ebenfalls den Begriff »Kulturgen«.

(18) Wilson, 1978, S. 548.

(19) Count, 1970, S. 10.

(20) Chomsky, 1970, S. 50.

(21) Tiger/Fox, 1973, S. 18 f.

(22) Ebd., S. 26.
(23) Vgl. Count, 1970, S. 124, Tiger/Fox, 1973, S. 20 ff. und Wilson, 1978, S. 380 ff.
(24) S. dazu Hass, 1970 und Hass/Lange-Prollius, 1978.
(25) Nach Riedl, 1975 und 1976, begrenzt und bestimmt die bisher schon erreichte Ordnung die Möglichkeiten genetischer und kultureller Innovation. Zum kulturellen Aspekt: Koenig, O., 1969 und 1970; zur theoretischen Grundlegung: Eigen/Winkler, 1975.
(26) Die Wichtigkeit der Kenntnis der zentralnervösen Verhaltenssteuerung wird auch von Wilson, 1978, und Lumsden/Wilson, 1981, immer wieder betont.
(27) Vgl. MacLean, 1970, Koestler, 1968 und 1978.
(28) S. dazu Adler, 1979, Bd. 1, Ehrhardt, K. J., 1975, Ewert, 1976, Becker-Carus, 1981, Lausch, 1972, Hess, W. R., 1968, und Rahmann, 1976.
(29) Z. B. Eccles, 1979, Glees, 1971, Ploog, 1964 und 1971, Zeier, 1978, sowie die oben Genannten (Anm. 28).
(30) Nach Lausch, 1972, S. 94.
(31) Ehrhardt, K. J., 1976, S. 85; vgl. auch Ehrhardt, K. J., 1975, S. 14 ff.
(32) Ploog/Gottwald, 1974, S. 130.
(33) Barnett, 1971, S. 45, weitere Einzelheiten bei Ploog, 1964, S. 378 ff.
(34) Vgl. Glees, 1971, S. 118 ff. und Lausch, 1972, S. 81 ff.; nach Luria/Chetkova, 1967, ist das Stirnhirn für die »intellektuelle Orientierung« zuständig.
(35) Portmann, 1969, S. 80.
(36) Gehlen, 1964, S. 125.
(37) Roth, H., 1971, Bd. 1, S. 116.
(38) Griese, 1976, S. 17.
(39) »Große Tiere wie Walfisch und Elefant haben ein absolut größeres Gehirn als der Mensch ...; das relative Hirngewicht ... ist bei manchen Affen und Kleinvögeln größer als beim Menschen. Ähnliches gilt auch innerhalb der Art Homo: Manche Neandertaler und Australneger haben ein größeres Hirn als der moderne Durchschnitt; manche Geniale wie Raffael und Liebig hatten ein unterdurchschnittlich kleines Hirn, Anatol France war geradezu ein Mikrocephale.« (v. Bertalanffy, 1970a, S. 40 f.), vgl. auch Fox, 1972, S. 297 und Holloway, 1966.
(40) Vgl. Steiner, 1962, S. 329.
(41) Stammhirn und Großhirn als Gegensatzpaar aufzufassen, ist genauso unsinnig wie die »Gegensatzpaare« Erbe – Umwelt und Natur – Kultur. Organismen, lebenden Systemen also, kann nur ein Denken in Systemen gerecht werden, und das heißt: ein Denken in Wechselwirkungen innerhalb der einzelnen Ebenen und zwischen ihnen sowie zwischen dem Gesamtsystem und seiner Umwelt.
(42) Bahnbrechend waren die Arbeiten E. v. Holsts, der neurophysiologische Methoden in die Ethologie einführte und damit ihren verhaltensphysiologischen Zweig zur Entwicklung brachte. Heute existieren neben der Verhaltensphysiologie noch eine Psychophysiologie (Hess, W. R., 1968), eine Neuropsychologie (Ehrhardt, K. J., 1975), eine Neuro-Ethologie (Ewert, 1976) und eine Physiologische Psychologie (Adler, M., 1979 und Becker-Carus, 1981), die alle mit vergleichbaren Methoden an vergleichbaren Fragestellungen arbeiten.
(43) Darwin, 1967, S. 337 ff.
(44) Leyhausen, 1965a, S. 256 f. Allerdings läßt es sich experimentell erreichen, daß eine Handlung ihre aktionsspezifische Energie doch erschöpft und aus diesem Grunde ausläuft. Leyhausen (ebd.) hält dies für einen »ausschlaggebend wichtigen Spezialfall«, der unter natürlichen Bedingungen praktisch nur im Spiel vorkommt. Dieser Fall ist deshalb von so großer Bedeutung, weil damit bewiesen werden kann, daß den Instinkthandlungen kein allgemeines Antriebsreservoir und dem Spiel kein allgemeiner Antriebsüberschuß zugrunde liegt, sondern die Triebenergien in jedem Fall *spezifische* Energien sind.
(45) Zuerst 1940, S. 80. Experimentelle Studien dazu: Cann und Hess/Pertrovich, zitiert bei Hess, E. H., 1977, S. 104 ff., De Lannoy/Wielemans, 1969 und 1974, Gardner/Wallach, 1965, Hückstedt, 1965 und Spindler, 1961.

(46) Lorenz, 1978a, S. 142.
(47) Leyhausen, 1967b, S. 337 ff.
(48) Ehrhardt, K. J., 1975 und 1976.
(49) Ehrhardt, K. J., 1976, S. 85.
(50) Montagu in: Hollitscher, 1973, S. 61; vgl. auch Gottschalch u. a., 1971, S. 41 f. und Fend, 1976, S. 14.
(51) Tinbergen, 1966, S. 115.
(52) Ebd.
(53) A. a. O., S. 104.
(54) Lorenz, 1978a, S. 99.
(55) V. Holst, 1960, S. 237.
(56) Cloak, 1975, S. 164 (Übersetzung vom Verfasser).
(57) Leyhausen, 1965a, S. 263.
(58) A. a. O., S. 248.
(59) A. a. O., S. 256.
(60) A. a. O., S. 263, auch schon Leyhausen, 1952, vgl. auch Koenig, O., 1971, S. 189.
(61) Leyhausen, 1965a, S. 264.
(62) Zum Begriff »Leerlaufreaktion« s. Lorenz, 1937, S. 301.
(63) Leyhausen, 1952, S. 64, s. auch Leyhausen, 1965a, S. 266.
(64) Lorenz, 1973b, S. 14.
(65) Leyhausen, 1965a, S. 266.
(66) Leyhausen, 1952, S. 65.
(67) Ebd.
(68) Steiner, 1969, S. 162.
(69) Jürgens/Ploog, 1974, S. 39.
(70) Leyhausen, 1967a, S. 284.
(71) Jürgens/Ploog, 1974, S. 41.
(72) S. Lorenz, 1937, S. 316.
(73) Gehlen, 1966, S. 26.
(74) Krech/Crutchfield, 1971, Bd. 2, S. 472 f.
(75) A. a. O., S. 473.
(76) Liungman, 1973, S. 9 f.
(77) Wellek, 1965, S. 80.
(78) Vgl. Hofstätter, 1957b, S. 175 f.
(79) Guilford/Hoepfner, 1976, S. 32.
(80) A. a. O., S. 35 u. S. 321 ff.
(81) Bigelow, 1970, S. 179.
(82) Zitiert nach Marfeld, 1970, S. 303.
(83) Vgl. Leyhausen, 1954a, S. 104 f.
(84) Leyhausen, 1954a und von Holst, 1939.
(85) Gehlen, 1936, S. 34.
(86) Gehlen, 1966, S. 133.
(87) Gradmann, 1970, S. 386.
(88) Lorenz, 1954, S. 236. Zum umgekehrten Fall, daß Streßsituationen Lernen be- oder gar verhindern, s. Vester, 1975.
(89) Gehlen, 1966, S. 137.
(90) Leyhausen, 1965a, S. 256.
(91) Jürgens/Ploog, 1974, S. 73. »Hineinlernen« bedeutet nicht, daß der ursprüngliche AAM dabei verschwindet. Er bekommt nur Wahrnehmungsfilter vorgeschaltet.
(92) Lorenz, 1978a, S. 218.
(93) Gradmann, 1970, S. 180.
(94) Leyhausen, 1952, S. 70.
(95) Vgl. Eibl-Eibesfeldt, 1987, S. 401f.
(96) Lorenz, 1978a, S. 258 f. Er beruft sich dabei auf Meyer-Holzapfel, die diese Theorie 1956 aufgestellt hat. Sie ist von Leyhausen, 1965a, und Kneutgen, 1970a, kritisiert worden.

(97) Lorenz, a. a. O., S. 160 ff.
(98) Leyhausen, 1965a, S. 265, vgl. auch Kneutgen, 1970a, S. 36 ff.
(99) Vgl. Leyhausen, a. a. O., S. 263 f.
(100) Hass, o. J., S. 215.
(101) Zu diesem Begriff s. Koehler, O., 1973 und 1974.
(102) Zur Intelligenz der Pongiden s. Köhler, W., 1973, und Rensch, 1973.
(103) Man kann z. B. durch Selbstmanipulation mittels pornographischer Bilder, Szenen, Gedanken, Handlungen etc. seinen sexuellen Antrieb steigern (in anderen Bereichen: raffinierte Küche, aggressionssteigernde Veranstaltungen, Filme etc.).
(104) Man kann z. B. den Ort oder Raum verlassen, das Thema wechseln, den Fernseher ausschalten o. ä., bevor man sich vom Geschehen »mitreißen« läßt, die »Beherrschung verliert«, oder weil man sich einfach von »wichtigeren Dingen« abgelenkt fühlt, indem die in Aufladung befindliche Appetenz die gerade noch vorherrschende zu verdrängen droht.
(105) Leyhausen, 1952, S. 62.
(106) Z. B. Fox, 1972, und Bigelow, 1972.
(107) Lorenz, 1970, S. 131.
(108) Leyhausen, 1952, S. 62.
(109) A. a. O., S. 71. Der Sinn des militärischen und ideologischen Drills dürfte es sein, diesen Punkt möglichst weit hinauszuschieben. Das ganze Spektrum wird am »affektiven Ende« zusammengedrückt, wodurch der Spielraum für »intelligentes« und »gekonntes« Handeln auch in belastenden Situationen größer wird. Interindividuelle Unterschiede in dieser Art der Belastbarkeit könnten ausschlaggebend sein für die Sonderung in »Führer« und »Geführte«, wenn auch vielleicht nicht als alleiniges Kriterium. Von Individuen mit Führungsqualitäten wird verlangt, daß sie auch dann noch »überlegt« handeln, wenn andere schon nur noch »funktionieren« – oder sogar »den Kopf verlieren«. Sie müssen dann deren Verhalten lenken, indem sie Schlüsselreize setzen für die zuvor installierten EAAMs und EAMs (Befehle erteilen). Und das geht eben nur, wenn sie selbst noch einen »klaren Kopf behalten«.
(110) Leyhausen, 1965a, S. 260.
(111) Koenig, O., 1957 und 1975. Der Begriff stammt von Jennings (vgl. Koenig, 1975, S. 28).
(112) Engzuchtgruppen sind relativ kleine Populationen. Die Evolution zum Menschen scheint in solchen Gruppen stattgefunden zu haben, denn die heutigen Primatenpopulationen sind Engzuchtgruppen, und auch auf die »sozialökonomischen Grundeinheiten der Steinzeit«, die »Lokal-Gruppen«, dürfte das zutreffen (vgl. Kurth/Röhrer-Ertl, 1977, Emlen, J. M., 1966 und Abruzzi, 1982). Diese Gruppen sollen nach Schultze-Westrum (1974) zugleich *kommunalisierte* Gruppen gewesen sein. Darunter versteht er Gruppen mit beschränkter Individuenzahl, in denen jeder jeden individuell kennt und in denen das Muster der gegenseitigen Bindungen u. a. von der durch die räumliche Verteilung der Individuen über das Gruppenterritorium bedingten unterschiedlichen Häufigkeit interindividuellen Signalaustausches dergestalt abhängt, daß häufiger Signalaustausch die individualisierte Bindung stärkt, während seltener Signalaustausch nur zu einer Bindung aufgrund von Gruppenmerkmalen führt.
(113) Koenig, O., 1957, S. 89.
(114) Koenig, O., 1975, S. 56.
(115) Roth, H., 1971, Bd. 1, S. 124.
(116) Van den Berghe, 1978, S. 21.
(117) Lorenz, 1961, S. 353.
(118) Bigelow, 1970, S. 179.
(119) Lorenz, 1961, S. 307.
(120) »Lernen läßt sich grundsätzlich auffassen als eine *Änderung des Verhaltens aufgrund einer gemachten Erfahrung*« (Correll, 1971, S. 10).
(121) Eibl-Eibesfeldt, 1987, S. 429.
(122) Besonders Lorenz, 1961 und 1978a, aber auch Gottwald, 1971, Großmann, 1977, Hassenstein, 1973, Hess, E. H., 1975, Leyhausen, 1952, Ploog/Gottwald, 1974, und

Buchholtz, 1978. Vgl. auch Rensch, 1973, und Jolly, 1975.

(123) Obwohl der Begriff »Adaptation« auch »phylogenetische Anpassung« bedeutet, verwendet Prechtl, 1953a, 1958, ihn zur Bezeichnung des Reizgewöhnungs-Phänomens.

(124) Lorenz, 1935, S. 270.

(125) Eibl-Eibesfeldt, 1984, S. 325ff. und 1987, S. 395ff.

(126) Hess, E. H., 1975, S. 403.

(127) A. a. O., S. 88.

(128) Lorenz, 1978a, S. 233.

(129) Hassenstein, 1973, S. 204.

(130) Lorenz, 1973a, S. 121.

(131) Hassenstein, 1973, S. 204.

(132) Vgl. Barnett, 1971, S. 224.

(133) Vgl. Leyhausen 1965a, S. 260. Lorenz bezeichnet die Endhandlung daher auch als ein »Dressurmittel« (1961, S. 342). Wir hatten schon erwähnt, daß »intelligentes« Verhalten im Appetenzbereich durchaus »Mühsal« und »Arbeit« bedeuten kann.

(134) Lorenz, 1978a, S. 243. Er bezieht sich dabei auf (Meyer-)Holzapfel, die die »Appetenz nach Ruhezuständen« entdeckt und 1940 zum ersten Mal beschrieben hat.

(135) Vgl. Kornhuber, 1978 und Eccles, 1979.

(136) Eccles, 1979, S. 140.

(137) Kornhuber, 1978, S. 760.

(138) Ebd.

(139) Glees, 1971, S. 184.

(140) Kornhuber, 1978, S. 758.

(141) A. a. O., S. 759.

(142) Ebd.

(143) A. a. O., S. 753.

(144) Leyhausen, 1954a, S. 105 f.

(145) Leyhausen, 1965a, S. 252.

(146) A. a. O., S. 264.

(147) Lorenz, 1978a, S. 254.

(148) A. a. O., S. 248.

(149) A. a. O., S. 250; vgl. auch Leyhausen, 1954a, v. Holst, E., 1939, und Elliott/Connolly, 1974.

(150) Eccles, 1979, S. 157 ff.

(151) Vgl. Lorenz, 1978a, S. 251. Lorenz hält auch sie für einen »andressierenden Mechanismus«, 1961, S. 337.

(152) Lorenz, 1954, S. 224 ff.

(153) Leyhausen, 1967b, S. 331 ff.

(154) Vgl. Kornhuber, 1978, S. 758 f.

(155) Leyhausen, 1965a, S. 264.

(156) A. a. O., S. 252.

(157) Den hierarchischen Aufbau von Fertigkeiten (skills) aus sogenannten »sub-routines«, das sind die Bewegungselemente der Leyhausenschen Terminologie, haben Elliott und Connolly, 1974, eingehend untersucht. Ihre Ergebnisse bestätigen die hier dargestellte Theorie der Verhaltensphysiologie.

(158) Leyhausen, 1965a, S. 266.

(159) Genaugenommen werden nur die »Kulturgene« oder »kulturellen Instruktionen« tradiert. Dem Vorgang nach handelt es sich aber um die gewohnheitsmäßige Teilnahme an Zeremonien, Befolgung von Vorschriften, Anwendung von Techniken usw. D. h., auch das »kulturelle Erbe« wird erst in (kulturellen) Phänotypen sichtbar.

(160) Lorenz, 1970, S. 110.

(161) Eibl-Eibesfeldt, 1973a, S. 69. Dort auch Beispiele zum Ablauf des Anfrageverhaltens.

(162) Vgl. Leyhausen, 1965a, Eibl-Eibesfeldt, 1987, S. 376ff. und ders., 1970, S. 38 ff.

(163) Vgl. Gradmann, 1962, S. 337 und 1970, S. 236 ff.

(164) Da es einem Symbol nicht anzusehen ist, ob es einen realen Sachverhalt bezeichnet oder nicht, läßt sich ernsthaft darüber streiten, wieviele Engel auf einer Nadelspitze

Platz finden.

(165) Vgl. Gardner/Gardner, 1969, Thorpe, 1972, Premack, D., 1973, Premack/Premack, 1973, Fouts, 1975, Linden, 1976 und Jonas/Jonas, 1979, S. 107 ff. Eine Lautsprache können Schimpansen allerdings nicht erlernen, sondern nur Zeichensprachen und andere lautunabhängige Symbolsysteme relativ bescheidenen Umfangs.

(166) Einzelheiten bei Jonas/Jonas, 1979, S. 81 ff.

(167) Vgl. Herrlitz, 1973a und b.

(168) Geschwind, 1970 und Lenneberg, 1977, S. 81 f.

(169) Adams, 1973.

(170) Lenneberg, 1977, S. 164, s. auch Oksaar, 1977, S. 178.

(171) Jonas/Jonas, 1979, S. 216.

(172) Lenneberg, 1977, S. 136 ff., vgl. auch Kneutgen, 1970b.

(173) Kalow, 1975, S. 116.

(174) A. a. O., S. 55 ff.

(175) Oksaar, 1979, S. 150, auch 1977, S. 137 ff.

(176) Mitscherlich, 1963, S. 31.

(177) Koehler, O., 1974, S. 320 f.

(178) Jonas/Jonas, 1979, S. 200 ff. Der Begriff der Stimmfühlung stammt von Lorenz (1931).

(179) A. a. O., S. 207 und 185 f.

(180) Kneutgen, 1970b, S. 263.

(181) Ebd.

(182) Ruke-Dravina, 1976, S. 14. Nach Stopa, 1973, S. 158, ist dies auch ein Merkmal »primitiver« Sprachen. Es erlaubt seiner Meinung nach sogar »eine Verknüpfung mit den Lautgebungen der Schimpansen«, S. 162!

(183) Bilz, 1956.

(184) Oksaar, 1979, S. 148.

(185) Vgl. auch Jonas/Jonas, 1979, S. 148.

(186) Vgl. auch Morath, 1978, S. 465.

(187) Vgl. Linden, 1976, S. 259.

(188) Argyle, 1975, Ekman, 1973, Ekman/Friesen/Ellsworth, 1974, v. Cranach/Vine, 1973, Hall, 1976, Hess, E. H., 1977, Hinde, 1972, Jonas/Jonas, 1979, Oksaar, 1977 und 1979, Scheflen, 1976a und b.

(189) Argyle, 1972, S. 251.

(190) Vgl. Blurton Jones, 1972, S. 278 ff.

(191) Außer den in Anm. 188 genannten: Eibl-Eibesfeldt, 1973b, van Hooff, 1972, Brannigan/Humphries, 1976.

(192) Count, 1973, Jonas/Jonas, 1979, S. 147 ff., Lenneberg, 1977, S. 82 ff., Ploog, 1972, S. 141 ff.

(193) Ploog, 1972, S. 168.

(194) Ebd.

(195) Oksaar, 1979, S. 152, ausführlicher dargelegt in: Oksaar, 1977, S. 65 ff.

(196) Dieser Zusammenhang auch bei Argyle, 1975, S. 76 f.

(197) Hetzer, 1969, S. 49.

(198) Riedl, 1980, S. 31.

(199) A. a. O., S. 32.

(200) Der Begriff stammt von Festinger, 1957.

(201) Malewski, 1967, S. 78.

(202) A. a. O., S. 78 f.

(203) Malewskis Begriff der Überzeugung ist daher nicht auf ausschließlich sprachlich vermitteltes Wissen beschränkt. Nach Auskunft des Übersetzers entsprechen ihm u. a. »Ansichten«, »Wissen«, »Erkenntnis«, »Haltung« und »Einstellung« (Malewski, 1967, S. 76).

(204) Gehlen, 1966, S. 65.

(205) Hetzer, 1969, S. 63.

(206) Lenneberg, 1977, S. 343 und Oksaar, 1977, S. 165 f.

(207) Hetzer, 1969, S. 50.
(208) Lorenz, 1973a, S. 303 f.
(209) Rensch, 1970, S. 116 f.
(210) Die erste Verarbeitung geschieht schon im Wahrnehmungsapparat selbst (z. B. E. v. Holst, 1957), dann weitere Verarbeitung im Thalamus und im limbischen System, meist unter Zuhilfenahme von Speicherinhalten des Großhirns, schließlich – aber nicht notwendig – die bewußte intellektuelle Verarbeitung. Dabei werden die Wahrnehmungen gefiltert, bewertet, sortiert, in Zusammenhänge gebracht usw., alles völlig selbständige Operationen des ZNS, aber doch eben nicht unabhängig von früheren Verarbeitungsprozessen und deren Ergebnissen. Wegen der relativen Selbständigkeit dieses vielschichtigen Prozesses läßt sich von keinem einzigen Umweltereignis mit absoluter Sicherheit vorhersagen, welche dauerhaften Veränderungen es in einem individuellen ZNS bewirkt. Vgl. bes. Kap. 2.2.2, 2.4.2 und Kap. 2.5!
(211) Der Begriff des Ökosystems beinhaltet das Beziehungsgeflecht von natürlicher, artifizieller und sozialer Umwelt (s. Kap. 1.2.3 und 1.2.4).

3 Die ontogenetische Verhaltensentwicklung des Menschen und ihre Strukturelemente

(1) Wie z. B. Ballauff, 1962, S. 39 und Griese, 1976, S. 20, 95 und 177. Aus biosoziologischer Sicht erscheinen auch die Begriffe »Sozialmachung« und »Sozialwerdung«, Fend, 1976, problematisch (s. Großmann, 1976, S. 291).
(2) Bischof, 1973, S. 444 und 446.
(3) Eibl-Eibesfeldt, 1987, S. 766f.
(4) Nach Eibl-Eibesfeldt, 1987, S. 674ff.
(5) Peiper, 1951 und 1953, Prechtl, 1953b, 1954 und 1956b.
(6) Ahrens, 1954, Koehler, 1954, Leyhausen, 1967b, Eibl-Eibesfeldt, 1973a und 1973b, Ekman, 1973, Ekman/Friesen/Ellsworth, 1974, Morris, 1978.
(7) Leyhausen, 1967b und Brannigan/Humphries, 1976, speziell zum Augengruß: Eibl-Eibesfeldt, 1973a, S. 169 ff.
(8) Dieses und weitere angeborene Wahrnehmungsschemata beschreibt Lorenz, 1943 und 1950.
(9) Scheflen, 1976a.
(10) van Hooff, 1972, Ekman, 1973, Hinde, 1974, Jolly, 1975, Morris, 1978, vgl. auch Eibl-Eibesfeldt, 1970, S. 27 ff., Zusammenfassung: Jolly, 1975, Tabelle 17, S. 126/127.
(11) In Ergänzung zu Anm. 10: Eibl-Eibesfeldt, 1973b, und Chevalier-Skolnikoff, 1973.
(12) Zitiert nach Leyhausen, 1965a, S. 252.
(13) Eibl-Eibesfeldt, 1973a, S. 212.
(14) Rudolph, 1980, S. 160 f., Tiger/Fox, 1973, S. 105 ff., Wilson, 1980, S. 133.
(15) Koenig, O., 1971, S. 151 ff.
(16) Dazu: Wickler, 1970a, und Huxley, J., 1966.
(17) Das gilt für sämtliche Arten des Rennsports wie für die klassischen Disziplinen der Leichtathletik: Laufen, Springen, Werfen. Gerade in der Leichtathletik zeigen sich deutliche Geschlechtsunterschiede (Wilson, 1980, S. 121 f.).
(18) Packard, 1970, S. 80.
(19) Rot und Gelb, die Farben reifer Früchte, entfalten dabei die größte Anziehungskraft (Packard 1970, S. 82).
(20) Diesem Bereich ist bisher wenig Aufmerksamkeit gewidmet worden. Siehe aber Tinbergen, 1966, S. 107, und Koenig, O., 1971, S. 357 ff.; über einige Instinktbewegungen in diesem Zusammenhang: Seiss, 1965.
(21) Z. B. bei Alexander, 1974, Barash, 1976, 1977, 1979, Bischof, 1980, Dawkins, 1978a, Trivers, 1972, 1974, Van den Berghe, 1979, Van den Berghe/Barash, 1977, Wickler/Seibt, 1977 und 1983, sowie Wilson, 1978.

(22) Z. B. Eibl-Eibesfeldt, 1970 und 1973a.
(23) Z. B. Wickler, 1969a und 1971a, aber auch Wickler/Seibt, 1977 und 1983.
(24) Z. B. Ehrhardt, A., 1980, und Rudolph, 1980. Die weibliche Bevorzugung des Sammelns (von Nahrung) könnte mit der Aufzuchttätigkeit zusammenhängen: Beim Sammeln – und selbst bei der Feldarbeit – können Säuglinge mitgenommen und versorgt werden, beim Jagen dagegen nicht.
(25) Nach Wilson, 1980, S. 138 ff., könnte sogar eine Disposition zur Homosexualität als »Ausweg« auf dem Weg der Genselektion entstehen bzw. erhalten bleiben.
(26) Es hat den Anschein, daß die Initiation eine reine Männerangelegenheit ist, nämlich die Aufnahme des Heranwachsenden in den Männerbund, die Gemeinschaft (Jagdgemeinschaft?) der erwachsenen Männer. Die sehr seltene Mädcheninitiation scheint eine sekundäre Entwicklung zu sein (vgl. Emlen, 1966, Tiger, 1972, Barash, 1979, Rauers, 1936). Eisenstadt, 1966, S. 55, berichtet, daß männliche Kinder sogar bis zu ihrer Initiation mit Frauen identifiziert werden können.
(27) Rauers, 1936, meint, der Männerbund habe sich aus der familiären »Vetternschaft«, d. h. einem Bund männlicher Sippenmitglieder, entwickelt.
(28) Z. B. Leyhausen, 1954b, und Eibl-Eibesfeldt, 1975a.
(29) Z. B. Eibl-Eibesfeldt, 1970, Tiger, 1970, Freedman, 1979.
(30) Z. B. Lorenz, 1970, und Eibl-Eibesfeldt, 1970.
(31) Eibl-Eibesfeldt, 1970 und 1975a.
(32) Leyhausen, 1954b und 1965b, Schultze-Westrum, 1974, Eibl-Eibesfeldt, 1975a, Hall, 1976 und Scheflen, 1976b. Zum Territorium gehören natürlich auch die darin bzw. darauf befindlichen Ressourcen, die ebenso verteidigt werden.
(33) Lauster, 1977, dagegen z. B. Eibl-Eibesfeldt, 1970.
(34) Eibl-Eibesfeldt, 1970, 1973a, 1975a, und Wickler, 1971a.
(35) Tiger, 1972, und bes. Rauers, 1936. Der Verwandtschaftsbezug scheint auch in der gebräuchlichen Formel »Brüderschaft trinken« auf und in der Kindern gegenüber verwendeten Bezeichnung »Onkel« und »Tante« für gute Freunde der Familie. Vgl. auch Kropotkin, 1975, S. 134!
(36) Trivers, 1971.
(37) Z. B. Todesstrafe, Feme, Verhansen etc. Dazu: Rauers, 1936 und 1937.
(38) Leyhausen, 1952, 1973 und 1975.
(39) Leyhausen, 1975, S. 118 ff., Zitat S. 120. Leyhausen sagt ganz deutlich, daß außer den Erfahrungsmöglichkeiten, die die Umwelt bietet, auch die angeborenen Strukturen selbst mit Mängeln behaftet sein können.
(40) In dem Maße, wie von den intellektuellen Fähigkeiten die Möglichkeiten der Analyse von Situationen zur Gewinnung von EAAMs und EAMs bzw. zur Herausfilterung der dazu passenden Auslösequalitäten sowie der Synthese von Handlungsmustern abhängen, sind diese für die Sozialisation relevant. Zur Frage, inwieweit die intellektuellen Fähigkeiten selbst genetisch mitbedingt sind, s. Eysenck, 1976 und 1978, Jensen, 1974 und 1978 sowie Merz/Stelzl, 1977.
(41) Vgl. z. B. Piaget, 1974, S. 14 ff. und Furth, 1976, S. 51 ff.
(42) Der Begriff des Stadiums oder der Phase ist hier *injunktiv* zu verstehen (Injunktionen = Begriffe mit fließenden Übergängen). S. dazu Hassenstein, 1979.
(43) Weitere Organisations- und Konsolidierungsphasen wie die Ausbildung des »Altersprachtkleides« und das Greisenalter müssen wir nach unserer Definition von A' vernachlässigen.
(44) Zur Keimesentwicklung s. z. B. Bargmann, 1957, und Blechschmidt, 1970.
(45) Anführungszeichen deshalb, weil es sich um einen sog. prägungsähnlichen Lernvorgang handelt (s. dazu Kap. 2.5.2).
(46) Vgl. Lausch, 1974, S. 136 f., und Jonas/Jonas, 1979, S. 175 ff.
(47) Lausch, a. a. O.
(48) Ebd. und Jonas/Jonas, a. a. O., S. 175 f. sowie Morath, 1978, S. 463 f.
(49) Zitiert nach Schmalohr, o. J., S. 161.
(50) Morath, 1978, S. 464.
(51) Hassenstein, 1976, S. 295, vgl. auch Spitz, 1976, S. 104 f.

(52) Spitz, a. a. O., und Morath, a. a. O. Morath läßt es aber fraglich erscheinen, daß das Auftreten des sozialen Lächelns den *Beginn* der sensiblen Phase markiert, denn Mütter bringen schon vorher ganz unbewußt ihr Gesicht in die für die visuelle Eindrucksfähigkeit des Säuglings optimale Entfernung von ca. 19 cm (S. 464 f.).

(53) Da die Kriech- und Schreitbewegungen erbkoordiniert sind – sie treten als »reflektorische« Aktivitäten bei Neugeborenen auf –, handelt es sich beim Vorgang der Integration natürlich nicht um die Koordinierung des Bewegungsmusters, sondern um den für den Lebensvollzug sinnvollen Einbau der Erbkoordinationen in den bis dahin vorhandenen Konnex möglichen Verhaltens und Erkennens (vgl. Eibl-Eibesfeldt, 1984, S. 44 f. und S. 680 ff.). Dasselbe gilt für das Lächeln.

(54) Z. B. Schraml, 1970, S. 127 ff.

(55) Oksaar, 1979 und 1977, S. 158 ff.

(56) Schraml, 1970, S. 130.

(57) Schmalohr, o. J., S. 167; vgl. auch Eibl-Eibesfeldt, 1987, S. 398: »Diese Bindung ist die Voraussetzung für die Entwicklung des 'Urvertrauens' (E. H. Erikson, 1953), einer ganz grundsätzlichen Einstellung zu sich selbst und zur Welt ... Wird diese Beziehung gestört, dann entwickelt sich ein Urmißtrauen.«

(58) Hassenstein, 1976, S. 295.

(59) Spitz, 1976, Teil III.

(60) Hassenstein, 1974a, 1974b und 1976.

(61) S. Kap. 1.2.5 mit Bezug auf Liedtke und Muhri.

(62) Portmann, 1969, nahm dies bekanntlich zum Anlaß, hierin den »eigentlichen Geburtszustand« des Menschen zu erblicken, da er den Menschen fälschlich für einen verhinderten Nestflüchter hielt. Allerdings ließ er – und zwar allein aufgrund der Wachstumskurve – diesen Zustand schon mit Ende des 12. Lebensmonats erreicht sein, obwohl er selbst nur vom ansatzweisen Beherrschen der arteigenen Bewegungs- und Kommunikationsweise zu diesem Zeitpunkt sprechen kann, der »Nestflüchterstatus« mithin *noch nicht* vorliegt (S. 57 ff.).

(63) Vgl. Leyhausen, 1967b.

(64) Hetzer, 1969, S. 62 ff.

(65) A. a. O., S. 63. Das Kleinkindalter wird deshalb auch »zweites Fragealter« genannt, das durch »Warumfragen« charakterisiert ist (wogegen das »erste Fragealter« noch in die Säuglingszeit fällt und die bloße Benennung der Dinge zum Ziel hat). Nach Lorenz gehört Kausalität zu den »angeborenen Formen möglicher Erfahrung« (1943, S. 347 ff., dazu auch bes. Riedl, 1980, Kap. 4, und 1985, S. 80 ff., Kaspar, 1980a sowie Wuketits, 1980 und 1981).

(66) Dazu Leyhausen, 1952. Er vermutet hier noch, Trotz sei eine Begleiterscheinung des Auftretens eines »Selbstbehauptungstriebes«. Nach seiner dreizehn Jahre später formulierten Theorie der »Relativen Stimmungshierarchie« ist aber eher anzunehmen, daß es sich um den Erwerb spezifischer Handlungs- und Interpretationsweisen im sozialen Bereich handelt, die der Abstimmung des für die eigenen Antriebe beanspruchten Aktionsraumes mit dem Rahmen, den die soziale Umwelt zuzugestehen bereit ist, dienen.

(67) Hetzer, 1969, S. 67.

(68) Nach Piaget hat das Kind in seiner Säuglingszeit eine Phase »sensomotorischer Operationen« durchlaufen. Als Kleinkind tritt es ein in die Phase der »konkreten Denkoperationen«, und zwar in deren ersten Abschnitt, der das Kleinkindalter ausfüllt: die »Elaboration innerer Operationen«. Diese geht etwa im 7. Lebensjahr in eine »Denkstruktur« über, die aber zunächst noch unvollständig ist und an konkrete Inhalte gebunden bleibt (1974, S. 18 f., auch Furth, 1976, S. 54 ff.). D. h. die Fähigkeit, im Rückgriff auf frühere Erfahrungen und im Vorgriff auf zu erwartende Ereignisse (...) komplexe Situationen so zu interpretieren und solche Handlungsmuster bereitzustellen, daß situationsgerechtes Verhalten möglich ist, kann sich auf dieser Stufe nur auf konkrete und überschaubare Fälle erstrecken.

(69) Vgl. Reyer, 1975, S. 23, und Clark, 1977.

(70) Eibl-Eibesfeldt, 1972a, S. 143, und 1984, S. 282. Vereinzelt finden sich derart lange Stillperioden auch noch bei uns: Zum engeren Bekanntenkreis des Verfassers gehört

eine Frau, die ihr Kind bis ins dritte Lebensjahr gestillt hat. Das erste Gebiß wird sicher nicht ohne Grund »Milchgebiß« genannt!

(71) Dargestellt bei Dawkins, 1978a, S. 145 ff. Zum hormonellen Zusammenhang zwischen Stillen und Empfängnisverhütung s. Eibl-Eibesfeldt, 1984, S. 279 f.

(72) Einzelheiten bei Trivers, 1974, Barash, 1976, und Dawkins, 1978a, S. 151 f.

(73) Hassenstein, 1975a, S. 109.

(74) Hassenstein, 1973, S. 67. Diese »erregungsbedingte Prägung«, die u. a. auch die Grundlage des Feteschismus sein soll, stellt möglicherweise sogar einen *echten* Prägungsvorgang dar.

(75) Dröscher, 1974, S. 348 ff., Fox, 1962, Demarest, 1977 und Bischof, 1973.

(76) Vgl. Bischof, a. a. O., S. 435 und 451 ff., zur Vermeidung des Eltern-Kind-Inzests ebenfalls Bischof, a. a. O. und Tiger/Fox, 1973, S. 139 f.

(77) Nach Piaget befindet sich das Kind im zweiten Abschnitt der Phase der »konkreten Denkoperationen«, die durch das Vorhandensein logisch-mathematischer Denkstrukturen gekennzeichnet ist. Diese sind jedoch noch an Gegenstände gebunden (Piaget, 1974, S. 18 f. und Furth, 1976, S. 56 ff.).

(78) Rechnen – Lesen – Schreiben.

(79) Nach Eckermann/Whatley/Kutz, 1975, setzt das Interesse an anderen Kindern bereits mit dem Kleinkindalter ein. Hetzer, 1969, S. 130 f., weist darauf hin, daß Kleinkinder meistens unter Aufsicht und in der Nähe des Elternhauses spielen, während das Spiel der Schulkinder sich durch Selbständigkeit auszeichnet.

(80) Loizos, 1967, S. 212 (Übersetzung vom Verfasser).

(81) Ebd.

(82) Vgl. Schmalohr, o. J.

(83) Sbrzesny, 1976, S. 243.

(84) Ebd.

(85) Château, zitiert nach Sbrzesny, 1976, S. 244.

(86) Kummer, 1975, S. 28.

(87) Tiger, 1972, vgl. auch Rauers, 1934 und 1936.

(88) Sbrzesny, 1976, S. 181.

(89) A. a. O., S. 178.

(90) Versluys, 1939, S. 22.

(91) S. Eibl-Eibesfeldt, 1984, S. 87 ff., auch Morris, 1978, S. 230 ff., und Morris, 1986.

(92) Hass, o. J., S. 190. vgl. auch Wickler, 1971a, S. 77 ff.

(93) Vgl. Eyferth, 1970, S. 130.

(94) Ebd.

(95) Nach Piaget, 1974, S. 19, und Furth, 1976, S. 58 ff., erreicht die intellektuelle Entwicklung des Menschen in dieser Phase als ihre letzte die Stufe der »formalen abstrakten Operationen«.

(96) Leyhausen, 1952, S. 71.

(97) Versluys, 1939, S. 23.

(98) Rosenmayr, 1976, S. 50.

(99) Zahlreiche Beispiele in Eisenstadt, 1966.

(100) Nach Schubnell, 1975, S. 67, lag in Deutschland das durchschnittliche Heiratsalter der Frauen zwischen 1950 und 1972 um ca. 2 1/2 Jahre unter dem der Männer.

(101) Bischof/Preuschoft, 1980, und Wickler/Seibt, 1983.

(102) Barash, 1979, S. 192, glaubt, die etablierten Männer schlössen ihre heranwachsenden Geschlechtsgenossen aus Gründen der Konkurrenz möglichst lange von der Fortpflanzung aus. Uns erscheint aber der Besitzanspruch der etablierten Männer weniger plausibel als die geringe Attraktivität besitz- und erfahrungsloser Jünglinge. Die Selektion dürfte am häufigen Mißlingen der Aufzucht angesetzt haben.

(103) Schofield, 1969, S. 97 f., und Tippelt, 1984, S. 69 ff.

(104) Eibl-Eibesfeldt, 1984, S. 346.

(105) Rauers, 1936, S. 44 f.

(106) Beispiele bei Rauers, 1936, und Eisenstadt, 1966.

(107) Emlen, 1966, Fox, 1972, S. 307 ff., Tiger, 1972, S. 58 ff.

(108) Man könnte darüber spekulieren, ob der bewußte Verzicht auf Fortpflanzung, die Entscheidung, kinderlos zu bleiben, als eine Art von Infantilismus gedeutet werden könnte, hinter dem unbewußt das Gefühl steckt, noch nicht genug erlebt, noch nicht genug gelernt, noch nicht genug erworben zu haben, um sich fortpflanzen zu können. Auch freiwillige Abhängigkeit, z. B. in religiösen Orden, die zu Kinderlosigkeit führt, könnte als Infantilismus interpretiert werden.

(109) Vgl. in diesem Zusammenhang Leyhausens Kritik an Gehlens anthropologischem Entwurf (1965a, S. 254 ff.).

(110) Brezinka, 1977.

(111) Pädagogische Resignation ist deshalb genauso wenig angezeigt wie pädagogische Euphorie. Realistische Pädagogik muß auf einer realistischen Anthropologie gründen, die den Menschen nicht im Kosmos sucht, sondern auf der Erde findet.

(112) Neidhardt, 1974, S. 145.

(113) Vgl. Lorenz, 1954, S. 234 f. »Kosmopolit« heißt nicht, daß jeder Mensch überall leben kann und will. Der Begriff soll nur besagen, der Mensch *als Spezies* habe eine Vielzahl über den ganzen Erdball verteilter Lebensräume besiedelt.

(114) Cloak, 1975, S. 166 (Übersetzung vom Verfasser).

(115) Ebd.

(116) Auch für nicht-menschliche Primaten wird eine vergleichbare stammesgeschichtlich entwickelte Verlaufsform der Ontogenese angenommen (Poirier, 1972, und Chevalier-Skolnikoff/Poirier, 1977).

(117) Liedtke, 1972, und Muhri, 1982.

(118) Für die Fortpflanzungsfähigkeit einen allgemeingültigen Kriterienkatalog zu entwickeln, wie erst gefordert, dürfte unmöglich sein, da lediglich die folgenden Voraussetzungen unabdingbar sind: Geschlechtsreife sowie die Fähigkeit zur Ernährung der eigenen Person *und* des Nachwuchses. Da die Frauen nun einmal die Gebärerinnen sind und den Nachwuchs zunächst *haben*, liegt es in ihrem Interesse, den Erzeuger (oder jemand anderen) an der Aufzucht zu beteiligen. Danach, wie die Beteiligung anderer an der Kinderaufzucht institutionell geregelt ist, richten sich die Kriterien für die Zuerkennung des Erwachsenenstatus für *beide* Geschlechter.

4 Ontogenetisches Modell und Wechselwirkungs- oder Interaktionsmodell im Vergleich

(1) Wolf, 1971.
(2) A. a. O., S. 23.
(3) A. a. O., S. 25.
(4) Ebd.
(5) A. a. O., S. 26.
(6) Diederich, 1971.
(7) A. a. O., S. 34.
(8) A. a. O., S. 36.
(9) A. a. O., S. 45.
(10) A. a. O., S. 57 f.

Literaturverzeichnis

Abruzzi, W. S., 1982: Ecological Theory and Ethnic Differentiation among Human Populations. Current Anthropology **23/1**, 13–35.

Adams, A. E., 1973: Sprache und Gehirn. Naturwissenschaftliche Rundschau **26**, 57–65.

Adams, D. B., 1979: Brain mechanisms for offense, defense, and submission. The Bahavioral and Brain Sciences **2**, 201–241.

Adler, M., 1979: Physiologische Psychologie. 2 Bde. Stuttgart: Enke.

Ahrens, R., 1954: Beitrag zur Entwicklung des Physiognomie- und Mimikerkennens. Zeitschrift für experimentelle und angewandte Psychologie **2**, 412–454 (Teil I), 599–633 (Teil II).

Ainsworth, M. D. S. & S. M. Bell, 1974: Mother-Infant Interaction and the Development of Competence. In: Connolly, K. & J. Bruner (Eds.), 1974: The Growth of Competence, S. 97–118. London/New York: Academic Press.

Ainsworth, M. D. S. et al., 1974: Infant-mother attachment and social development: Socialisation as a product of reciprocal responsiveness to signals. In: Richards, M. P. M. (Ed.), 1974, The Integration of a child into a social world, S. 99–135. London: Cambridge University Press.

Albert, H. (Hrsg.), 1971: Sozialtheorie und soziale Praxis. Eduard Baumgarten zum 70. Geburtstag. Meisenheim: Anton Hain.

Alcock, J., 1978: Die Evolution des Verhaltens in: Stamm, R. A. & H. Zeier (Hrsg.), 1978: Lorenz und die Folgen – Die Psychologie des 20. Jahrhunderts. Bd. VI, S. 267–281. Zürich: Kindler.

Alexander, R. D., 1971: The Search for an Evolutionary Philosophy of Man. Proceedings of the Royal Society of Victoria **84**, 99–119.

Alexander, R. D., 1974: The Evolution of Social Behavior. Annual Review of Ecology and Systematics **5**, 325–383.

Alexander, R. D., 1975: The Search for a General Theory of Behavior. Behavioural Science **20**, 77–100.

Alexander, R. D., 1979a: Darwinism and Human Affairs. London: Pitman Publ.

Alexander, R. D., 1979b: Evolution and Culture in: Chagnon, N. A. & W. Irons (Eds.), 1979: Evolutionary Biology and Human Social Behavior, p. 53–78. North Scituate: Duxbury Press.

Alexander, R. D. & K. M. Noonan, 1979: Concealment of Ovulation. Parental Care, and Human Social Evolution in: Chagnon, N. A. & W. Irons (Eds.), 1979: Evolutionary Biology and Human Social Behavior, p. 436–453. North Scituate: Duxbury Press.

Alexander, R. D. et al., 1979: Sexual Dimorphismus and Breeding Systems in Pinnipeds, Ungulates, Primates, und Humans. In: Chagnon, N. A. & W. Irons (Eds.), 1979: Evolutionary Biology and Human Social Behavior, p. 402–435. North Scituate: Duxbury Press.

Allen, E. et al., 1978: Against »Sociobiology«. In: Caplan, A. L. (Ed.), 1978: The Sociobiology Debate. S. 259–264. New York: Harper & Row.

Alper, J. et al., 1976: The Implications of Sociobiology. Science **192**, S. 424–427.

Alper, J. et al., 1978: Sociobiology is a Political Issue. In: Caplan, A. L. (Ed.), 1978: The Sociobiology Debate. S. 476–488. New York: Harper & Row.

Altner, G., 1969: Kreatur Mensch. München: Moos.

Anderson, J. W., 1976: Attachment behaviour out of doors. In: Blurton Jones, N. G. (Ed.), 1976: Ethological Studies of Child Behaviour. (1st Edition: 1972). S. 199–215. Cambridge: University Press.

Angst, W. & H. Kummer, 1975: Soziale Organisation von Pavian-Gruppen. In: Kurth, G. & I. Eibl-Eibesfeldt (Hrsg.), 1975: Hominisation und Verhalten. S. 56–73. Stuttgart: G. Fischer.
Argyle, M., 1972: Non-Verbal Communication in Human Social Interaction in: Hinde, R. A. (Ed.), 1972: Non-Verbal Communication, S. 243–269. Cambridge: University Press.
Argyle, M., 1975: Soziale Interaktion. 3. Aufl. Köln: Kiepenheuer & Witsch.
Aselmeier, U., 1973: Biologische Anthropologie und Pädagogik. Weinheim: Beltz.
Aselmeier, U., 1974: Humanbiologie, Verhaltensforschung. In: Kamper, D. (Hrsg.), 1974: Sozialisationstheorie. Freiburg: Herder.
Ausubel, D. P. & E. V. Sullivan, 1974: Das Kindesalter. München: Juventa.
Autrum, H., 1976: Menschliches Verhalten als biologisches Problem. München: Piper.
Axelrod, R. & W. D. Hamilton, 1981: The Evolution of Cooperation. Science **211**, 1390–1396.

Baerends, G. P., 1941: Fortpflanzungsverhalten und Orientierung der Grabwespe Ammophila Campestris. Tijdschrift voor Entomologie **84**, 68–275.
Baerends, G. P., 1956: Aufbau tierischen Verhaltens in: Kükenthal, W. (Hrsg.), 1956: Handbuch der Zoologie. Bd. 8, Teil 10–3, S. 1–32. Berlin: deGruyter.
Baker, J. R., 1976: Die Rassen der Menschheit. Stuttgart: DVA.
Baldwin, J. D. & J. J. Baldwin, 1977: The Role of Learning Phenomena in the Ontogeny of Exploration and Play. In: Chevalier-Skolnikoff, S. & F. E. Poirier (Eds.), 1977: Primate Bio-Social Development. New York, London: Garland Publ.
Ballauff, Th., 1962: Die pädagogische Unzulänglichkeit biologischer Anthropologie. Essen: Neue Deutsche Schule.
Baltes, P. B. & L. H. Eckensberger (Hrsg.), 1979: Entwicklungspsychologie der Lebensspanne. Stuttgart: Klett-Cotta.
Barash, D. P., 1972: Human Ethology: the snack-bar security syndrome. Psychological Reports **31**, 577–578.
Barash, D. P., 1973: Human Ethology: Personal Space Reiterated. Environment and Behavior **7**, 67–72.
Barash, D. P., 1974: Human Ethology: displacement activities in a dental office. Psychological Reports **34**, 947–949.
Barash, D. P., 1976: Some evolutionary aspects of parental behavior in animals and man. American Journal of Psychology **89**, 195–217.
Barash, D. P., 1977: Sociobiology and Behavior. New York: Elsevier.
Barash, D. P., 1979: The Whisperings Within. New York: Harper & Row.
Barash, D. P. & P. J. Greene, 1976: Genetic Basis of Behavior – Especially of Altruism. American Psychologist **31**, 359–361.
Bargmann, W., 1957: Vom Bau und Werden des Organismus. Reinbek: Rowohlt.
Barkow, J. H., 1973: Darwinian Psychological Anthropology: A Biosocial Approach. Current Anthropology **14**, 373–388.
Barkow, J. H., 1975: Prestige and Culture: A Biosocial Interpretation. Current Anthropology **16**, 553–572.
Barkow, J. H., 1977: Human Ethology and Intra-Individual Systems. Social Sciences Information **16**, 133–145.
Barkow, J. H., 1978a: Culture and Sociobiology. American Anthropologist **80**, 5–20.
Barkow, J. H., 1978b: Social Norms, the Self and Sociobiology: Building on the Ideas of A. I. Hallowell. Current Anthropology **19**, 99–118, 410–411.
Barlow, G. W. & J. Silverberg (Hrsg.), 1979: Sociobiology: beyond nature/nurture. Boulder/Colo.: Westview Press.
Barnett, S. A., 1971: Instinkt und Intelligenz. Frankfurt/M.: Fischer.
Barth, F., 1967: On the Study of Social Change. American Anthropologist **69**, 661–669.
Beck, J. et al., 1970: Erziehung in der Klassengesellschaft. München: List.
Becker-Carus, C., 1981: Grundriß der Physiologischen Psychologie. Heidelberg: Quelle & Meyer.

Becker-Carus, C. & H. Schöne, 1972: Motivation, Handlungsbereitschaft, Trieb. Zeitschrift für Tierpsychologie **30**, 321–326.
Beer, G. de, 1966: Bildatlas der Evolution. München: BLV.
Berger, P. & Th. Luckmann, 1969: Die gesellschaftliche Konstruktion der Wirklichkeit. Frankfurt/M.: S. Fischer.
Bergius, R., 1972: Entwicklung als Stufenfolge in: Thomae, H. (Hrsg.), 1972: Entwicklungspsychologie (Handbuch der Psychologie, Bd. 3), S. 111-169. 2. Aufl. Göttingen: Hogrefe.
Bernsdorf, W. (Hrsg.), 1969: Wörterbuch der Soziologie. Stuttgart: Enke.
Bertalanffy, L. von, 1970a: ... aber vom Menschen wissen wir nichts. Düsseldorf: Econ.
Bertalanffy, L. von, 1970b: Gesetz oder Zufall: Systemtheorie und Selektion. In: Koestler, A. & J. R. Smythies (Hrsg.), 1970: Das neue Menschenbild, S. 71–95. Wien, München, Zürich: Molden.
Bezzel, E., 1971: Das Phänomen der Erziehung aus der Sicht der Verhaltensforschung. In: Debl, H. (Hrsg.), 1971: Die Pädagogik im Dialog mit ihren Grenzwissenschaften, S. 65–90. München: Ehrenwirth.
Biermann, G. et al., 1975: Kindliche Sozialisation und Sozialentwicklung – Fortschritte der Sozialpädiatrie 2. München, Berlin, Wien: Urban & Schwarzenberg.
Biervliet, H. et al., 1980: Biologism, Racism, and Eugenics in the Anthropology and Sociology of the 1930s. The Netherland's Journal of Sociology **16**, 69–92.
Bigelow, R., 1970: Und willst du nicht mein Bruder sein ... Stuttgart: DVA.
Bigelow, R., 1972: The Evolution of Cooperation, Aggression, and Self-Control in: Nebraska Symposium on Motivation, 1–57. Lincoln: University of Nebraska Press.
Bilz, R., 1948: Schrittmacherphänomene. Psyche **2**, 229–250.
Bilz, R., 1956: Die Kuckucks-Terz in: Bilz, R., 1971: Paläoanthropologie. Bd. 1, S. 332–350. Frankfurt/M.: Suhrkamp.
Bilz, R., 1969: Angeborene Reaktionsmechanismen des Menschen in: Keiter, F. (Hrsg.), 1969: Verhaltensforschung im Rahmen der Wissenschaften vom Menschen, S. 104–121. Göttingen: Musterschmidt.
Bilz, R., 1971: Paläoanthropologie, Bd. 1. Frankfurt/M.: Suhrkamp.
Bilz, R. & N. Petrilowitsch (Hrsg.), 1971: Beiträge zur Verhaltensforschung. Basel, München: Karger.
Bischof, N., 1973: Die biologischen Grundlagen des Inzesttabus. In: Wickler, W. & U. Seibt (Hrsg.), 1973: Vergleichende Verhaltensforschung, S. 433–457. Hamburg: Hoffmann & Campe.
Bischof, N., 1980: Biologie als Schicksal? Zur Naturgeschichte der Geschlechterrollendifferenzierung. In: Bischof, N. & H. Preuschoft (Hrsg.), 1980: Geschlechtsunterschiede – Entstehung und Entwicklung, S. 25–42. München: Beck.
Bischof, N., 1985: Das Rätsel Ödipus. München: Piper.
Bischof, N. & H. Preuschoft (Hrsg.), 1980: Geschlechtsunterschiede – Entstehung und Entwicklung. München: Beck.
Blechschmidt, E., 1970: Vom Ei zum Embryo. Reinbek: Rowohlt.
Blurton Jones, N. G., 1967: An Ethological Study of Some Aspects of Social Behaviour of Children in Nursery School. In: Morris, D. (Ed.), 1967: Primate Ethology, p. 347–368. Chicago: Aldine.
Blurton Jones, N. G., 1972: Non-Verbal Communication in Children. In: Hinde, R. A. (Ed.), 1972: Non-Verbal Communication, p. 271–296. Cambridge: University Press.
Blurton Jones, N. G., 1974: Ethology and early Socialisation. In: Richards, M. P. M. (Ed.), 1974: The Integration of a child into a Social World, p. 263–293. London: Cambridge University Press.
Blurton Jones, N. G., 1975: Ethology, Anthropology, and Childhood. In: Fox, R. (Ed.), 1975: Biosocial Anthropology, p. 69–92. London: Malaby.
Blurton Jones, N. G. (Ed.), 1976: Ethological Studies of Child Behaviour. Cambridge: University Press.
Blurton Jones, N. G. & M. J. Konner, 1973: Sex Differences in Behaviour of London and Bushman Children. In: Michael, R. P. & J. H. Crook (Ed.), 1973: Comparative Ecology

and Behaviour of Primates, p. 689–750. London, New York: Academic Press.
Bogdany, F. J., 1980: Soziobiologie – Möglichkeiten und Grenzen der »Neuen Synthesis«. Kölner Zeitschrift für Soziologie und Sozialpsychologie **32**, 312–324.
Bollnow, O. F., 1968: Die anthropologische Betrachtungsweise in der Pädagogik. 2. Aufl. Essen: Neue Deutsche Schule.
Bowlby, J., 1973: Mütterliche Zuwendung und geistige Gesundheit. München: Kindler.
Boyd, R. & P. J. Richerson, 1976: A simple dual inheritance model of the conflict between social and biological evolution. Zygon **11/3**, 254–262.
Brannigan, C. R. & D. A. Humphries, 1976: Human nonverbal behaviour, a means of communication. In: Blurton Jones, N. G. (Ed.), 1976: Ethological Studies of Child behaviour, p. 37–64. Cambridge: University Press.
Bressler, M., 1981: Biological Determinism and Ideological Indeterminacy. In: White, E. (Ed.), 1981: Sociobiology and Human Politics, p. 181–191. Lexington: Lexington Books.
Brezinka, W., 1971: Von der Pädagogik zur Erziehungswissenschaft. Weinheim: Beltz.
Brezinka, W., 1977: Grenzen der Erziehung in: Schicksal? Grenzen der Machbarkeit, S. 104–140. München: dtv.
Brindley, C. et al., 1973: Sex Differences in the Activities and Social Interactions of Nursery School Children. In: Michael, R. P. & J. H. Crook (Ed.), 1973: Comparative Ecology and Behaviour of Primates, p. 799–828. London, New York: Academic Press.
Bronfenbrenner, U., 1976: Ökologische Sozialisationsforschung. Stuttgart: Klett.
Bruner, J. et al., 1971: Studien zur kognitiven Entwicklung. Stuttgart: Klett.
Buchholtz, C., 1978: Lernen. In: Stamm, R. A. & H. Zeier (Hrsg.), 1978: Lorenz und die Folgen – Die Psychologie des 20. Jahrhunderts. Bd. VI, S. 248–266. Zürich: Kindler.
Bühler, Ch., 1930: Kindheit und Jugend. 2. Aufl. Leipzig: Hirzel.
Bühler, K., 1930: Die geistige Entwicklung des Kindes. 6. Aufl. Jena: G. Fischer.
Bunak, V. V., 1973: Die Entwicklungsstadien des Denkens und des Sprachvermögens und die Wege ihrer Erforschung. In: Schwidetzky, I. (Hrsg.), 1973: Über die Evolution der Sprache, S. 226–252. Frankfurt/M.: S. Fischer.
Bundesminister für Jugend, Familie und Gesundheit, 1975: Bericht über die Lage der Familie in der Bundesrepublik Deutschland – Zweiter Familienbericht. Bonn: Bundesdrucksache.
Bunk, B. & J. Tausch, 1975: Grundlagen der Verhaltenslehre. Braunschweig: Westermann.
Burian, R. M., 1978: A Methodological Critique of Sociobiology. In: Caplan, A. L. (Ed.), 1978: The Sociobiology Debate, p. 376–395. New York: Harper & Row.
Burkolter, V., 1976: The Patronage System. Basel: Ed. Paul Trappe.
Burton, M., 1957: Die Kindheit der Tiere. Reinbek: Rowohlt.

Caesar, B., 1972: Autorität in der Familie. Reinbek: Rowohlt.
Campbell, B., 1972a: Entwicklung zum Menschen. Stuttgart: G. Fischer.
Campbell, B. (Ed.), 1972b: Sexual Selection and the Descent of Man 1871–1971. Chicago: Aldine.
Campbell, B., 1985: Ökologie des Menschen. München: Harnack.
Campbell, D. T., 1965: Ethnocentric and Other Altruistic Motives. Nebraska Symposium on Motivation, p. 283–311. Lincoln: University of Nebraska Press.
Campbell, D. T., 1972: On the Genetics of Altruism and the Counter-Hedonic Components in Human Culture. Journal of Social Issues **28**, 21–37.
Campbell, D. T., 1974: Evolutionary Epistemology. In: Schilpp, P. A. (Ed.), 1974: The Philosophie of Karl Popper, Bd. I, S. 413–463. La Salle: open court.
Campbell, D. T., 1975: On the Conflicts Between Biological and Social Evolution and Between Psychology and Moral Tradition. American Psychologist **30**, 1103–1126.
Cannon, W. B., 1975: Wut, Hunger, Angst und Schmerz. München, Berlin, Wien: Urban & Schwarzenberg.
Caplan, A. L. (Ed.), 1978: The Sociobiology Debate. New York: Harper & Row.
Carlisle, T. R., 1981: Altruism Between In-laws: Some Predictions from Kin-Selection Theory. Behavioral Ecology and Sociobiology **8**, 157–159.

Carthy, J. D. & F. J. Ebling (Eds.), 1964: The Natural History of Aggression. London, New York: Academic Press.
Caspari, E., 1961: Some Genetic Implications of Human Evolution. In: Washburn, S. L. (Ed.), 1961: Social Life of Early Man, p. 267–277. New York: Wenner Gren Foundations.
Caspari, E., 1969: Genetische Grundlagen des Verhaltens. In: Roe, A. & G. G. Simpson (Hrsg.), 1969: Evolution und Verhalten, S. 36–69. Frankfurt/M.: Suhrkamp.
Caspari, E., 1972: Sexual Selection in Human Evolution. In: Campbell, B. (Ed.), 1972b: Sexual Selection and the Descent of Man 1871–1971, p. 332–356. Chicago: Aldine.
Caton, H., 1981: Domesticating Nature: Thoughts on the Ethology of Modern Politics. In: White, E. (Ed.), 1981: Sociobiology and Human Politics, p. 99–133. Lexington: Lexington Books.
Cattell, R. B., 1972: A New Morality from Science: Beyondism. New York: Pergamon.
Chagnon, N. A. & W. Irons (Eds.), 1979: Evolutionary Biology and Human Social Behavior. North Scituate: Duxbury Press.
Chance, M. R. A., 1961: The Nature and Special Features of the Instinctive Social Bond of Primates. In: Washburn, S. L. (Ed.), 1961: Social Life of Early Man, p. 17–33. New York: Wenner Gren Foundations.
Chance, M. R. A., 1967: Attention Structure as the Basis of Primate Rank Orders. Man **2**, 503–518.
Chance, M. R. A., 1975: Social Cohesion and the Structure of Attention. In: Fox, R. (Ed.), 1975: Biosocial Anthropology, p. 93–113. London: Malaby.
Chance, M. R. A. & C. J. Jolly, 1970: Social Groups of Monkeys, Apes and Men. London: J. Cape.
Changeux, J.-P., 1984: Der neuronale Mensch. Reinbek: Rowohlt.
Charlesworth, W. R., 1977: Die Entwicklung früher Kompetenz: Ethologische Vorstellungen. In: Grossmann, K. E. (Hrsg.), 1977: Entwicklung der Lernfähigkeit in der sozialen Umwelt, S. 14–46, München: Kindler.
Charlesworth, W. R. & M.-A. Kreutzer, 1973: Facial Expressions of Infants and Children. In: Ekman, P. (Ed.), 1973: Darwin and Facial Expression, p. 91–168. New York, London: Academic Press.
Chevalier-Skolnikoff, S., 1973: Facial Expression of Emotion in Nonhuman Primates. In: Ekman, P. (Ed.), 1973: Darwin and Facial Expression, p. 11–89. New York, London: Academic Press.
Chevalier-Skolnikoff, S. & F. E. Poirier (Eds.), 1977: Primate Bio-Social Development. New York, London: Garland Publ.
Child, J. et al., 1971: Sozialisation. Studientexte zur Psychologie und Soziologie der Erziehung. Bd. 3. Berlin: Studiengruppe Psychologie.
Chomsky, N., 1970: Sprache und Geist. Frankfurt/M.: Suhrkamp.
Claessens, D., 1970: Instinkt Psyche Geltung. 2. Aufl. Köln, Opladen: Westdeutscher Verlag.
Claessens, D., 1972: Familie und Wertsystem. Berlin: Duncker & Humblot.
Claessens, D., 1978: Anthropologische Voraussetzungen einer Theorie der Sozialisation. In: Götz, B. & J. Kaltschmid (Hrsg.), 1978: Sozialisation und Erziehung, S. 49–81. Darmstadt: Wissenschaftl. Buchges.
Clark, C. B., 1977: A Preliminary Report on Weaning among Chimpanzees of the Gombe National Park, Tanzania. In: Chevalier-Skolnikoff, S. & F. E. Poirier (Eds.), 1977: Primate Bio-Social Development, p. 235–260. New York, London: Garland Publ.
Cloak, F. T., 1975: Is a Cultural Ethology Possible? Human Ecology **3/3**, 161–182.
Connolly, K. & J. Bruner (Eds.), 1974: The Growth of Competence. London, New York: Academic Press.
Connolly, K. & J. Elliott, 1976: The Evolution and Ontogeny of Hand Function. In: Blurton Jones, N. G. (Ed.), 1976: Ethological Studies of Child Behaviour, p. 329–383. Cambridge: University Press.
Correll, W., 1971: Lernen und Verhalten. Frankfurt/M.: Fischer.
Coulter, J., 1979: The Brain as Agent, Human Studies 2, p. 335–348.
Count, E. W., 1970: Das Biogramm. Frankfurt/M.: S. Fischer.

Count, E. W., 1973: Kommunikation zwischen Tieren und die anthropologischen Wissenschaften. In: Schwidetzky, I. (Hrsg.), 1973: Über die Evolution der Sprache, S. 165–225. Frankfurt/M.: S. Fischer.

Craig, W., 1918: Appetites and Aversions as Constituents of Instincts. Biological Bulletin **34**, 91–107.

Cranach, M. von, 1971: Über die Signalfunktion des Blickes in der Interaktion. In: Albert, H. (Hrsg.), 1971: Sozialtheorie und soziale Praxis. Eduard Baumgarten zum 70. Geburtstag, S. 201–224. Meisenheim: Anton Hain.

Cranach, M. von & I. Vine (Eds.), 1973: Social Communication and Movement. London, New York: Academic Press.

Crook; J. H., 1967: Evolutionary Change in Primate Societies. Science Journal **3** (June 1967), 66–72.

Crook, J. H., 1970: Social Organization and the Environment: Aspects of Contemporary Social Ethology. Animal Behaviour **18**, 197–209.

Crook, J. H., 1971: Sources of Cooperation in Animals and Man. In: Eisenberg, J. F. & W. S. Dillon (Eds.), 1971: Man and Beast: Comparative Social Behaviour, p. 235–260. Washington: Smithonian Inst. Press.

Darwin, Ch., 1967: Die Entstehung der Arten. Stuttgart: Reclam.

Darwin, Ch., 1982: Die Abstammung des Menschen. 4. Aufl. Stuttgart: Kröner.

Dawkins, R., 1978a: Das egoistische Gen. Berlin, Heidelberg, New York: Springer.

Dawkins, R., 1978b: Replicator Selection and the Extended Phenotype. Zeitschrift für Tierpsychologie **47**, 61–76.

Dawkins, R., 1979: Twelve Misunderstandings of Kin Selection. Zeitschrift für Tierpsychologie **51**, 184–200.

Debl, H. (Hrsg.), 1971: Die Pädagogik im Dialog mit ihren Grenzwissenschaften. München: Ehrenwirth.

Delgado, J. M. R., 1971: Gehirnschrittmacher. Frankfurt/M., Berlin: Ullstein.

Delhees, K. H., 1978: Motivation und Emotion. In: Stamm, R. A. & H. Zeier (Hrsg.), 1978: Lorenz und die Folgen – Die Psychologie des 20. Jahrhunderts, Bd. VI, S. 856–888. Zürich: Kindler.

Demarest, W. J., 1977: Incest Avoidance among Human and Nonhuman Primates. In: Chevalier-Skolnikoff, S. & F. E. Poirier (Eds.), 1977: Primate Bio-Social Development, p. 323–342. New York, London: Garland Publ.

Denker, R. 1971: Aufklärung über Aggression. 3. Aufl. Stuttgart, Berlin, Mainz: Kohlhammer.

Dennis, W., 1941: The Significance of Feral Man. The American Journal of Psychology **54**, 425–432.

Dennis, W., 1951: A Further Analysis of Reports of Wolf Children. Child Development **22**, 153–158.

DeVore, I., 1971: The Evolution of Human Society. In: Eisenberg, J. F. & W. S. Dillon (Eds.), 1971: Man and Beast: Comparative Social Behavior, p. 297–311. Washington: Smithonian Inst. Press.

Dickemann, M., 1979: Female Infanticide, Reproductive Strategies, and Social Stratification: A Preliminary Model. In: Chagnon, N. A. & W. Irons (Eds.), 1979: Evolutionary Biology and Human Social Behavior, p. 321–367. North Scituate: Duxbury Press.

Diederich, J., 1971: Entwicklungspsychologie als Beispiel für die Funktion psychologischer Voraussetzungen in der Erziehungswissenschaft. In: Funkkolleg Erziehungswissenschaft. Bd. 3, S. 29–61. Frankfurt/M.: Fischer.

Diemer, A., 1967: Stw. Anthropologie. In: Fischer-Lexikon Philosophie. Neubearbeitung, S. 9–15. Frankfurt/M.: Fischer.

Dietrich, H., 1971: Das archaische Lächeln, psychiatrisch gesehen. In: Bilz, R. & N. Petrilowitsch (Hrsg.), 1971: Beiträge zur Verhaltensforschung, S. 245–256. Basel, München: Karger.

Ditfurth, H. von, 1976: Der Geist fiel nicht vom Himmel. Hamburg: Hoffmann & Campe.

Dress, A. et al. (Hrsg.), 1986: Selbstorganisation. München: Piper.
Dröscher, V. B., 1974: Sie töten und sie lieben sich. Hamburg: Hoffmann & Campe.
Durham, W. H., 1976a: Ressource Competition and Human Aggression Part I: A Review of Primitive War. The Quarterly Review of Biology **51**, 358–415.
Durham, W. H., 1976b: The Adaptative Significance of Cultural Behavior. Human Ecology **4**, 89–121.
Durham, W. H., 1979: Toward a Coevolutionary Theory of Human Biology and Culture. In: Chagnon, N. A. & W. Irons (Eds.), 1979: Evolutionary Biology and Human Social Behavior, p. 39–59. North Scituate: Duxbury Press.

Eccles, J. C., 1974: The World of Objective Knowledge. In: Schilpp, P. A. (Ed.), 1974: The Philosophy of Karl Popper. Vol. I, p. 349–370. La Salle: Open Court.
Eccles, J. C., 1978: Das Problem von Gehirn und Geist. In: Stamm, R. A. & H. Zeier (Hrsg.), 1978: Lorenz und die Folgen – Die Psychologie des 20. Jahrhunderts. Bd. VI, S. 1131–1177. Zürich: Kindler.
Eccles, J. C., 1979: Das Gehirn des Menschen. 4. Aufl. München: Piper.
Eckermann, C. O. et al., 1975: Growth of Social Play with Peers During the Second Year of Life. Developmental Psychology **11/1**, 42–49.
Eggers, Ph. & F. Steinbacher, 1979: Pädagogische Soziologie. Bad Heilbrunn: Klinkhardt.
Ehrhardt, A. A., 1980: Prinzipien der psychosexuellen Differenzierungen. In: Bischof, N. & H. Preuschoft (Hrsg.), 1980: Geschlechtsunterschiede – Entstehung und Entwicklung, S. 99–122. München: Beck.
Ehrhardt, K. J., 1975: Neuropsychologie »motivierten« Verhaltens. Stuttgart: Enke.
Ehrhardt, K. J., 1976: Physiologische Variablen und Situationsbedingungen bei der Entstehung aggressiven Verhaltens und Folgerungen für die Sozialisation. In: Ehrhardt, K. J. et al., 1976: Interdisziplinäre Sozialisationsforschung – Ansätze und Probleme, S. 83–113. Stuttgart: Enke.
Ehrhardt, K. J. et al., 1976: Interdisziplinäre Sozialisationsforschung – Ansätze und Probleme. Stuttgart: Enke.
Eibl-Eibesfeldt, I., 1970: Liebe und Haß. München: Piper.
Eibl-Eibesfeldt, I., 1972a: Die !Ko-Buschmann-Gesellschaft. München: Piper.
Eibl-Eibesfeldt, I., 1972b: Stammesgeschichtliche Anpassungen im Verhalten des Menschen. In: Gadamer, H.-G. & P. Vogler (Hrsg.), 1972–1975: Neue Anthropologie. 7 Bde. Bd. 2, S. 3–59. München: dtv.
Eibl-Eibesfeldt, I., 1973a: Der vorprogrammierte Mensch. Wien, München, Zürich: Molden.
Eibl-Eibesfeldt, I., 1973b: The Expressive Behaviour of the Deaf-and-Blind-Born. In: Cranach, M. von & I. Vine (Eds.), 1973: Social Communication and Movement, p. 163–194. London, New York: Academic Press.
Eibl-Eibesfeldt, I., 1974: Stammesgeschichtliche Anpassungen im menschlichen Verhalten. In: Immelmann, K. (Hrsg.), 1974: Verhaltensforschung (Grzimeks Tierleben), S. 604–617. München: Kindler.
Eibl-Eibesfeldt, I., 1975a: Krieg und Frieden aus der Sicht der Verhaltensforschung. München: Piper.
Eibl-Eibesfeldt, I., 1975b: Stammesgeschichtliche und kulturelle Anpassungen im menschlichen Verhalten. In: Kurth, G. & I. Eibl-Eibesfeldt (Hrsg.), 1975: Hominisation und Verhalten, S. 372–397. Stuttgart: G. Fischer.
Eibl-Eibesfeldt, I., 1976: Menschenforschung auf neuen Wegen. Wien, München, Zürich: Molden.
Eibl-Eibesfeldt, I., 1979: Human ethology: concepts ansd implications for the sciences of man. The Behavioral and Brain Sciences **2**, 1–57.
Eibl-Eibesfeldt, I., 1981: Gesellschaftsordnung und menschliches Verhalten aus dem Blickwinkel der Evolution. In: Kaltenbrunner, G.-K. (Hrsg.), 1981: Wir sind Evolution, S. 78–93. Freiburg: Herder.
Eibl-Eibesfeldt, I., 1984: Die Biologie des menschlichen Verhaltens. München: Piper.
Eibl-Eibesfeldt, I., 1987: Grundriß der vergleichenden Verhaltensforschung. 7. Aufl., München: Piper.

Eibl-Eibesfeldt, I. & H. Hass, 1966: Zum Projekt einer ethologisch orientierten Untersuchung menschlichen Verhaltens. Mitteilungen der Max-Planck-Gesellschaft **6/66**, 383–396.

Eibl-Eibesfeldt, I. & H. Hass, 1967: Neue Wege der Humanethologie. Homo **18**, 13–23.

Eibl-Eibesfeldt, I. & H. Hass, 1969: Neue Wege der humanethologischen Ausdrucksforschung. In: Keiter, F. (Hrsg.), 1969: Verhaltensforschung im Rahmen der Wissenschaften vom Menschen, S. 157–165. Göttingen: Musterschmidt.

Eigen, M. & R. Winkler, 1975: Das Spiel. München: Piper.

Eisenberg, J. F. & W. S. Dillon (Eds.), 1971: Man and Beast: Comparative Social Behavior. Washington: Smithonian Inst. Press.

Eisenstadt, S. N., 1966: Von Generation zu Generation. München: Juventa.

Ekman, P. (Ed.), 1973: Darwin and Facial Expression. New York, London: Academic Press.

Ekman, P. et al., 1974: Gesichtssprache. Graz: Böhlaus.

Elliott, J. & K. Connolly, 1974: Hierarchial Structure in Skill Development. In: Connolly, K. & J. Bruner (Eds.), 1974: The Growth of Competence, p. 135–168. London, New York: Academic Press.

Emde, R. N. & T. Gaensbauer, 1982: Modelle über Gefühle beim Kind. In: Immelmann, K. et al. (Hrsg.), 1982: Verhaltensentwicklung bei Mensch und Tier, S. 671–692. Berlin, Hamburg: Paul Parey.

Emlen, J. M., 1966: Natural Selection and Human Bahavior. Journal of Theoretical Biology **12**, 410–418.

Emlen, S. T., 1976: An Alternative Case for Sociobiology. Science **192**, 736–738.

Erikson, E. H., 1953: Wachstum und Krisen der gesunden Persönlichkeit. Stuttgart: Klett.

Erikson, E. H., 1966: Ontogeny of ritualization in man. Philosophical Transactions of the Royal Society of London **251**, 337–349.

Erikson, E. H., 1979: Kindheit und Gesellschaft. 7. Aufl. Stuttgart: Klett-Cotta.

Essock-Vitale, S. M. & M. T. McGuire, 1980: Predictions Derived from the Theories of Kin Selection and Reciprocation Assessed by Anthropological Data. Ethology and Sociobiology **1**, 233–243.

Etkin, W., 1981: A Biological Critique of Sociobiological Theory. In: White, E. (Ed.), 1981: Sociobiology and Human Politics, p. 45–97. Lexington: Lexington Books.

Evans, R. I., 1977: Konrad Lorenz – Gespräche mit Richard I. Evans. Frankfurt, Berlin, Wien: Ullstein.

Ewert, J.-P., 1976: Neuro-Ethologie. Berlin, Heidelberg, New York: Springer.

Eyferth, K., 1970: Psychologische Hintergründe des Vorurteils. In: Röhrs, H. (Hrsg.), 1970: Friedenspädagogik, S. 128–134. Frankfurt: Akademische Verlagsgesellschaft.

Eysenck, H. J., 1976: Vererbung, Intelligenz und Erziehung. 2. Aufl. Stuttgart: Seewald.

Eysenck, H. J., 1977: Die biologische Grundlage des sozialen Verhaltens. In: Schicksal? Grenzen der Machbarkeit, S. 68–90. München: dtv.

Eysenck, H. J., 1978: Die Ungleichheit der Menschen. München: Goldmann.

Fend, H., 1976: Sozialisierung und Erziehung. 8. Aufl. Weinheim: Beltz.

Festinger, L., 1957: A Theory of Cognitive Dissonance. Evanston: Row, Peterson.

Flannery, K. V., 1972: The Cultural Evolution of Civilization. Annual Review of Ecology and Systematics **3**, 399–426.

Flitner, A. (Hrsg.), 1967: Wege zur Pädagogischen Anthropologie. 2. Aufl. Heidelberg: Quelle & Meyer.

Flohr, H., 1984: Darwin und die Politik. Vom Wert der biosozialen Perspektive. In: Rebe, B. et al., 1984: Idee und Pragmatik in der politischen Entscheidung. Alfred Kubel zum 75. Geburtstag, S. 43–68. Bonn: Neue Gesellschaft.

Flohr, H., 1985: Anthropologie menschlichen Sozialverhaltens. In: Mitteilungsblätter des Forschungsinstituts für Gesellschaftspolitik und beratende Sozialwissenschaft e. V. **40**, I–XVII.

Flohr, H. & W. Tönnesmann (Hrsg.), 1983: Politik und Biologie. Berlin, Hamburg: Paul Parey.

Fouts, R. S., 1975: Communication with Chimpanzees. In: Kurth, G. & I. Eibl-Eibesfeldt (Hrsg.), 1975: Hominisation und Verhalten, S. 137–158. Stuttgart: G. Fischer.
Fox, R., 1962: Sibling Incest. British Journal of Sociology **13**, 128–150.
Fox, R., 1967a: Kinship and Marriage. Harmondsworth: Penguin.
Fox, R., 1967b: In the Beginning: Aspects of Hominid Behavioral Evolution. Man **2**, 415–433.
Fox, R., 1970: The Cultural Animal, Information sur les Sciences Sociales **9/1**, 7–25.
Fox, R., 1972: Alliance and Constraint: Sexual Selection in the Evolution of Human Kinship Systems. In: Campbell, B., 1972: Sexual Selection and the Descent of Man 1871–1971, p. 282–331. Chicago: Aldine.
Fox, R. (Ed.), 1975: Biosocial Anthropology. London: Malaby.
Fox, R., 1979: Kinship Categories as Natural Categories. In: Chagnon, N. A. & W. Irons (Eds.), 1979: Evolutionary Biology and Human Social Behavior, p. 132–144. North Scituate: Duxbury Press.
Freedman, D. G., 1968: The Ethological Study of Man. In: Thoday, J. H. & A. S. Parkes (Eds.), 1968: Genetic and Environmental influences on Behaviour, p. 37–62. Edinburgh: Oliver & Boyd.
Freedman, D. G., 1976: Infancy, Biology and Culture. In: Lipsitt, L. P. (Ed.), 1976: Developmental Psychobiology, p. 35–54. New York: Wiley.
Freedman, D. G., 1979: Human Sociobiology. New York: Free Press.
Freedman, L. Z. & A. Roe, 1969: Evolution und menschliches Verhalten. In: Roe, A. & G. G. Simpson (Hrsg.), 1969: Evolution und Verhalten, S. 177–211. Frankfurt: Suhrkamp.
Freeman, D., 1964: Human Aggression in Anthropological Perspective. In: Carthy, J. D. & F. J. Ebling (Eds.), 1964: The Natural History of Aggression, p. 109–119. London, New York: Academic Press.
Freeman, D., 1966: Social Anthropology and the Scientific Study of Human Behaviour. Man **1**, 330–342.
Freeman, D., 1970: Human Nature and Culture. In: Man and the New Biology, p. 50–75. Canberra: Australian National Unversity Press.
Freeman, D., 1983: Liebe ohne Aggression. München: Kindler.
Freud, S., 1961: Drei Abhandlungen zur Sexualtheorie. Frankfurt: Fischer.
Frey, B. S., 1980: Ökonomie als Verhaltenswissenschaft. Jahrbuch für Sozialwissenschaft **31/1**, 21–35.
Friedrich, H. (Hrsg.), 1968: Mensch und Tier. München: dtv.
Fuchs, W. et al., 1975: Lexikon zur Soziologie. 2 Bde. Reinbek: Rowohlt.
Furth, H. G., 1976: Intelligenz und Erkennen. Frankfurt: Suhrkamp.

Gadamer, H.-G. & P. Vogler (Hrsg.), 1972–1975: Neue Anthropologie. 7 Bde. München: dtv.
Gardner, B. T. & I. Wallach, 1965: Shapes of Figures Identified as a Baby's Head. Perceptual and Motor Skills **20**, 135–142.
Gardner, R. A. & B. T. Gardner, 1969: Teaching Sign Language to a Chimpanzee. Science **165**, 664–672.
Gehlen, A., 1936: Vom Wesen der Erfahrung. In: Gehlen, A., 1961a: Anthropologische Forschung, S. 26–43. Reinbek: Rowohlt.
Gehlen, A., 1958: Über Kultur, Natur und Natürlichkeit. In: Gehlen, A., 1961a: Anthropologische Forschung, S. 78–92. Reinbek: Rowohlt.
Gehlen, A., 1961: Über instinktives Ansprechen auf Wahrnehmungen. In: Gehlen, A., 1961a: Anthropologische Forschung, S. 104–126. Reinbek: Rowohlt.
Gehlen, A., 1961a: Anthropologische Forschung. Reinbek: Rowohlt.
Gehlen, A., 1964: Urmensch und Spätkultur. Frankfurt, Bonn: Athenäum.
Gehlen, A., 1966: Der Mensch. 8. Aufl. Frankfurt, Bonn: Athenäum.
Gehlen, A., 1969: Moral und Hypermoral. Frankfurt, Bonn: Athenäum.
Gehlen, A., 1974: Die ethische Tragweite der Verhaltensforschung. In: Rocek, R. & O. Schatz (Hrsg.), 1974: Philosophische Anthropologie heute. 2. Aufl. S. 103–114. München: Beck.
Geschwind, N., 1970: The Organization of Language and the Brain. Science **170**, 940–944.

Geulen, D., 1980: Die historische Entwicklung sozialisationstheoretischer Paradigmen. In: Hurrelmann, K. & D. Ulich (Hrsg.), 1980: Handbuch der Sozialisationsforschung, S. 15–49. Weinheim, Basel: Beltz.

Geulen, D. & K. Hurrelmann, 1980: Zur Programmatik einer umfassenden Sozialisationstheorie. In: Hurrelmann, K. & D. Ulich (Hrsg.), 1980: Handbuch der Sozialisationsforschung, S. 51–67. Weinheim, Basel: Beltz.

Ghiselin, M. T., 1974: The Economy of Nature and the Evolution of Sex. Berkeley: Univ. Calif. Press.

Giesen, B. & Ch. Lau, 1981: Zur Anwendung darwinistischer Erklärungsstrategien in der Soziologie. Kölner Zeitschrift für Soziologie und Sozialpsychologie **33**, 229–256.

Glazer, N. & D. Moynihan (Eds.), 1976: Ethnicity – Theory and Experience. 3rd. Ed. Cambridge: Harvard Univ. Press.

Glees, P., 1971: Das menschliche Gehirn. 2. Aufl. Stuttgart: Hippokrates.

Götz, B. & J. Kaltschmid (Hrsg.), 1978: Sozialisation und Erziehung. Darmstadt: Wissenschaftl. Buchges.

Goldschmidt, W., 1972: Die biologische Konstante. In: König, R. & A. Schmalfuß (Hrsg.), 1972: Kulturanthropologie, S. 57–67. Düsseldorf: Econ.

Gordon, M. M., 1976: Toward a General Theory of Racial and Ethnic Group Relations. In: Glazer, N. & D. Moynihan (Eds.), 1976: Ethnicity – Theory and Experience, p. 84–110. 3rd. Ed. Cambridge: Harvard Univ. Press.

Goss-Custard, J. D. et al., 1972: Survival, Mating and Rearing Strategies in the Evolution of Primate Social Structure. Folia Primatologica **17**, 1–19.

Gottlieb, G., 1974: Die Entwicklung des Verhaltens. In: Immelmann, K. (Hrsg.), 1974: Verhaltensforschung (Grzimeks Tierleben), S. 551–570. München: Kindler.

Gottschalch, W. et al., 1971: Sozialisationsforschung. Frankfurt: Fischer.

Gottwald, P., 1971: Kybernetische Analyse von Lernprozessen. München, Wien: Oldenbourg.

Gould, S. J., 1978: Biological Potential vs. Biological Determinism. In: Caplan, A. L. (Ed.), 1978: The Sociobiology Debate, p. 343–351. New York: Harper & Row.

Gradmann, H., 1962: Das Rätsel des Lebens im Lichte der Forschung. München, Basel: Reinhardt.

Gradmann, H., 1970: Menschsein ohne Illusionen. München, Basel: Reinhardt.

Grant, E. C., 1972: Non-Verbal Communication in the Mental Ill. In: Hinde, R. A. (Ed.), 1972: Non-Verbal Communication, p. 349–358. Cambridge: Univ. Press.

Greene, P. J. & D. P. Barash, 1976: Genetic Basis of Behavior – Especially of Altruism. American Psychologist **31**, 359–361.

Griese, H. M., 1976: Soziologische Anthropologie und Sozialisationstheorie. Weinheim, Basel: Beltz.

Grossmann, K. E., 1976: Die Rolle der Bindung – Soziobiologische Überlegungen. Zeitschrift für Soziologie **5**, 289–292.

Grossmann, K. E. (Hrsg.), 1977: Entwicklung der Lernfähigkeit in der sozialen Umwelt. München: Kindler.

Grossmann, K. & K. E. Grossmann, 1969: Frühe Reizung und frühe Erfahrung: Forschung und Kritik. Psychologische Rundschau **20**, 173–198.

Gruhle, H. W. et al., 1964: Psychiatrie der Gegenwart, Bd. I/1B. Berlin, Heidelberg, New York: Springer.

Guilford, J. P. & R. Hoepfner, 1976: Analyse der Intelligenz. Weinheim, Basel: Beltz.

Habermas, J., 1958: Stw. Anthropologie. In: Fischer-Lexikon 11: Philosophie, S. 18–35. Frankfurt: Fischer.

Hagemann-White, C. & R. Wolff, 1975: Lebensumstände und Erziehung: Grundfragen der Sozialisationsforschung. Frankfurt: Roter Stern.

Hall, E. T., 1976: Die Sprache des Raumes. Düsseldorf: Schwann.

Haller, R., 1983: Entwicklung, Sprache und Erkenntnis. In: Riedl, R. & F. Kreuzer (Hrsg.), 1983: Evolution und Menschenbild, S. 206–224. Hamburg: Hoffmann & Campe.

Hallowell, A. I., 1959: Behavioral Evolution and the Emergence of the Self. In: Meggers, B. J. (Ed.), 1959: Evolution and Anthropology: A Centennial Appraisal, p. 36–60. Washington: The Anthropological Society of Washington.
Hallowell, A. I., 1961: The Procultural Foundations of Human Adaptation. In: Washburn, S. L. (Ed.), 1961: Social Life of Early Man, p. 236–255. New York: Wenner Gren Foundations.
Hamilton, W. D., 1964: The Genetical Evolution of Social Behaviour. Journal of Theoretical Biology **7**, 1–52.
Hamilton, W. D., 1971: Selection of Selfish and Altruistic Behavior in some Extreme Models. In: Eisenberg, J. F. & W. S. Dillon (Eds.), 1971: Man and Beast: Comparative Social Behavior, p. 57–91. Washington: Smithonian Inst. Press.
Hamilton, W. D., 1975: Innate Social Aptitudes of Man: an Approach from Evolutionary Genetics. In: Fox, R. (Ed.), 1975: Biosocial Anthropology, p. 133–155. London: Malaby.
Hammel, W., 1970: Bildsamkeit und Begabung. Hannover: Schroedel.
Harlow, H. F., 1969: Die Evolution des Lernens. In: Roe, A. & G. G. Simpson (Hrsg.), 1969: Evolution und Verhalten, S. 70–99. Frankfurt: Suhrkamp.
Hartfiel, G., 1976: Wörterbuch der Soziologie. Stuttgart: Kröner.
Hass, H., o. J.: Wir Menschen. München: Goldmann.
Hass, H., 1970: Energon. Wien, München, Zürich: Molden.
Hass, H. & H. Lange-Prollius, 1978: Die Schöpfung geht weiter. Stuttgart: Seewald.
Hassenstein, B., 1970: Tierjunges und Menschenkind im Blick der vergleichenden Verhaltensforschung. Stuttgart: Genter.
Hassenstein, B., 1972: Das spezifisch Menschliche nach den Resultaten der Verhaltensforschung. In: Gadamer, H.-G. & P. Vogler (Hrsg.), 1972–1975: Neue Anthropologie. 7 Bde. Bd. 2, S. 60–97. München: dtv.
Hassenstein, B., 1973: Verhaltensbiologie des Kindes. München: Piper.
Hassenstein, B., 1974a: Das Projekt »Tagesmütter«. Zeitschrift für Pädagogik **20**, 415–426.
Hassenstein, B., 1974b: Kritik an der wissenschaftlichen Begründung des Tagesmütterprojekts. Zeitschrift für Pädagogik **20**, 929–945.
Hassenstein, B., 1974c: Lern- und Spielverhalten. In: Immelmann, K. (Hrsg.), 1974: Verhaltensforschung (Grzimeks Tierleben), S. 302–319. München: Kindler.
Hassenstein, B., 1975a: Bedingungen für die Sozialisation des Kindes in der Sicht der Verhaltensbiologie. In: Neidhardt, F. (Hrsg.), 1975: Frühkindliche Sozialisation, S. 76–113. Stuttgart: Enke.
Hassenstein, B., 1975b: Verhaltensbiologische Grundlagen der Sozialentwicklung. In: Biermann, G. et al., 1975: Kindliche Sozialisation und Sozialentwicklung – Fortschritte der Sozialpädiatrie **2**, 1–13. München, Berlin, Wien: Urban & Schwarzenberg.
Hassenstein, B., 1976: Empfehlungen des Familienberichts und mögliche Alternativen als Ausdruck vorausgesetzter Wertentscheidungen. Zeitschrift für Soziologie **5**, 292–298.
Hassenstein, B., 1978: Ethologie der Kindheit: Die Entwicklungsphase des Kleinkindes. In: Stamm, R. A. & H. Zeier (Hrsg.), 1978: Lorenz und die Folgen – Die Psychologie des 20. Jahrhunderts, Bd. VI, S. 470–476. Zürich: Kindler.
Hassenstein, B., 1979: Wieviele Körner ergeben einen Haufen? Bemerkungen zu einem uralten und zugleich aktuellen Verständigungsproblem. In: Peisl, A. & A. Mohler (Hrsg.), 1979: Der Mensch und seine Sprache, S. 219–242. Frankfurt, Berlin, Wien: Propyläen.
Hassenstein, B., 1980: Instinkt, Lernen, Spielen, Einsicht. München: Piper.
Hassenstein, B., 1981: Begabung und Intelligenz. Bemerkungen zu zwei anthropologischen Schlüsselbegriffen. In: Peisl, A. & A. Mohler (Hrsg.), 1981: Reproduktion des Menschen, S. 101–142. Frankfurt, Berlin, Wien: Ullstein.
Hassenstein, B., 1984: Prägung und Lernen. Beiträge von Konrad Lorenz zur Erforschung des Lernens. In: Kreuzer, F. (Hrsg.), 1984: Nichts ist schon dagewesen, S. 36–48. München: Piper.
Hayek, F. von, 1983: Die überschätzte Vernunft. In: Riedl, R. & F. Kreuzer (Hrsg.), 1983: Evolution und Menschenbild, S. 164–192. Hamburg: Hoffmann & Campe.

Heberer, G., 1959: Charles Darwin – Sein Leben und sein Werk. Stuttgart: Franckh'sche Verlagshandlung.
Heberer, G. (Hrsg.), 1967: Die Evolution der Organismen, Bd. I. 3. Aufl. Stuttgart: G. Fischer.
Heberer, G., 1969: Die Evolution des Menschen. In: Altner, G., 1969: Kreatur Mensch, S. 23–34. München: Moos.
Heckhausen, H. (Hrsg.), 1965: Biologische und kulturelle Grundlagen des Verhaltens. Göttingen: Hogrefe.
Hediger, H. P., 1961: The Evolution of Territorial Behavior. In: Washburn, S. L. (Ed.), 1961: Social Life of Early Man, p. 34–57. New York: Wenner Gren Foundations.
Heinrich, K. et al., 1975: Probleme der Rangpositionen in Gruppen psychisch Kranker. In: Kranz, H. & K. Heinrich (Hrsg.), 1975: Psychiatrische und ethologische Aspekte abnormen Verhaltens, S. 1–17. Stuttgart: Thieme.
Heinz, W. R., 1974: Sozialisationsforschung – Auf der Suche nach Theorie. Kölner Zeitschrift für Soziologie und Sozialpsychologie **26,** 138–147.
Hellbrügge, Th., 1975: Kindliche Sozialentwicklung und ihre sinnesphysiologischen Grundlagen. In: Biermann, G. et al., 1975: Kindliche Sozialisation und Sozialentwicklung – Fortschritte der Sozialpädiatrie **2**, 43–78. München, Berlin, Wien: Urban & Schwarzenberg.
Hemmert-Halswick, S. & K.-J. Kluge, 1977: Wörterbuch der Verhaltenslehre. Freiburg: Herder.
Hemminger, H., 1982: Kindheit als Schicksal? Reinbek: Rowohlt.
Hemminger, H., 1983: Der Mensch – eine Marionette der Evolution. Frankfurt: Fischer.
Henecka, H. P., 1980: Grundkurs Erziehungssoziologie. Freiburg: Herder.
Herrlitz, W., 1973a: Einführung in die allgemeinen Grundlagen der Kommunikation. In: Funkkolleg Sprache Bd. 1, S. 27–37. Frankfurt: Fischer.
Herrlitz, W., 1973b: Aufbau eines Modells der sprachlichen Kommunikation. In: Funkkolleg Sprache Bd. 1, S. 38–46. Frankfurt: Fischer.
Hess, E. H., 1975: Prägung. München: Kindler.
Hess, E. H., 1977: Das sprechende Auge. München: Kindler.
Hess, W. R., 1968: Psychologie in biologischer Sicht. 2. Aufl. Stuttgart: Thieme.
Hetzer, H., 1969: Kind und Jugendlicher in der Entwicklung. 11. Aufl. Hannover: Schroedel.
Hinde, R. A. (Ed.), 1972: Non-Verbal Communication. Cambridge: Univ. Press.
Hinde, R. A., 1973: Das Verhalten der Tiere, 2 Bde. Frankfurt: Suhrkamp.
Hinde, R. A., 1974: Biological Bases of Human Social Behaviour. New York: McGraw-Hill.
Hinde, R. A., 1978: Die ethologische Untersuchung sozialer Beziehungen. In: Stamm, R. A. & H. Zeier (Hrsg.), 1978: Lorenz und die Folgen – Die Psychologie des 20. Jahrhunderts, Bd. VI, S. 429–443. Zürich: Kindler.
Hindmarch, J., 1973: Eyes, Eye-Spots and Pupil Dilation in Non-Verbal Communication. In: Cranach, M. von & I. Vine (Eds.), 1973: Social Communication and Movement, p. 299–321. London, New York: Academic Press.
Hirshleifer, J., 1977: Economics from a Biological Viewpoint. The Journal of Law & Economics **XX**, 1–52.
Hoebel, A. E., 1957: The Nature of Culture. In: Shapiro, H. L. (Ed.), 1957: Man, Culture, and Society, p. 168–181. New York: Oxford Univ. Press.
Höpp, G., 1970: Evolution der Sprache und Vernunft. Berlin, Heidelberg, New York: Springer.
Hofer, H. & G. Altner, 1972: Die Sonderstellung des Menschen. Stuttgart: G. Fischer.
Hofstätter, P. R., 1957a: Gruppendynamik. Reinbek: Rowohlt.
Hofstätter, P. R., 1957b: Psychologie (Fischer-Lexikon Bd. 6). Frankfurt: Fischer.
Hofstätter, P. R., 1972: Individuum und Gesellschaft. Frankfurt, Berlin, Wien: Ullstein.
Hold, B., 1974: Rangordnungsverhalten bei Vorschulkindern. Homo **25/4**, 252–267.
Hollitscher, W. (Hrsg.), 1973: Aggressionstrieb und Krieg. Stuttgart: DVA.
Holloway, R. L., 1966: Cranial Capacity, Neural Reorganization, and Hominid Evolution: A Search for More Suitable Parameters. American Anthropologist **68**, 103–121.

Holst, D. von, 1974: Artgenossen als schädigende Umwelt. In: Immelmann, K. (Hrsg.), 1974: Verhaltensforschung (Grzimeks Tierleben), S. 534–550. München: Kindler.
Holst, D. von, 1975: Sozialverhalten, Bevölkerungsdichte und sozialer Streß bei Tupajas. In: Schmölders, G. & G. Brinkmann (Hrsg.), 1975: Sozialverhalten bei Mensch und Tier, S. 243–261. Berlin: Duncker & Humblot.
Holst, E. von, 1937: Vom Wesen der Ordnung im Zentralnervensystem. In: Holst, E. von, 1969: Zur Verhaltensphysiologie bei Tieren und Menschen, 2 Bde. Bd. 1, S. 3–32. München: Piper.
Holst, E. von, 1939: Die relative Koordination als Phänomen und als Methode zentralnervöser Funktionsanalyse. In: Holst, E. von, 1969: Zur Verhaltensphysiologie bei Tieren und Menschen, 2 Bde. Bd. 1, S. 33–132. München: Piper.
Holst, E. von, 1957: Aktive Leistungen der menschlichen Gesichtswahrnehmung. In: Holst, E. von, 1969: Zur Verhaltensphysiologie bei Tieren und Menschen, 2 Bde. Bd. 1, S. 177–203. München: Piper.
Holst, E. von, 1960: Vom Wirkungsgefüge der Triebe. In: Holst, E. von, 1969: Zur Verhaltensphysiologie bei Tieren und Menschen, 2 Bde. Bd. 1, S. 204–239. München: Piper.
Holst, E. von, 1969: Zur Verhaltensphysiologie bei Tieren und Menschen. 2 Bde. München: Piper.
Holst, E. von, 1973: Die Auslösung von Stimmungen bei Wirbeltieren durch »punktförmige« elektrische Erregung des Stammhirns. In: Wickler, W. & U. Seibt (Hrsg.), 1973: Vergleichende Verhaltensforschung, S. 190–196. Hamburg: Hoffmann & Campe.
Holzapfel, M., 1940: Triebbedingte Ruhezustände als Ziel von Appetenzhandlungen. Die Naturwissenschaften **28**, 273–280.
Hoof, J. A. R. A. M. van, 1967: The Facial Displays of the Catarrhine Monkeys and Apes. In: Morris, D. (Ed.), 1967: Primate Ethology, S. 7–68. Chicago: Aldine.
Hoof, J. A. R. A. M. van, 1972: A Comparative Approach to the Phylogeny of Laughter and Smiling. In: Hinde, R. A. (Ed.), 1972: Non-Verbal Communication, p. 209–241. Cambridge: Univ. Press.
Hoof, J. A. R. A. M. van, 1973: A Structural Analysis of the Social Behaviour of a Semi-captive Group of Chimpanzees. In: Cranach, M. von & I. Vine (Eds.), 1973: Social Communication and Movement, p. 75–162. London, New York: Academic Press.
Houthakker, H. S., 1975: Economics and Biology – Specialization and Speciation, Kyklos **IX** (1956, Reprint 1975), 181–189.
Hückstedt, B., 1965: Experimentelle Untersuchungen zum Kindchenschema. Zeitschrift für experimentelle und angewandte Psychologie **12**, 421–450.
Hurrelmann, K. (Hrsg.), 1976: Sozialisation und Lebenslauf. Reinbek: Rowohlt.
Hurrelmann, K. & D. Ulich (Hrsg.), 1980: Handbuch der Sozialisationsforschung. Weinheim, Basel: Beltz.
Huxley, J. (Ed.), 1966: A discussion on ritualization of behaviour in animals and man. Philosophical Transactions of the Royal Society of London **251**, 247–526.
Huxley, J., 1969: Kultureller Fortschritt und Evolution. In: Roe, A. & G. G. Simpson (Hrsg.), 1969: Evolution und Verhalten, S. 152–176. Frankfurt: Suhrkamp.

Immelmann, K. (Hrsg.), 1974: Verhaltensforschung (Grzimeks Tierleben). München: Kindler.
Immelmann, K. & Chr. Meves, 1974: Prägung als frühkindliches Lernen. In: Immelmann, K. (Hrsg.), 1974: Verhaltensforschung (Grzimeks Tierleben), S. 337–353. München: Kindler.
Immelmann, K. et al. (Hrsg.), 1982: Verhaltensentwicklung bei Mensch und Tier. Berlin, Hamburg: Paul Parey.
Irons, W., 1979a: Natural Selection, Adaptation, and Human Social Behavior. In: Chagnon, N. A. & W. Irons (Eds.), 1979: Evolutionary Biology and Human Social Behavior, p. 4–39. North Scituate: Duxbury Press.

Irons, W., 1979b: Investment and Primary Social Dyads. In: Chagnon, N. A. & W. Irons (Eds.), 1979: Evolutionary Biology and Human Social Behavior, p. 181–213. North Scituate: Duxbury Press.
Irons, W., 1979c: Cultural and Biological Success. In: Chagnon, N. A. & W. Irons (Eds.), 1979: Evolutionary Biology and Human Social Behavior, p. 257–272. North Scituate: Duxbury Press.
Israel, J., 1977: Die sozialen Beziehungen. Reinbek: Rowohlt.

Jaynes, J. & M. Bressler, 1971: Evolutionary Universals, Continuities, and Alternatives. In: Eisenberg, J. F. & W. S. Dillon (Eds.), 1971: Man and Beast: Comparative Social Behavior, p. 333–344. Washington: Smithonian Inst. Press.
Jensen, A. R., 1973: Bildungsfähigkeit, Erblichkeit und Bevölkerungsunterschiede. Neue Anthropologie **1**, 37–43.
Jensen, A. R., 1974: Zur stammesgeschichtlichen und individuellen Entwicklung der Intelligenz. Neue Anthropologie **2**, 1–3.
Jensen, A. R., 1978: Zum Stand des Streits um die Intelligenz. Neue Anthropologie **6**, 29–41.
Jettmar, K., 1973: Die anthropologische Aussage der Ethnologie. In: Gadamer, H. G. & P. Vogler (Hrsg.), 1972–1975: Neue Anthropologie. Bd. 4, S. 63–87. München: dtv.
Jolly, A., 1974: The Study of Primate Infancy. In: Connolly, K. & J. Bruner (Eds.), 1974: The Growth of Competence, p. 49–74. London, New York: Academic Press.
Jolly, A., 1975: Die Entwicklung des Primatenverhaltens. Stuttgart: G. Fischer.
Jonas, D. F. & A. D. Jonas, 1977: Signale der Urzeit. Stuttgart: Hippokrates.
Jonas, D. F. & A. D. Jonas, 1979: Das erste Wort. Hamburg: Hoffmann & Campe.
Jürgens, U. & D. Ploog, 1974: Von der Ethologie zur Psychologie. München: Kindler.

Kagan, J., 1987: Die Natur des Kindes. München: Piper.
Kalow, G., 1975: Poesie ist Nachricht. München: Piper.
Kaltenbrunner, G.-K. (Hrsg.), 1981: Wir sind Evolution. Freiburg: Herder.
Kamper, D. (Hrsg.), 1974: Sozialisationstheorie. Freiburg: Herder.
Kaspar, R., 1977: Der Typus – Idee und Realität. Acta Biotheoretica **26**, 181–195.
Kaspar, R., 1978: Die Geschichtlichkeit lebendiger Ordnung. Biologie in unserer Zeit **78/2**, 42–47.
Kaspar, R., 1980a: Die Evolution erkenntnisgewinnender Mechanismen. Biologie in unserer Zeit **80/1**, 17–22.
Kaspar, R., 1980b: Die Evolution des Lebendigen als Erkenntnisvorgang. Umschau **80/16**, 493–498.
Kaspar, R., 1980c: Naturgesetz, Kausalität und Induktion. Acta Biotheoretica **29**, 129–149.
Kaspar, R., 1981: Die Evolution des Erkennens. In: Kaltenbrunner, G.-K. (Hrsg.), 1981: Wir sind Evolution, S. 57–77. Freiburg: Herder.
Kaspar, R., 1983: Die biologischen Grundlagen der evolutionären Erkenntnistheorie. In: Lorenz, K. & F. M. Wuketits (Hrsg.), 1983: Die Evolution des Denkens, S. 125–145. München: Piper.
Kawamura, S., 1973: Die Ausbreitung einer Subkultur bei Rotgesichtsmakaken. In: Wickler, W. & U. Seibt (Hrsg.), 1973: Vergleichende Verhaltensforschung, S. 322–328. Hamburg: Hoffmann & Campe.
Keiter, F., 1936: Grundlagen und Hauptaufgaben einer lebensgesetzlichen Kulturlehre (Kulturbiologie). Archiv für Bevölkerungswissenschaft (Volkskunde) und Bevölkerungspolitik **VI**, 316–333.
Keiter, F., 1966: Verhaltensbiologie des Menschen auf kulturanthropologischer Grundlage. München, Basel: Reinhardt.
Keiter, F. (Hrsg.), 1969: Verhaltensforschung im Rahmen der Wissenschaften vom Menschen. Göttingen: Musterschmidt.
Kendon, A., 1973: The Role of Visible Behaviour in the Organization of Social Interaction. In: Cranach, M. von & I. Vine (Eds.), 1973: Social Communication and Movement, p. 29–74. London, New York: Academic Press.

Kendon, A. & A. Ferber, 1973: A Description of some Human Greetings. In: Michael, R. P. & J. H. Crook (Eds.), 1973: Comparative Ecology and Behaviour of Primates, p. 592–668. London, New York: Academic Press.
King, G. E., 1976: Society and Territory in Human Evolution. Journal of Human Evolution **5**, 323–332.
Klement, H.-W. (Hrsg.), 1975: Bewußtsein. Baden-Baden: Agis.
Klopper, A., 1964: Physiological Background to Aggression. In: Carthy, J. D. & F. J. Ebling (Eds.), 1964: The Natural History of Aggression, p. 65–72. London, New York: Academic Press.
Kluckhohn, C., 1959: The Role of Evolutionary Thought in Anthropology. In: Meggers, B. J. (Ed.), 1959: Evolution and Anthropology: A centennial Appraisal, p. 144–157. Washington: The Anthropological Society of Washington.
Kneutgen, J., 1970a: Der Mensch, ein kriegerisches Tier. Stuttgart: Kohlhammer.
Kneutgen, J., 1970b: Eine Musikform und ihre biologische Funktion – Über die Wirkungsweise der Wiegenlieder. Zeitschrift für experimentelle und angewandte Psychologie **17**, 245–265.
Kneutgen, J., 1971: Zur Biologie und Psychologie des Anstoßnehmens. In: Bilz, R. & N. Petrilowitsch (Hrsg.), 1971: Beiträge zur Verhaltensforschung, S. 138–154. Basel, München: Karger.
Kob, J., 1976: Soziologische Theorie der Erziehung. Stuttgart: Kohlhammer.
Koehler, O., 1950: Wolf-Children and Feral Man (Singh/Zingg). Rezension. Zeitschrift für Tierpsychologie **7**, 148–160.
Koehler, O., 1952: »Wolfskinder«, Affen im Haus und vergleichende Verhaltensforschung. Folia phoniatrica **4/1**, 29–53.
Koehler, O., 1954: Das Lächeln als angeborene Ausdrucksbewegung. Zeitschrift für menschliche Vererbungs- und Konstitutionslehre **32**, 390–398.
Koehler, O., 1957: Zoologie und das neue Bild des Menschen (Portmann). Rezension. Zeitschrift für Tierpsychologie **13**, 176–182.
Koehler, O., 1968a: Der Mensch, ein besseres Tier? In: Schlemmer, J. (Hrsg.), 1968: Was ist das – der Mensch? S. 55–66. München: Piper.
Koehler, O., 1968b: Vorformungen menschlicher Ausdrucksmittel im Tierreich. In: Friedrich, H. (Hrsg.), 1968: Mensch und Tier, S. 106–115. München: dtv.
Koehler, O., 1969: Tiersprachen und Menschensprachen. In: Altner, G., 1969: Kreatur Mensch, S. 119–133. München: Moos.
Koehler, O., 1973: Vom unbenannten Denken. In: Wickler, W. & U. Seibt (Hrsg.), 1973: Vergleichende Verhaltensforschung, S. 403–413. Hamburg: Hoffmann & Campe.
Koehler, O., 1974: Das unbenannte Denken. In: Immelmann, K. (Hrsg.), 1974: Verhaltensforschung (Grzimeks Tierleben), S. 320–336. München: Kindler.
Köhler, W., 1973: Intelligenzprüfungen an Menschenaffen. 3. Aufl. Berlin, Heidelberg, New York: Springer.
Koenig, O., 1957: Werden und Wesen des Menschen aus der Perspektive der vergleichenden Verhaltensforschung. Mitteilungen der Anthropologischen Gesellschaft in Wien **87**, 87–90.
Koenig, O., 1969: Verhaltensforschung und Kultur. In: Altner, G., 1969: Kreatur Mensch, S. 56–84. München: Moos.
Koenig, O., 1970: Kultur und Verhaltensforschung. München: dtv.
Koenig, O., 1971: Das Paradies vor unserer Tür. Wien, München, Zürich: Molden.
Koenig, O., 1975: Urmotiv Auge. München: Piper.
Koenig, O., 1976: Rendezvous mit Tier und Mensch. Wien, München, Zürich: Molden.
Koenig, O., 1978: Das Auge als biologische Wurzel kultureller Phänomene. In: Stamm, R. A. & H. Zeier (Hrsg.), 1978: Lorenz und die Folgen – Die Psychologie des 20. Jahrhunderts, Bd. VI, S. 495–504. Zürich: Kindler.
König, R. (Hrsg.), 1958: Fischer-Lexikon Soziologie. Frankfurt: Fischer.
König, R. (Hrsg.), 1967: Fischer-Lexikon Soziologie (Neubearbeitung). Frankfurt: Fischer.
König, R., 1972: Über einige Fragen der empirischen Kulturanthropologie. In: König, R. & A. Schmalfuß (Hrsg.), 1972: Kulturanthropologie, S. 7–48. Düsseldorf: Econ.

König, R., 1973: Zur Motivation der menschlichen Fortpflanzung. In: Kurzrock, R. (Hrsg.), 1973: Das Kind in der Gesellschaft, S. 9–17. Berlin: Colloquium.
König, R. & A. Schmalfuß (Hrsg.), 1972: Kulturanthropologie. Düsseldorf: Econ.
Koestler, A., 1968: Das Gespenst in der Maschine. Wien, München, Zürich: Molden.
Koestler, A., 1970: Jenseits von Atomismus und Holismus – der Begriff des Holons. In: Koestler, A. & J. R. Smythies (Hrsg.), 1970: Das neue Menschenbild, S. 192–229. Wien, München, Zürich: Molden.
Koestler, A., 1978: Der Mensch – Irrläufer der Evolution. Bern: Scherz.
Koestler, A. & J. R. Smythies (Hrsg.), 1970: Das neue Menschenbild. Wien, München, Zürich: Molden.
Konner, M. J., 1976: Aspects of the developmental ethology of a foraging people. In: Blurton Jones, N. G. (Ed.), 1976: Ethological Studies of Child Behaviour, p. 285–304. Cambridge: Univ. Press.
Kornhuber, H. H., 1978: Motorische Systeme und sensomotorische Integration. In: Stamm, R. A. & H. Zeier (Hrsg.), 1978: Lorenz und die Folgen – Die Psychologie des 20. Jahrhunderts, Bd. VI, S. 750–762. Zürich: Kindler.
Koslowski, P., 1984: Evolution und Gesellschaft. Tübingen: Mohr (Siebeck).
Kranz, H. & K. Heinrich (Hrsg.), 1975: Psychiatrische und ethologische Aspekte abnormen Verhaltens. Stuttgart: Thieme.
Krech, D. & R. S. Crutchfield, 1971: Grundlagen der Psychologie. 2 Bde. Weinheim, Basel: Beltz.
Kreuzer, F. (Hrsg.), 1984: Nichts ist schon dagewesen. München: Piper.
Kropotkin, P., 1975: Gegenseitige Hilfe in der Tier- und Menschenwelt. Frankfurt, Berlin, Wien: Ullstein.
Kuckartz, W., 1969: Sozialisation und Erziehung. Essen: Neue Deutsche Schule.
Kuhn, Th. S., 1976: Die Struktur wissenschaftlicher Revolutionen. 2. Aufl. Frankfurt: Suhrkamp.
Kummer, H., 1971: Spacing Mechanisms in Social Behavior. In: Eisenberg, J. F. & W. S. Dillon (Eds.), 1971: Man and Beast: Comparative Social Behavior, p. 219–234. Washington: Smithonian Inst. Press.
Kummer, H., 1973: Dimensionen einer vergleichenden Biologie der Primatengruppen. In: Wickler, W. & U. Seibt (Hrsg.), 1973: Vergleichende Verhaltensforschung, S. 350–368. Hamburg: Hoffmann & Campe.
Kummer, H., 1974: Aufbau und Funktionen der Primatengruppe. In: Immelmann, K. (Hrsg.), 1974: Verhaltensforschung (Grzimeks Tierleben), S. 519–533. München: Kindler.
Kummer, H., 1975: Sozialverhalten der Primaten. Berlin, Heidelberg, New York: Springer.
Kummer, H., 1980: Geschlechtsspezifisches Verhalten von Tierprimaten. In: Bischof, N. & H. Preuschoft (Hrsg.), 1980: Geschlechtsunterschiede – Entstehung und Entwicklung, S. 146–153. München: Beck.
Kurland, J. A., 1979: Paternity, Mother's Brother, and Human Sociality. In: Chagnon, N. A. & W. Irons (Eds.), 1979: Evolutionary Biology and Human Social Behavior, p. 145–180. North Scituate: Duxbury Press.
Kurth, G., 1969: Zur Stammesgeschichte des menschlichen Verhaltens. In: Keiter, F. (Hrsg.), 1969: Verhaltensforschung im Rahmen der Wissenschaften vom Menschen, S. 90–103. Göttingen: Musterschmidt.
Kurth, G., 1974: Biologische Voraussetzungen und Gefahren der Selbstmanipulierung des Homo sapiens. Naturwissenschaftliche Rundschau **27**, 182–189.
Kurth, G., 1975: Bevölkerungsbiologie und menschliches Verhalten. In: Kurth, G. & I. Eibl-Eibesfeldt (Hrsg.), 1975: Hominisation und Verhalten, S. 340–371. Stuttgart: G. Fischer.
Kurth, G. & I. Eibl-Eibesfeldt (Hrsg.), 1975: Hominisation und Verhalten. Stuttgart: G. Fischer.
Kurth, G. & O. Röhrer-Ertl, 1977: Bemerkungen zu: »Die Lokalgruppe – die sozioökonomische Grundeinheit in der Steinzeit« von Hermann Behrens, Archaeologia Austriaca **61/62**, 9–30.
Kurzrock, R. (Hrsg.), 1973: Das Kind in der Gesellschaft. Berlin: Colloquium.

Kussmann, Th. & H. Kölling (Hrsg.), 1971: Biologie und Verhalten. Bern, Stuttgart, Wien: Hans Huber.

Landauer, A. A., 1978: Bewegungskoordination. In: Stamm, R. A. & H. Zeier (Hrsg.), 1978: Lorenz und die Folgen – Die Psychologie des 20. Jahrhunderts, Bd. VI, S. 1051–1076. Zürich: Kindler.

Langer, S. K., 1971: The Great Shift: Instinct to Institution. In: Eisenberg, J. F. & W. S. Dillon (Eds.), 1971: Man and Beast: Comparative Social Behavior, p. 313–332. Washington: Smithonian Inst. Press.

Langeveld, M. J., 1969: Einführung in die theoretische Pädagogik. 7. Aufl. Stuttgart: Klett.

Lannoy, J. D. de & M. Wielemans, 1969: Le schéma du jeune congénère. Archives de Psychologie Vol. **XL**, No. 159, 1–14.

Lannoy, J. D. & M. Wielemans, 1974: Recherche interculturelle sur le schéma du jeune congénère. Revue du comportement animal **8**, 326–331.

Lausch, E., 1972: Manipulation. Stuttgart: DVA.

Lausch, E., 1974: Mutter, wo bist du? Hamburg: Hoffmann & Campe.

Lauster, P., 1977: Statussymbole. München: dtv.

Laver, J., 1964: Costume as a Means of Social Aggression. In: Carthy, J. D. & F. J. Ebling (Eds.), 1964: The Natural History of Aggression, p. 101–108. London, New York: Academic Press.

Lawick-Goodall, J. van, 1967: Mother-Offspring Relationships in Free-ranging Chimpanzees. In: Morris, D. (Ed.), 1967: Primate Ethology, p. 287–346. Chicago: Aldine.

Lawick-Goodall, J. van, 1971: Wilde Schimpansen. Reinbek: Rowohlt (Lizenzausgabe für Bertelsmann, Gütersloh).

Lawick-Goodall, J. van, 1975: The Behaviour of the Chimpanzee. In: Kurth, G. & I. Eibl-Eibesfeldt, 1975: Hominisation und Verhalten, S. 74–136. Stuttgart: G. Fischer.

Leach, G. M., 1976: A comparsion of the social behaviour of some normal and problem children. In: Blurton Jones, N. G. (Ed.), 1976: Ethological Studies of Child Behaviour, p. 249–281. Cambridge: Univ. Press.

Lehrman, D. S., 1974a: Eine Kritik an Konrad Lorenz' Theorie des instinktiven Verhaltens. In: Roth, G. (Hrsg.), 1974: Kritik der Verhaltensforschung, S. 17–71. München: Beck.

Lehrman, D. S., 1974b: Semantische und begriffliche Fragen beim Natur-Dressur-Problem. In: Roth, G. (Hrsg.), 1974: Kritik der Verhaltensforschung, S. 72–117. München: Beck.

Leibowitz, L., 1978: Females, Males, Families: A Biosocial Approach. Belmont: Duxbury.

Lenneberg, E. H., 1977: Biologische Grundlagen der Sprache. Frankfurt: Suhrkamp.

Lepenies, W., 1977: Soziologische Anthropologie. Frankfurt, Berlin, Wien: Ullstein.

Lepenies, W. & H. Nolte, 1971: Kritik der Anthropologie. München: Hanser.

Levine, D. (Ed.), 1965: Nebraska Symposium on Motivation. Lincoln: University of Nebraska Press.

LeVine, R. A. & D. T. Campbell, 1972: Ethnocentrism. New York: John Wiley.

Leyhausen, P., 1952: Das Verhältnis von Trieb und Wille in seiner Bedeutung für die Pädagogik. In: Lorenz, K. & P. Leyhausen, 1968: Antriebe tierischen und menschlichen Verhaltens, S. 54–76. München: Piper.

Leyhausen, P., 1954a: Die Entdeckung der relativen Koordination: Ein Beitrag zur Annäherung von Physiologie und Psychologie. In: Lorenz, K. & P. Leyhausen, 1968: Antriebe tierischen und menschlichen Verhaltens, S. 89–117. München: Piper.

Leyhausen, P., 1954b: Vergleichendes über die Territorialität bei Tieren und den Raumanspruch des Menschen. In: Lorenz, K. & P. Leyhausen, 1968: Antriebe tierischen und menschlichen Verhaltens, S. 118–130. München: Piper.

Leyhausen, P., 1965a: Über die Funktion der Relativen Stimmungshierarchie. In: Lorenz, K. & P. Leyhausen, 1968: Antriebe tierischen und menschlichen Verhaltens, S. 169–271. München: Piper.

Leyhausen, P., 1965b: Soziale Organisation und Dichtetoleranz bei Säugetieren. In: Lorenz, K. & P. Leyhausen, 1968: Antriebe tierischen und menschlichen Verhaltens, S. 142–168. München: Piper.

Leyhausen, P., 1967a: Zur Naturgeschichte der Angst. In: Lorenz, K. & P. Leyhausen, 1968: Antriebe tierischen und menschlichen Verhaltens, S. 272–296. München: Piper.
Leyhausen, P., 1967b: Biologie von Ausdruck und Eindruck. In: Lorenz, K. & P. Leyhausen, 1968: Antriebe tierischen und menschlichen Verhaltens, S. 297–407. München: Piper.
Leyhausen, P., 1968: Von den Grenzen menschlicher Anpassungsfähigkeit. In: Schlemmer, J. (Hrsg.), 1968: Was ist das – der Mensch? S. 81–92. München: Piper.
Leyhausen, P., 1969: Säugetierkunde und Verhaltensforschung am Menschen. In: Keiter, F. (Hrsg.), 1969: Verhaltensforschung im Rahmen der Wissenschaften vom Menschen, S. 71–89. Göttingen: Musterschmidt.
Leyhausen, P., 1973: Charakter und Konformität. In: Schlemmer, J. (Hrsg.), 1973: Anpassung als Notwendigkeit, S. 131–144. München: Piper.
Leyhausen, P., 1975: Ethologische Modelle der Antriebsstörung. In: Kranz, H. & K. Heinrich (Hrsg.), 1975: Psychiatrische und ethologische Aspekte abnormen Verhaltens, S. 113–121. Stuttgart: Thieme.
Liedtke, M., 1972: Evolution und Erziehung. Göttingen: Vandenhoek & Ruprecht.
Liedtke, M., 1973: Unterwerfung und Ungehorsam als pädagogisches Problem. In: Schlemmer, J. (Hrsg.), 1973: Anpassung als Notwendigkeit, S. 119–130. München: Piper.
Liegle, L., 1974: Sozialisationsforschung und Familienpolitik. Zeitschrift für Pädagogik **20**, 427–445.
Linden, E., 1976: Apes, Men, and Language. New York: Penguin/Pelican Books.
Lipp, W., 1980: Biologische Kategorien im Vormarsch? Herausforderung und Aufgabe einer künftigen Soziologie. Würzburg: Naumann.
Lipsitt, L. P. (Ed.), 1976: Developmental Psychology. New York: John Wiley.
Liungman, C. G., 1973: Der Intelligenzkult. Reinbek: Rowohlt.
Lockard, J. S. (Ed.), 1980: The Evolution of Human Social Behavior. New York: Elsevier.
Loizos, C., 1967: Play Behaviour in Higher Primates: a Review. In: Morris, D. (Ed.), 1967: Primate Ethology, p. 176–218. Chicago: Aldine.
Lorenz, K., 1931: Beiträge zur Ethologie sozialer Corviden. In: Lorenz, K., 1965: Über tierisches und menschliches Verhalten. 2 Bde. Bd. 1, S. 13–69. München: Piper.
Lorenz, K., 1935: Der Kumpan in der Umwelt des Vogels. In: Lorenz, K., 1965: Über tierisches und menschliches Verhalten. 2 Bde. Bd. 1, S. 115–282. München: Piper.
Lorenz, K., 1937: Über die Bildung des Instinktbegriffs. In: Lorenz, K., 1965: Über tierisches und menschliches Verhalten. 2 Bde. Bd. 1, S. 283–342. München: Piper.
Lorenz, K., 1940: Durch Domestikation verursachte Störungen arteigenen Verhaltens. Zeitschrift für angewandte Psychologie und Charakterkunde **59**, 1/2, 2–81.
Lorenz, K., 1941a: Vergleichende Bewegungsstudien an Anatinen. In: Lorenz, K., 1965: Über tierisches und menschliches Verhalten. 2 Bde. Bd. 2, S. 13–113. München: Piper.
Lorenz, K., 1941b: Kants Lehre vom Apriorischen im Lichte gegenwärtiger Biologie. In: Lorenz, K., 1978b: Das Wirkungsgefüge der Natur und das Schicksal des Menschen, S. 82–109. München: Piper.
Lorenz, K., 1943: Die angeborenen Formen möglicher Erfahrung. Zeitschrift für Tierpsychologie **5**, 235–409.
Lorenz, K., 1948: Der sonderbare Dativ. In: Koenig, O., 1971: Das Paradies vor unserer Tür, S. 183–187. Wien, München, Zürich: Molden.
Lorenz, K., 1950: Ganzheit und Teil in der tierischen und menschlichen Gemeinschaft. In: Lorenz, K., 1965: Über tierisches und menschliches Verhalten. 2 Bde. Bd. 2, S. 114–200. München: Piper.
Lorenz, K., 1954: Psychologie und Stammesgeschichte. In: Lorenz, K., 1965: Über tierisches und menschliches Verhalten. 2 Bde. Bd. 2, S. 201–254. München: Piper.
Lorenz, K., 1959: Gestaltwahrnehmung als Quelle wissenschaftlicher Erkenntnis. In: Lorenz, K., 1965: Über tierisches und menschliches Verhalten. 2 Bde. Bd. 2, S. 255–300. München: Piper.
Lorenz, K., 1961: Phylogenetische Anpassung und adaptive Modifikation. In: Lorenz, K., 1965: Über tierisches und menschliches Verhalten. 2 Bde. Bd. 2, S. 301–358. München: Piper.

Lorenz, K., 1964: Ritualized Fighting. In: Carthy, J. D. & F. J. Ebling (Eds.), 1964: The Natural History of Aggression, p. 39–50. London, New York: Academic Press.
Lorenz, K., 1965: Über tierisches und menschliches Verhalten. 2 Bde. München: Piper.
Lorenz, K., 1966a: Stammes- und kulturgeschichtliche Ritenbildung. In: Lorenz, K., 1978b: Das Wirkungsgefüge der Natur und das Schicksal des Menschen, S. 153–175. München: Piper.
Lorenz, K., 1966b: Evolution of ritualization in the biological and cultural spheres. Philosophical Transactions of the Royal Society **251**, 273–284.
Lorenz, K., 1967: Die instinktiven Grundlagen menschlicher Kultur. In: Lorenz, K., 1978b: Das Wirkungsgefüge der Natur und das Schicksal des Menschen, S. 246–274. München: Piper.
Lorenz, K., 1970: Das sogenannte Böse. 25. Aufl. Wien: Borotha-Schoeler.
Lorenz, K., 1971: Der Mensch, biologisch gesehen. Studium Generale **24**, 495–515.
Lorenz, K., 1973a: Die Rückseite des Spiegels. München: Piper.
Lorenz, K., 1973b: Die acht Todsünden der zivilisierten Menschheit. München: Piper.
Lorenz, K., 1974a: Die stammesgeschichtlichen Grundlagen menschlichen Verhaltens. In: Lorenz, K., 1978b: Das Wirkungsgefüge der Natur und das Schicksal des Menschen, S. 176–245. München: Piper.
Lorenz, K., 1974b: Zivilisationspathologie und Kulturfreiheit. In: Lorenz, K., 1978b: Das Wirkungsgefüge der Natur und das Schicksal des Menschen, S. 324–355. München: Piper.
Lorenz, K., 1975: Evolution des Verhaltens. In: Lorenz, K., 1978b: Das Wirkungsgefüge der Natur und das Schicksal des Menschen, S. 110–135. München: Piper.
Lorenz, K., 1978a: Vergleichende Verhaltensforschung. Wien, New York: Springer.
Lorenz, K., 1978b: Das Wirkungsgefüge der Natur und das Schicksal des Menschen. München: Piper.
Lorenz, K., 1979: Kommunikation bei Tieren. In: Peisl, A. & A. Mohler (Hrsg.), 1979: Der Mensch und seine Sprache, S. 167–180. Frankfurt, Berlin, Wien: Propyläen.
Lorenz, K., 1983a: Der Abbau des Menschlichen. München: Piper.
Lorenz, K., 1983b: Nichts ist schon dagewesen. In: Riedl, R. & F. Kreuzer (Hrsg.), 1983: Evolution und Menschenbild, S. 138–144. Hamburg: Hoffmann & Campe.
Lorenz, K., 1984: Der Mensch in der Falle. In: Kreuzer, F. (Hrsg.), 1984: Nichts ist schon dagewesen, S. 185–190. München: Piper.
Lorenz, K. & P. Leyhausen, 1968: Antriebe tierischen und menschlichen Verhaltens. München: Piper.
Lorenz, K. & F. Kreuzer, 1981: Leben ist Lernen. München: Piper.
Lorenz, K. & F. M. Wuketits (Hrsg.), 1983: Die Evolution des Denkens. München: Piper.
Low, B. S., 1979: Sexual Selection and Human Ornamentation. In: Chagnon, N. A. & W. Irons (Eds.), 1979: Evolutionary Biology and Human Social Behavior, p. 462–487. North Scituate: Duxbury Press.
Lüschen, G. & E. Lupri (Hrsg.), 1974: Soziologie der Familie. 2. Aufl. Opladen: Westdeutscher Verlag.
Lumsden, Ch. J. & E. O. Wilson, 1981: Genes, Mind, and Culture. Cambridge: Harvard Univ. Press.
Luria, A. R. & L. S. Cvetkova, 1967: Intelligenzabbau bei Stirnhirnläsionen. In: Kussmann, Th. & H. Kölling (Hrsg.), 1971: Biologie und Verhalten, S. 267–271. Bern, Stuttgart, Wien: Hans Huber.
Lyons, J., 1972: Human Language. In: Hinde, R. A. (Ed.), 1972: Non-Verbal Communication, p. 49–85. Cambridge: Univ. Press.

MacLean, P. D., 1970: Der paranoide Zug im Menschen. In: Koestler, A. & J. R. Smythies (Hrsg.), 1970: Das neue Menschenbild, S. 254–271. Wien, München, Zürich: Molden.
Main, M., 1977: Sicherheit und Wissen. In: Grossmann, K. E. (Hrsg.), 1977: Entwicklung der Lernfähigkeit in der sozialen Umwelt, S. 47–95. München: Kindler.
Malewski, A., 1967: Verhalten und Interaktion. Tübingen: Mohr.
Malson, L. et al., 1981: Die wilden Kinder. 5. Aufl. Frankfurt: Suhrkamp.
Man and the New Biology, 1970. Canberra: Australian National University Press.

Mandelbaum, D. G., 1943: Wolf-Child Histories from India. The Journal of Social Psychology **17**, 25–44.
Marfeld, A. F., 1970: Kybernetik des Gehirns. Berlin: Safari.
Markl, H., 1974: Die Evolution des Soziallebens der Tiere. In: Immelmann, K. (Hrsg.), 1974: Verhaltensforschung (Grzimeks Tierleben), S. 461–485. München: Kindler.
Markl, H. (Ed.), 1980: Evolution of Social Behavior. Weinheim: Verlag Chemie.
Marler, P., 1973: Kommunikation bei Primaten. In: Schwidetzky, I. (Hrsg.), 1973: Über die Evolution der Sprache, S. 39–90. Frankfurt: S. Fischer.
Marten, H.-G., 1983: Sozialbiologismus. Frankfurt: Campus.
Masters, R. D., 1975: Politics as a biological phenomenon. Social Science Information **14/2**, 7–63.
Masters, R. D., 1976: The Implications of Sociobiology. Science **192** (30.04.76), 427–428.
Masters, R. D., 1981: The Value – and Limits – of Sociobiology: Toward a Revival of Natural Right. In: White, E. (Ed.), 1981: Sociobiology and Human Politics, p. 135–165. Lexington: Lexington Books.
Mattern, R., 1978: Altruism, Ethics and Sociobiology. In: Caplan, A. L. (Ed.), 1978: The Sociobiology Debate, p. 462–475. New York: Harper & Row.
Maynard Smith, J., 1974: The Theory of Games and the Evolution of animal conflict. Journal of Theoretical Biology **47**, 209–221.
Maynard Smith, J., 1975: The Theory of Evolution. 3. Aufl. Harmondsworth: Penguin.
Maynard Smith, J., 1976a: Evolution and the Theory of Games. American Scientist **64**, 41–45.
Maynard Smith, J., 1976b: Sexual Selection and the Handicap Principle. Journal of Theoretical Biology **57**, 239–242.
Maynard Smith, J., 1980: A New Theory of Sexual Investment. Behavioral Ecology and Sociobiology **7**, 247–251.
Maynard Smith, J. & G. A. Parker, 1976: The Logic of Asymmetric Contests. Animal Behavior **24**, 159–175.
Maynard Smith, J. & G. R. Price, 1973: The Logic of Animal Conflicts. Nature **246**, 15–18.
Mayntz, R. & R. Ziegler, 1977: Soziologie der Organisation. In: Handbuch der empirischen Sozialforschung Bd. 9, S. 1–141. München: dtv.
Mayr, E., 1973: Evolution und Verhalten. In: Wickler, W. & U. Seibt (Hrsg.), 1973: Vergleichende Verhaltensforschung, S. 17–40. Hamburg: Hoffmann & Campe.
McBride, G., 1971: The Nature-Nurture Problem in Social Evolution. In: Eisenberg, J. F. & W. S. Dillon (Eds.), 1971: Man and Beast: Comparative Social Behavior, p. 35–56. Washington: Smithonian Inst. Press.
McGrew, W. C., 1972: An Ethological Study of Children's Behavior. New York, London: Academic Press.
McGrew, W. C., 1974: Interpersonal Spacing of Pre-School Children. In: Connolly, K. & J. Brunner (Eds.), 1974: The Growth of Competence, p. 265–281. London, New York: Academic Press.
McGrew, W. C., 1976: Aspects of social development in nurserey school children, with emphasis on introduction to the group. In: Blurton Jones, N. G. (Ed.), 1976: Ethological Studies of Child Behavior, p. 129–156. Cambridge: Univ. Press.
McGrew, W. C., 1977: Socialization and Object Manipulation of Wild Chimpanzees. In: Chevalier-Skolnikoff, S. & F. E. Poirier (Eds.), 1977: Primate Bio-Social Development, p. 261–288. New York, London: Garland Publ.
Meggers, B. J. (Ed.), 1959: Evolution and Anthropology: A Centennial Appraisal. Washington: The Anthropological Society of Washington.
Merz, F. & I. Stelzl, 1977: Einführung in die Erbpsychologie. Stuttgart, Berlin, Köln, Mainz: Kohlhammer.
Meyer, P., 1979: Biologische Grundlagen menschlicher Gesellschaft. In: Reimann, H. et al., 1979: Basale Soziologie – Hauptprobleme. 2. Aufl., S. 16–31. Opladen: Westdeutscher Verlag.

Meyer, P., 1981: Evolution und Gewalt. Berlin, Hamburg: Paul Parey.
Meyer, P., 1982: Soziobiologie und Soziologie. Darmstadt, Neuwied: Luchterhand.
Meyer-Bahlburg, H. F. L., 1980: Geschlechtsunterschiede und Aggression: Chromosomale und hormonale Faktoren. In: Bischof, N. & H. Preuschoft (Hrsg.), 1980: Geschlechtsunterschiede – Entstehung und Entwicklung, S. 123–145. München: Beck.
Meyer-Holzapfel, M., 1956: Über die Bereitschaft zu Spiel- und Instinkthandlungen. Zeitschrift für Tierpsychologie **13**, 442–462.
Michael, R. P. & J. H. Crook (Eds.), 1973: Comparative Ecology and Behaviour of Primates. London, New York: Academic Press.
Milgram, S., 1966: Einige Bedingungen von Autoritätsgehorsam und seiner Verweigerung. Zeitschrift für experimentelle und angewandte Psychologie **13**, 433–463.
Miller, G. A., 1972: Linguistic Communication as a Biological Process. In: Pringle, J. W. S. (Ed.), 1972: Biology and the Human Sciences, p. 70–94. Oxford: University Press.
Mitscherlich, A., 1963: Auf dem Wege zur vaterlosen Gesellschaft. München: Piper.
Miyadi, D., 1973: Die Weitergabe neuer Gewohnheiten in verschiedenen Gruppen Japanischer Makaken. In: Wickler, W. & U. Seibt (Hrsg.), 1973: Vergleichende Verhaltensforschung, S. 318–321. Hamburg: Hoffmann & Campe.
Montada, L. (Hrsg.), 1979: Brennpunkte der Entwicklungspsychologie. Stuttgart, Berlin, Köln, Mainz: Kohlhammer.
Morath, M., 1978: Ethologie der Kindheit: Der menschliche Säugling. In: Stamm, R. A. & H. Zeier (Hrsg.), 1978: Lorenz und die Folgen – Die Psychologie des 20. Jahrhunderts. Bd. VI, S. 462–469. Zürich: Kindler.
Morison, R. S., 1978: The Biology of Behavior. In: Caplan, A. L. (Ed.), 1978: The Sociobiology Debate, p. 247–251. New York: Harper & Row.
Morris, D. (Ed.), 1967: Primate Ethology. Chicago: Aldine.
Morris, D., 1968a: Der malende Affe. München: dtv.
Morris, D., 1968b: Der nackte Affe. München, Zürich: Droemer Knaur.
Morris, D., 1969: Der Menschen-Zoo. München, Zürich: Droemer Knaur.
Morris, D., 1978: Der Mensch, mit dem wir leben. München, Zürich: Droemer Knaur.
Morris, D., 1981: Das Spiel. München, Zürich: Droemer Knaur.
Morris, D., 1986: Körpersignale. München: Heyne.
Mühlbauer, K. R., 1980: Sozialisation. München: Fink.
Mühlmann, W. E., 1968: Geschichte der Anthropologie. 2. Aufl. Frankfurt: Athenäum.
Mühlmann, W. E., 1969: Kulturanthropologie und Verhaltensforschung. In: Keiter, F. (Hrsg.), 1969: Verhaltensforschung im Rahmen der Wissenschaften vom Menschen, S. 166–170. Göttingen: Musterschmidt.
Mühlmann, W. E. & E. W. Müller (Hrsg.), 1966: Kulturanthropologie. Köln, Berlin: Kiepenheuer & Witsch.
Muhri, J. G., 1982: Normen von Erziehung. München: Fink.

Neidhardt, F., 1974: Strukturbedingungen und Probleme familialer Sozialisation. In: Lüschen, G. & E. Lupri (Hrsg.), 1974: Soziologie der Familie. 2. Aufl., S. 144–168. Opladen: Westdeutscher Verlag.
Neidhardt, F. (Hrsg.), 1975: Frühkindliche Sozialisation. Stuttgart: Enke.
Noack, H., 1969: Philosophische Anthropologie und Verhaltensforschung. In: Keiter, F. (Hrsg.), 1969: Verhaltensforschung im Rahmen der Wissenschaften vom Menschen, S. 202–220. Göttingen: Musterschmidt.

Oerter, R. & L. Montada, 1987: Entwicklungspsychologie. 2. Aufl. München, Weinheim: Psychologie Verlags-Union.
Oksaar, E., 1977: Spracherwerb im Vorschulalter. Stuttgart, Berlin, Köln, Mainz: Kohlhammer.
Oksaar, E., 1979: Spracherwerb und Kindersprache in evolutiver Sicht. In: Peisl, A. & A. Mohler (Hrsg.), 1979: Der Mensch und seine Sprache, S. 145–166. Frankfurt, Berlin, Wien: Propyläen.

Packard, V., 1970: Die geheimen Verführer. Frankfurt, Berlin, Wien: Ullstein.
Parzefall, J., 1978: Vererbung und Verhalten. In: Stamm, R. A. & H. Zeier (Hrsg.), 1978: Lorenz und die Folgen – Die Psychologie des 20. Jahrhunderts. Bd. VI, S. 218–230. Zürich: Kindler.
Peiper, A., 1951: Instinkt und angeborenes Schema beim Säugling. Zeitschrift für Tierpsychologie **8**, 449–456.
Peiper, A., 1953: Die Schreit- und Steigbewegungen der Neugeborenen. Archiv für Kinderheilkunde **147**, 135–141.
Peisl, A. & A. Mohler (Hrsg.), 1979: Der Mensch und seine Sprache. Frankfurt, Berlin, Wien: Propyläen.
Peisl, A. & A. Mohler (Hrsg.), 1981: Reproduktion des Menschen. Frankfurt, Berlin, Wien: Ullstein.
Perret, E., 1978: Hirndominanz und Sprache. In: Stamm, R. A. & H. Zeier (Hrsg.), 1978: Lorenz und die Folgen – Die Psychologie des 20. Jahrhunderts. Bd. VI, S. 1077–1087. Zürich: Kindler.
Peterson, S. A. & A. Somit, 1978: Sociobiology and Politics. In: Caplan, A. L. (Ed.), 1978: The Sociobiology Debate, p. 449–461. New York: Harper & Row.
Petryszak, N. G. L., 1980: Human Nature, Ideology and Social Theory. Archiv für Rechts- und Sozialphilosophie **66/1**, 1–25.
Pettinger, R., 1974: Bedingungen und Zielsetzungen des Projekts »Tagesmütter«. Zeitschrift für Pädagogik **20**, 913–927.
Phocas, A. 1986: Biologische Aspekte politischen Verhaltens. München: Tuduv.
Piaget, J., 1972: Erkenntnistheorie der Wissenschaften vom Menschen. Frankfurt, Berlin, Wien: Ullstein.
Piaget, J., 1973: Einführung in die genetische Erkenntnistheorie. Frankfurt: Suhrkamp.
Piaget, J., 1974: Biologie und Erkenntnis. Frankfurt: S. Fischer.
Piaget, J., 1975: Biologische Anpassung und Psychologie der Intelligenz. Stuttgart: Klett.
Pilz, G. & H. Moesch, 1975: Der Mensch und die Graugans. Frankfurt: Umschau.
Plessner, H., 1970: Philosophische Anthropologie. Frankfurt: S. Fischer.
Plessner, H., 1975: Die Stufen des Organischen und der Mensch. 3. Aufl. Berlin, New York: de Gruyter.
Ploog, D., 1964: Verhaltensforschung und Psychiatrie. In: Gruhle, H. W. et al., 1964: Psychiatrie der Gegenwart. Bd. I/1B, S. 291–443. Berlin, Heidelberg, New York: Springer.
Ploog, D., 1971: Neurological Aspects in Social Behavior. In: Eisenberg, J. F. & W. S. Dillon (Eds.), 1971: Man and Beast: Comparative Social Behavior, S. 93–125. Washington: Smithonian Inst. Press.
Ploog, D., 1972: Kommunikation in Affengesellschaften und deren Bedeutung für die Verständigungsweisen des Menschen. In: Gadamer, H.-G. & P. Vogler (Hrsg.), 1972–1975: Neue Anthropologie. 7 Bde. Bd. 2, S. 98–178.
Ploog, D., 1973: Primates and Human Ethology. In: Michael, R. P. & J. H. Crook (Eds.), 1973: Comparative Ecology and Behaviour of Primates, p. 583–590. London, New York: Academic Press.
Ploog, D., 1975: Biologische Grundlagen aggressiven Verhaltens. In: Kranz, H. & K. Heinrich (Hrsg.), 1975: Psychatrische und ethologische Aspekte abnormen Verhaltens, S. 49–71. Stuttgart: Thieme.
Ploog, D. & P. Gottwald, 1974: Verhaltensforschung. München, Berlin, Wien: Urban & Schwarzenberg.
Pöppel, E., 1985: Grenzen des Bewußtseins. Stuttgart: DVA.
Poirier, F. E. (Ed.), 1972: Primate Socialization. New York: Random House.
Poirier, F. E. & E. O. Smith, 1974: Socializising Functions of Primate Play. American Zoologist **14**, 275–287.
Popper, K. R. & J. C. Eccles, 1987: Das Ich und sein Gehirn. 6. Aufl. München: Piper.
Popper, K. R. & K. Lorenz, 1985: Die Zukunft ist offen. München: Piper.
Portmann, A., 1969: Biologische Fragmente zu einer Lehre vom Menschen. 3. Aufl. Basel, Stuttgart: Schwabe & Co.

Portmann, A., 1973: Biologie und Geist. Frankfurt: Suhrkamp.
Prechtl, H. F. R., 1953a: Zur Physiologie der Angeborenen Auslösenden Mechanismen. Behaviour **5**, 32–50.
Prechtl, H. F. R., 1953b: Über die Kopplung von Saugen und Greifreflex beim Säugling. Naturwissenschaften **40**, 347–348.
Prechtl, H. F. R., 1954: Die Kletterbewegung beim Säugling. Monatszeitschrift für Kinderheilkunde Bd. 101, H. **12**, 519–521.
Prechtl, H. F. R., 1956a: Neurophysiologische Mechanismen des formstarren Verhaltens. Behaviour **9**, 243–319.
Prechtl, H. F. R., 1956b: Die Entwicklung und Eigenart frühkindlicher Bewegungsweisen. Klinische Wochenschrift **34**, 281–284.
Prechtl, H. F. R., 1958: The directed head turning response and allied movements of the human baby. Behaviour **13**, 212–242.
Prechtl, H. F. R. & A. R. Knol, 1958: Der Einfluß der Beckenlage auf die Fußsohlenreflexe beim neugeborenen Kind. Archiv für Psychiatrie und Zeitschrift für die gesamte Neurologie **196**, 542–553.
Prechtl, H. F. R. & W. M. Schleidt, 1950: Auslösende und steuernde Mechanismen des Saugaktes. Teil I. Zeitschrift für vergleichende Physiologie **32**, 257–262.
Prechtl, H. F. R. & W. M. Schleidt, 1951: Auslösende und steuernde Mechanismen des Saugaktes. Teil II. Zeitschrift für vergleichende Physiologie **33**, 53–62.
Premack, A. J. & D. Premack, 1973: Sprachunterricht für einen Affen. In: Wickler, W. & U. Seibt (Hrsg.), 1973: Vergleichende Verhaltensforschung, S. 414–430. Hamburg: Hoffmann & Campe.
Premack, D., 1973: Sprache beim Schimpansen? In: Schwidetzky, I. (Hrsg.), 1973: Über die Evolution der Sprache, S. 91–131. Frankfurt: S. Fischer.
Pressel, A., 1970: Sozialisation. In: Beck, J. et al., 1970: Erziehung in der Klassengesellschaft, S. 124–148. München: List.
Pringle, J. W. S. (Ed.), 1972: Biology and the Human Sciences. Oxford: University Press.
Promp, D., 1979: Biologische und philosophische Anthropologie – Widersprüche und Gemeinsamkeiten. Neue Anthropologie **7**, 53–61.

Radnitzky, G., 1983: Die Evolution der Erkenntnisfähigkeit, des Wissens und der Institutionen. In: Riedl, R. & F. Kreuzer (Hrsg.), 1983: Evolution und Menschenbild, S. 82–120. Hamburg: Hoffmann & Campe.
Rahmann, H., 1976: Neurobiologie. Stuttgart: Ulmer.
Rappaport, R. A., 1971: The Sacred in Human Evolution. Annual Review of Ecology and Systematics **2**, 23–44.
Rattner, J., 1970: Aggression und menschliche Natur. Olten: Walter.
Rauers, F., 1934: Von altfreien Bauerngeschlechtern. Odal **3** H. 1, 46–61 und H. 2, 108–131.
Rauers, F., 1936: Hänselbuch. Essen: Essener Verlagsanstalt.
Rauers, F., 1937: Vom Hänseln, Hansen und Verhansen, auch Sippenrecht und Bauernbrauch. Odal **5**, 835–840 und 983–994.
Rauers, F., 1937/38: Vom alten Brauchtum des Hänselns. Rasse und Recht I Nr. **10/11**, 349–358.
Rauers, F., 1939: Von den kaufmännischen Hänselbräuchen, den Schiffertaufen und Schleifsitten im alten Bremen. Der Schlüssel 4 H. **5**, 212–217.
Rauers, F., 1941: Kulturgeschichte der Gaststätte. 2 Bde. Berlin: Metzner.
Reimann, H. et al., 1979: Basale Soziologie – Hauptprobleme. 2. Aufl. Opladen: Westdeutscher Verlag.
Remane, A., 1971: Sozialleben der Tiere. Stuttgart: G. Fischer.
Remane, A., 1972: Die Bedeutung der Evolutionstheorie für die allgemeine Anthropologie. In: Gadamer, H.-G. & P. Vogler (Hrsg.), 1972–1975: Neue Anthropologie. 7 Bde. Bd. 1, S. 293–325. München: dtv.
Renggli, F., 1976: Angst und Geborgenheit. Reinbek: Rowohlt.
Rensch, B., 1968: Biophilosophie. Stuttgart: G. Fischer.

Rensch, B., 1969: Ästhetische Grundprinzipien bei Mensch und Tier. In: Altner, G., 1969: Kreatur Mensch, S. 134–144. München: Moos.
Rensch, B., 1970: Homo sapiens – Vom Tier zum Halbgott. Göttingen: Vandenhoeck & Ruprecht.
Rensch, B., 1973: Gedächtnis, Begriffsbildung und Planhandlungen bei Tieren. Berlin, Hamburg: Paul Parey.
Rensch, B., 1977: Das universale Weltbild. Frankfurt: Fischer.
Restak, R. M., 1981: Geist, Gehirn und Psyche. Frankfurt: Umschau.
Reyer, H.-U., 1974: Formen, Ursachen und biologische Bedeutung innerartlicher Aggression bei Tieren. In: Immelmann, K. (Hrsg.), 1974: Verhaltensforschung (Grzimeks Tierleben), S. 354–391. München: Kindler.
Reyer, H.-U., 1975: Mutter-Kind-Beziehungen bei Primaten. In: Biermann, G. et al., 1975: Kindliche Sozialisation und Sozialentwicklung – Fortschritte der Sozialpädiatrie **2**, 15–42. München, Berlin, Wien: Urban & Schwarzenberg.
Rheingold, H. L. et al., 1976: Sharing in the Second Year of Life. Child Development **47**, 1148–1158.
Richards, M. P. M. (Ed.), 1974a: The Integration of a Child into a Social World. London: Cambridge University Press.
Richards, M. P. M., 1974b: The Development of Psychological Communication in the First Year of Life. In: Connolly, K. & J. Bruner (Eds.), 1974: The Growth of Competence, p. 119–132. London, New York: Academic Press.
Richards, M. P. M. & J. F. Bernal, 1976: An observational study of mother-infant interaction. In: Blurton Jones, N. G. (Ed.), 1976: Ethological Studies of child Behaviour, p. 175–197. Cambridge: Univ. Press.
Riedl, R., 1973: Energie, Information und Negentropie in der Biosphäre. Naturwissenschaftliche Rundschau **26**, 413–420.
Riedl, R., 1975: Die Ordnung des Lebendigen. Hamburg, Berlin: Paul Parey.
Riedl, R., 1976: Die Strategie der Genesis. München, Zürich: Piper.
Riedl, R., 1980: Biologie der Erkenntnis. Berlin, Hamburg: Paul Parey.
Riedl, R., 1981: Die biologischen Grundlagen der Vernunft. In: Peisl, A. & A. Mohler (Hrsg.), 1981: Reproduktion des Menschen, S. 7–28. Frankfurt, Berlin, Wien: Ullstein.
Riedl, R., 1983a: Evolution und evolutionäre Erkenntnis – Zur Übereinstimmung der Ordnung des Denkens und der Natur. In: Lorenz, K. & F. M. Wuketits (Hrsg.), 1983: Die Evolution des Denkens, S. 146–166. München: Piper.
Riedl, R., 1983b: Denkordnung als Abbild der Naturordnung. In: Riedl, R. & F. Kreuzer (Hrsg.), 1983: Evolution und Menschenbild, S. 40–58. Hamburg: Hoffmann & Campe.
Riedl, R., 1984: Die Mühseligkeit der menschlichen Existenz zu erleichtern. In: Kreuzer, F. (Hrsg.), 1984: Nichts ist schon dagewesen, S. 206–227. München: Piper.
Riedl, R., 1985: Die Spaltung des Weltbildes. Berlin, Hamburg: Paul Parey.
Riedl, R., 1986: Begriff und Welt. Berlin, Hamburg: Paul Parey.
Riedl, R., 1987a: Evolution und Erkenntnis. 3. Aufl. München: Piper.
Riedl, R., 1987b: Kultur – Spätzündung der Evolution? München: Piper.
Riedl, R. & F. Kreuzer (Hrsg.), 1983: Evolution und Menschenbild. Hamburg: Hoffmann & Campe.
Riesen, A. A., 1978: Ontogenese von Gehirn und Verhalten. In: Stamm, R. A. & H. Zeier (Hrsg.), 1978: Lorenz und die Folgen – Die Psychologie des 20. Jahrhunderts. Bd. VI, S. 763–782. Zürich: Kindler.
Rippe, W., 1975: Die Funktion von Rangordnungen. In: Schmölders, G. & G. Brinkmann (Hrsg.), 1975: Sozialverhalten bei Mensch und Tier, S. 223–230. Berlin: Duncker & Humblot.
Rocek, R. & O. Schatz (Hrsg.), 1974: Philosophische Anthropologie heute. 2. Aufl. München: Beck.
Roe, A. & G. G. Simpson (Hrsg.), 1969: Evolution und Verhalten. Frankfurt: Suhrkamp.
Röhrer-Ertl, O., 1980: »Pluralistische Großgruppen« und »überschaubare Kleingruppen« als Binnenstrukturelemente menschlicher Gesellschaften. Unitarische Blätter **31/2**, 40–50.
Röhrs, H. (Hrsg.), 1970: Friedenspädagogik. Frankfurt: Akademische Verlagsgesellschaft.

Röhrs, H. (Hrsg.), 1971: Der Aufgabenkreis der Pädagogischen Soziologie. Frankfurt: Akademische Verlagsgesellschaft.
Rosenberg, A., 1980: Sociobiology and the Preemtion of Social Science. Baltimore: The Johns Hopkins University Press.
Rosenmayr, L., 1976: Schwerpunkte der Jugendsoziologie. Handbuch der empirischen Sozialforschung Bd. 6. München: dtv.
Roth, G. (Hrsg.), 1974: Kritik der Verhaltensforschung. München: Beck.
Roth, H., 1971: Pädagogische Anthropologie. Bd. 1. 3. Aufl. Hannover: Schroedel.
Rowell, Th. E., 1967: Variability in the Social Organization of Primates. In: Morris, D. (Ed.), 1967: Primate Ethology, p. 219–235. Chicago: Aldine.
Rudolph, W., 1980: Geschlechterrollen im Kulturvergleich. In: Bischof, N. & H. Preuschoft (Hrsg.), 1980: Geschlechtsunterschiede – Entstehung und Entwicklung, S. 154–201. München: Beck.
Rudolph, W. & P. Tschohl, 1977: Systematische Anthropologie. München: Fink.
Ruke-Dravina, V., 1976: Gibt es Universalien in der Ammensprache? Salzburger Beiträge zur Linguistik **2**, 3–16.
Ruyle, E. E., 1973: Genetic and Cultural Pools: Some Suggestions for a Unified Theory of Biological Evolution. Human Ecology **1/3**, 201–215.
Ryan, J., 1974: Early language development: towards a communicational analysis. In: Richards, M. P. M. (Ed.), 1974a: The Integration of a Child into a Social World, p. 185–213. London: Cambridge Univ. Press.

Sade, D. S., 1975: The Evolution of Sociality. Science **190**, 261–263.
Sahlins, M., 1977: The Use and Abuse of Biology. London: Tavistock Publ.
Sanides, F., 1975: Die Evolution des Säugetiergehirns und das Bewußtsein. In: Klement, H.-W. (Hrsg.), 1975: Bewußtsein, S. 123–164. Baden-Baden: Agis.
Sarles, H., 1969: The Study of Language and Communication across Species. Current Anthropology **10**, 211–221.
Savin-Williams, R. C. & D. G. Freedman, 1977: Bio-Social Approach to Human Development. In: Chevalier-Skolnikoff, S. & F. E. Poirier (Eds.), 1977: Primate Bio-Social Development, p. 563–601. New York, London: Garland Publ.
Sbrzesny, H., 1976: Die Spiele der !Ko-Buschleute. München: Piper.
Schaefer, U. (Hrsg.), 1975: Verhandlungen der Gesellschaft für Anthropologie und Humangenetik. 13. Tagung. Stuttgart: G. Fischer.
Schäfer, W., 1976: Der kritische Raum. 2. Aufl. Frankfurt: Kramer.
Schaller, K., 1966: Studien zur systematischen Pädagogik. Heidelberg: Quelle & Meyer.
Scheflen, A. E., 1976a: Körpersprache und soziale Ordnung. Stuttgart: Klett.
Scheflen, A. E., 1976b: Human Territories. Englewood Cliffs: Prentice Hall.
Scheidt, W., 1935: Kulturbiologie und Rassenpsychologie. Archiv für Bevölkerungswissenschaft (Volkskunde) und Bevölkerungspolitik **V**, 8–20.
Scheidt, W., 1966: Der Mensch – Naturgeschichte seines Verhaltens. München, Berlin, Wien: Urban & Schwarzenberg.
Scheler, M., 1975: Die Stellung des Menschen im Kosmos. 8. Aufl. Bern, München: Francke.
Scheurmann, I., 1978: Bausteine des Verhaltens. In: Stamm, R. A. & H. Zeier (Hrsg.), 1978: Lorenz und die Folgen – Die Psychologie des 20. Jahrhunderts. Bd. VI, S. 189–201. Zürich: Kindler.
Schiffer, J., 1972: Zentrale Probleme der Jugendsoziologie. Bern, Stuttgart: Haupt.
Schilpp, P. A., (Ed.), 1974: The Philosophy of Karl Popper. 2 Bde. La Salle: Open Court.
Schlemmer, J. (Hrsg.), 1968: Was ist das – der Mensch? München: Piper.
Schlemmer, J. (Hrsg.), 1973: Anpassung als Notwendigkeit. München: Piper.
Schlottmann, U., 1968: Primäre und sekundäre Individualität. Stuttgart: Enke.
Schmalohr, E., o. J.: Frühe Mutterentbehrung bei Mensch und Tier. München: Kindler.
Schmidbauer, W., 1971: Methodenprobleme der Human-Ethologie. Studium Generale **24**, 462–494 und 516–522.
Schmidbauer, W., 1972: Die sogenannte Aggression. Hamburg: Hoffmann & Campe.

Schmidbauer, W., 1973: Biologie und Ideologie. Hamburg: Hoffmann & Campe.
Schmidbauer, W. (Hrsg.), 1974: Evolutionstheorie und Verhaltensforschung. Hamburg: Hoffmann & Campe.
Schmidt, W., 1978: Das Gemeinschaftsleben des Menschen. In: Stamm, R. A. & H. Zeier (Hrsg.), 1978: Lorenz und die Folgen – Die Psychologie des 20. Jahrhunderts. Bd. VI, S. 444–461. Zürich: Kindler.
Schmölders, G. & G. Brinkmann (Hrsg.), 1975: Sozialverhalten bei Mensch und Tier. Berlin: Duncker & Humblot.
Schofield, M., 1969: Das sexuelle Verhalten junger Leute. Reinbek: Rowohlt.
Scholich, B., 1975: Wurzeln und Besonderheiten der menschlichen Sprache. In: Kurth, G. & I. Eibl-Eibesfeld (Hrsg.), 1975: Hominisation und Verhalten, S. 262–279. Stuttgart: G. Fischer.
Schraml, W. J., 1970: Einführung in die Tiefenpsychologie für Pädagogen und Sozialpädagogen. 3. Aufl. Stuttgart: Klett.
Schroedinger, E., 1951: Was ist Leben? Berlin: Francke.
Schubert, G., 1981: The Sociobiology of Political Behavior. In: White, E. (Ed.), 1981: Sociobiology and Human Politics, p. 193–238. Lexington: Lexington Books.
Schubnell, H., 1975: Gesetzgebung und Fruchtbarkeit. Stuttgart: DVA.
Schultze-Westrum, Th., 1974: Biologie des Friedens. München: Kindler.
Schurig, W., 1983: Überlegungen zum Einfluß biosoziologischer Strukturen auf das Rechtsverhalten. Berlin: Duncker & Humblot.
Schuster, M., 1978: Ethologie und Ethnology. In: Stamm, R. A. & H. Zeier (Hrsg.), 1978: Lorenz und die Folgen – Die Psychologie des 20. Jahrhunderts. Bd. VI, S. 546–550. Zürich: Kindler.
Schutz, F., 1975: Früherfahrungsbedingte Störungen und Abweichungen vom Normalverhalten aus ethologischer Sicht. In: Kranz, H. & K. Heinrich (Hrsg.), 1975: Psychiatrische und ethologische Aspekte abnormen Verhaltens, S. 152–175. Stuttgart: Thieme.
Schwidetzky, I., 1950: Grundzüge der Völkerbiologie. Stuttgart: Enke.
Schwidetzky, I., 1954: Das Problem des Völkertodes. Stuttgart: Enke.
Schwidetzky, I., 1969: Soziale Rangordnung in tierischen und menschlichen Gesellschaften. Homo **20**, 125–129.
Schwidetzky, I., 1971: Das Menschenbild der Biologie. 2. Aufl. Stuttgart: G. Fischer.
Schwidetzky, I. (Hrsg.), 1973: Über die Evolution der Sprache. Frankfurt: S. Fischer.
Schwidetzky, I., 1975: Entwicklung und Lage der Anthropologie im Spiegel von Konversationslexika und Buchtiteln. In: Schäfer, U., 1975: Verhandlungen der Gesellschaft für Anthropologie und Humangenetik. 13. Tagung, S. 117–120. Stuttgart: G. Fischer.
Schwiedland, E., 1931: Triebanlage und Umwelt als soziale Gestalter. In: Thurnwald, R. (Hrsg.), 1931: Arbeiten zur biologischen Grundlegung der Soziologie. 1. Halbband, S. 337–377. Leipzig: Hirschfeld.
Seagrim, G. N., 1970: Origins and some Limitations of Human Intelligence. In: Man and the New Biology 1970, p. 22–34. Canberra: Australian National University Press.
Seiss, R., 1965: Beobachtungen zur Frage der Übersprungbewegungen im menschlichen Verhalten. Psychologische Beiträge **VIII**, 3–97.
Seiss, R., 1969: Verhaltensforschung und Konfliktgeschehen. München, Basel: Reinhardt.
Seitelberger, F., 1983: Neurobiologische Aspekte der Intelligenz. In: Lorenz, K. & F. M. Wuketits (Hrsg.), 1983: Die Evolution des Denkens, S. 167–196. München: Piper.
Selg, H. (Hrsg.), 1975: Zur Aggression verdammt? 5. Aufl. Stuttgart, Berlin, Köln, Mainz: Kohlhammer.
Shapiro, H. L. (Ed.), 1957: Man, Culture, and Society. New York: Oxford Univ. Press.
Simpson, G. G., 1966: The Biological Nature of Man. Science **152**, 472–478.
Simpson, G. G., 1970: On Sarle's View on Language and Communication. Current Anthropology **11/1**, 71–72.
Singh, J. A. L., 1964: Die »Wolfskinder« von Midnapore. Heidelberg: Quelle & Meyer.
Sipes, R., 1973: War, Sports and Aggression: an empirical test of two rival theories. American Anthropologist **75/1**, 64–86.
Skinner, B. F., 1972: Futurum Zwei. Reinbek: Rowohlt.

Skinner, B. F., 1973: Wissenschaft und menschliches Verhalten. München: Kindler.
Slayter, R. O., 1970: Man's Place in Nature. In: Man and the New Biology 1970, S. 1–21. Canberra: Australian National University Press.
Smith, P. B., 1976: Kleingruppen in Organisationen. Stuttgart: Klett.
Smith, P. K., 1973: Temporal Clusters and Individual Differences in the Behaviour of Preschool Children. In: Michael, R. P. & J. H. Crook (Eds.), 1973: Comparative Ecology and Behaviour of Primates, p. 751–798. London, New York: Academic Press.
Smith, P. K. & K. Connolly, 1976: Patterns of play and social interaction in pre-school children. In: Blurton Jones, N. G. (Ed.), 1976: Ethological Studies of Child Behaviour, p. 65–95. Cambridge: Univ. Press.
Smythies, J. R., 1970: Biologische Psychiatrie. Stuttgart: Thieme.
Sociobiology Study Group of Science for the People, 1976: Sociobiology – Another Biological Determinism. BioScience **26/3**, 182 und 184–186.
Somit, A., 1981: Human Nature as the Central Issue in Political Philosophy. In: White, E. (Ed.), 1981: Sociobiology and Human Politics, p. 167–180. Lexington: Lexington Books.
Sossinka, R., 1974: Hormone und Verhalten. In: Immelmann, K. (Hrsg.), 1974: Verhaltensforschung (Grzimeks Tierleben), S. 290–301. München: Kindler.
Spindler, P., 1961: Studien zur Vererbung von Verhaltensweisen: Verhalten gegenüber jungen Katzen. Anthropologischer Anzeiger **25**, 60–80.
Spitz, R. A., 1973: Die Entstehung der ersten Objektbeziehungen. 3. Aufl. Stuttgart: Klett.
Spitz, R. A., 1976: Vom Säugling zum Kleinkind. Stuttgart: Klett.
Spradlin, W. W. & P. B. Porterfield, 1979: Human Biosociology. New York, Heidelberg, Berlin: Springer.
Stamm, R. A. & H. Zeier (Hrsg.), 1978: Lorenz und die Folgen – Die Psychologie des 20. Jahrhunderts Bd. VI. Zürich: Kindler.
Stanjek, K., 1978: Das Überreichen von Gaben: Funktion und Entwicklung in den ersten Lebensjahren. Zeitschrift für Entwicklungspsychologie und Pädagogische Psychologie **X/2**, 103–113.
Steiner, G., 1962: Das Unbelehrbare im Menschen. Studium Generale **15**, 389–398.
Steiner, G., 1969: Manipulation des Menschen durch Werbung. In: Altner, G., 1969: Kreatur Mensch, S. 157–162. München: Moos.
Stieglitz, H., 1970: Soziologie und Erziehungswissenschaft. Stuttgart: Enke.
Stopa, R., 1973: Kann man eine Brücke schlagen zwischen der Kommunikation der Primaten und derjenigen der Urmenschen? In: Schwidetzky, I. (Hrsg.), 1973: Über die Evolution der Sprache, S. 151–162. Frankfurt: S. Fischer.

Thoday, J. M. & A. S. Parkes (Eds.), 1968: Genetic and Environmental Influences on Behaviour. Edinburgh: Oliver & Boyd.
Thomae, H. (Hrsg.), 1972: Entwicklungspsychologie. Handbuch der Psychologie Bd. 3. 2. Aufl. Göttingen: Hogrefe.
Thompson, W. R., 1969: Soziales Verhalten. In: Roe, A. & G. G. Simpson (Hrsg.), 1969: Evolution und Verhalten, S. 100–127. Frankfurt: Suhrkamp.
Thorpe, W. H., 1969: Der Mensch in der Evolution. München: Nymphenburger.
Thorpe, W. H., 1972: The Comparsion of Vocal Communication in Animals and Man. In: Hinde, R. A. (Ed.), 1972: Non-Verbal Communication, p. 27–42. Cambridge: Univ. Press.
Thurnwald, R. (Hrsg.), 1931: Arbeiten zur biologischen Grundlegung der Soziologie. 1. Halbband. Leipzig: Hirschfeld.
Tiger, L., 1970: Dominance in Human Societies. Annual Review of Ecology and Systematics **1**, 287–306.
Tiger, L., 1972: Warum die Männer wirklich herrschen. München: BLV.
Tiger, L., 1973: Biology, Rhetoric, Reform – The Allure of Low-Born: High Ideals. Social Science Information **12/5**, 51–60.
Tiger, L., 1975: Somatic Factors and Social Behaviour. In: Fox, R. (Ed.), 1975: Biosocial Anthropology, p. 115–132. London: Malaby.

Tiger, L., 1979: Biology, Psychology, and Incorrect Assumptions of Cultural Relativism. In: Chagnon, N. A. & W. Irons (Eds.), 1979: Evolutionary Biology and Human Social Behavior, p. 511–519. North Scituate: Duxbury Press.
Tiger, L. & R. Fox, 1966: The Zoological Perspective in Social Science. Man **1**, 75–81.
Tiger, L. & R. Fox, 1973: Das Herrentier. München, Gütersloh, Wien: Bertelsmann.
Tiger, L. & J. Shepher, 1975: Women in the Kibbutz. New York, London: Harcourt Brace Jovanovich.
Tinbergen, E. A. & N. Tinbergen, 1972: Early Childhood Autism – an Ethological Approach. Berlin, Hamburg: Paul Parey.
Tinbergen, N., 1966: Instinktlehre. 4. Aufl. Berlin, Hamburg: Paul Parey.
Tinbergen, N., 1967: Tiere untereinander. 2. Aufl. Berlin, Hamburg: Paul Parey.
Tinbergen, N., 1969: Von Krieg und Frieden bei Tier und Mensch. In: Altner, G., 1969: Kreatur Mensch, S. 163–178. München: Moos.
Tinbergen, N., 1972: Functional ethology and the human sciences. Proceedings of the Royal Society of London **182**, 385–410.
Tinbergen, N., 1974: Ethologie. In: Roth, G. (Hrsg.), 1974: Kritik der Verhaltensforschung, S. 118–155. München: Beck.
Tippelt, R., 1984: Jugendforschung in der Bundesrepublik. Opladen: Leske & Budrich.
Topitsch, E., 1966: Phylogenetische und emotionale Grundlagen menschlicher Weltauffassung. In: Mühlmann, W. E. & E. W. Müller (Hrsg.), 1966: Kulturanthropologie, S. 50–79. Köln, Berlin: Kiepenheuer & Witsch.
Tracy, R. L. et al., 1976: Infant Approach Behavior as Related to Attachment. Child Development **47**, 571–578.
Trautner, H. M., 1978: Lehrbuch der Entwicklungspsychologie. Bd. 1. Göttingen: Hogrefe.
Trivers, R. L., 1971: The Evolution of Reciprocal Altruism. Quarterly Review of Biology **46**, 35–57.
Trivers, R. L., 1972: Parental Investment and Sexual Selection. In: Campbell, B. (Ed.), 1972b: Sexual Selection and the Descent of Man 1871–1971, p. 136–179. Chicago: Aldine.
Trivers, R. L., 1974: Parent-Offspring Conflict. American Zoologist **14**, 249–264.
Trivers, R. L., 1981: Sociobiology and Politics. In: White, E. (Ed.), 1981: Sociobiology and Human Politics, p. 1–43. Lexington: Lexington Books.
Trudewind, C., 1975: Häusliche Umwelt und Motiventwicklung. Göttingen: Hogrefe.

Uexküll, J. von & G. Kriszat, 1970: Streifzüge durch die Umwelten von Tieren und Menschen. Frankfurt: S. Fischer.
Ulich, D., 1976: Zur Methodik der Sozialisationsforschung. In: Hurrelmann, K. (Hrsg.), 1976: Sozialisation und Lebenslauf, S. 53–67. Reinbek: Rowohlt.

Vanberg, V., 1978: Towards an Individualistc Theory of Collective Action. Mens en Maatschappij **53**, 259–299.
Van den Berghe, P. L., 1973: Age and Sex in Human Societies: A Biosocial Perspective. Belmont: Wadsworth.
Van den Berghe, P. L., 1978: Man in Society – A Biosocial View. 2. Ed. New York: Elsevier.
Van den Berghe, P. L., 1979: Human Family Systems – An Evolutionary View. New York: Elsevier.
Van den Berghe, P. L. & D. P. Barash, 1977: Inclusive Fitness and Human Family Structure. American Anthropologist **79**, 809–823.
Van den Berghe, P. L. & G. M. Mesher, 1980: Royal Incest and Inclusive Fitness. American Ethnologist **7/2**, 300–317.
Versluys, J., 1939: Hirngröße und hormonales Geschehen bei der Menschwerdung. Wien: W. Maudrich.
Vester, F., 1975: Denken, Lernen, Vergessen. Stuttgart: DVA.
Vester, F., 1978: Phänomen Streß. München: dtv.

Vogel, Chr., 1975: Praedispositionen bzw. Praeadaptationen der Primaten-Evolution im Hinblick auf die Hominisation. In: Kurth, G. & I. Eibl-Eibesfeldt (Hrsg.), 1975: Hominisation und Verhalten, S. 1–31. Stuttgart: G. Fischer.

Vollmer, G., 1975: Evolutionäre Erkenntnistheorie. Stuttgart: Hirzel.

Vollmer, G., 1983: Mesokosmos und objektive Erkenntnis – Über Probleme, die von der evolutionären Erkenntnistheorie gelöst werden. In: Lorenz, K. & F. M. Wuketits (Hrsg.), 1983: Die Evolution des Denkens, S. 29–91. München: Piper.

Wade, N., 1976: Troubled Birth for New Discipline. Science **191**, 1151–1155.

Wade, M. J. & F. Breden, 1980: The Evolution of Cheating and Selfish Behavior. Behavioral Ecology and Sociobiology **7**, 167–172.

Waelder, R., 1969: Die Grundlagen der Psychoanalyse. Frankfurt: Fischer.

Walter, Heinz (Hrsg.), 1973–1975: Sozialisationsforschung. 3 Bde. Stuttgart, Bad Cannstatt: Frommann-Holzboog.

Walter, Hubert, 1969: Das Anlage-Umwelt-Verhältnis beim Menschen. In: Altner, G., 1969: Kreatur Mensch, S. 86–103. München: Moos.

Walter, Hubert, 1970: Grundriß der Anthropologie. München: BLV.

Washburn, S. L. (Ed.), 1961: Social Life of Early Man. New York: Wenner Gren Foundations.

Washburn, S. L. & V. Avis, 1969: Die Evolution des menschlichen Verhaltens. In: Roe, A. & G. G. Simpson (Hrsg.), 1969: Evolution und Verhalten, S. 128–151. Frankfurt: Suhrkamp.

Waterhouse, M. J. & H. B. Waterhouse, 1973: Primate Ethology and Human Social Behaviour. In: Michael, R. P. & J. H. Crook (Eds.), 1973: Comparative Ecology and Behaviour of Primates, p. 669–688. London, New York: Academic Press.

Weinraub, M. et al., 1977: The Social Network: A Reconsideration of the Concept of Attachment. Human Development **20**, 31–47.

Weiß, C., 1965: Abriß der Pädagogischen Soziologie. Bd. I. 3. Aufl. Bad Heilbrunn: Klinkhardt.

Wellek, A., 1965: Psychologie. 2. Aufl. Bern: Francke.

West E. M. J., 1975: The Evolution of Social Behaviour by Kin Selection. The Quarterly Review of Biology **50**, 1–33.

White, E. (Ed.), 1981: Sociobiology and Human Politics. Lexington: Lexington Books.

White, L. A., 1959: The Concept of Evolution in Cultural Anthropology. In: Meggers, B. J. (Ed.), 1959: Evolution and Anthropology: A centennial Appraisal, p. 106–125. Washington: The Anthropological Society of Washington.

Wickler, W., 1967a: Vergleichende Verhaltensforschung und Phylogenetik. In: Heberer, G. (Hrsg.), 1967: Die Evolution der Organismen. Bd. I. 3. Aufl., S. 420–508. Stuttgart: G. Fischer.

Wickler, W., 1967b: Socio-sexual Signals and their Intraspecific Imitation among Primates. In: Morris, D. (Ed.), 1967: Primate Ethology, p. 69–147. Chicago: Aldine.

Wickler, W., 1969a: Sind wir Sünder? München, Zürich: Droemer Knaur.

Wickler, W., 1969b: Gruppenbildung bei Tier und Mensch. In: Altner, G., 1969: Kreatur Mensch, S. 104–118. München: Moos.

Wickler, W., 1970a: Stammesgeschichte und Ritualisierung. München: Piper.

Wickler, W., 1970b: Antworten der Verhaltensforschung. München: Kösel.

Wickler, W., 1971a: Die Biologie der Zehn Gebote. München: Piper.

Wickler, W., 1971b: Über stammes- und kulturgeschichtliche Semantisierung des männlichen Genitalpräsentierens. In: Bilz, R. & N. Petrilowitsch (Hrsg.), 1971: Beiträge zur Verhaltensforschung, S. 122–137. Basel, München: Karger.

Wickler, W., 1972: Verhalten und Umwelt. Hamburg: Hoffmann & Campe.

Wickler, W., 1974: Die Stammesgeschichte des Verhaltens. In: Immelmann, K. (Hrsg.), 1974: Verhaltensforschung (Grzimeks Tierleben), S. 571–582. München: Kindler.

Wickler, W. & U. Seibt (Hrsg.), 1973: Vergleichende Verhaltensforschung. Hamburg: Hoffmann & Campe.

Wickler, W. & U. Seibt, 1977: Das Prinzip Eigennutz. Hamburg: Hoffmann & Campe.

Wickler, W. & U. Seibt, 1983: Männlich weiblich. München: Piper.
Wiegele, Th. C. (Ed.), 1982: Biology and the Social Sciences: An Emerging Revolution. Boulder: Westview Press.
Wieser, W., 1972: Genom und Gehirn. München: dtv.
Wieser, W., 1976: Konrad Lorenz und seine Kritiker. München: Piper.
Wiese, L. von, 1933: Skizze eines Grundrisses der Biosoziologie als der Lehre von den Generationsgebilden. Kölner Vierteljahreshefte für Soziologie **XI**, 366–386.
Wiese, L. von, 1952: Soziologie und Anthropologie. Kölner Zeitschrift für Soziologie **3**, 448–458.
Wiese, L. von, 1955: System der Allgemeinen Soziologie. 3. Aufl. Berlin: de Gruyter.
Williams, G. C., 1974: Adaptation and Natural Selection. 5th Hardcover Ed. Princetown: Princetown Univ. Press.
Williams, Th. R., 1972: The Socialization Process: A Theoretical Perspective. In: Poirier, F. E. (Ed.), 1972: Primate Socialization, p. 207–260. New York: Random House.
Wilson, E. O., 1974: Wettbewerb und Aggression im Verhalten von Tier und Mensch. In: Schmidbauer, W. (Hrsg.), 1974: Evolutionstheorie und Verhaltensforschung, S. 259–294. Hamburg: Hoffmann & Campe.
Wilson, E. O., 1975: Some Central Problems of Sociobiology. Social Science Information **14/6**, 5–18.
Wilson, E. O., 1976a: Genetic Bases of Behavior – Especially of Altruism. American Psychologist **31**, 370–371.
Wilson, E. O., 1976b: Academic Vigilantism and the Political Significance of Sociobiology. BioScience **26**, 183 and 187–190.
Wilson, E. O., 1978: Sociobiology. The New Synthesis. 6. Ed. Cambridge: Belknap.
Wilson, E. O., 1979: Biology and Anthropology: A Mutual Transformation? In: Chagnon, N. A. & W. Irons (Eds.), 1979: Evolutionary Biology and Human Social Behavior, p. 519–521. North Scituate: Duxbury Press.
Wilson, E. O., 1980: Biologie als Schicksal. Frankfurt, Berlin, Wien: Ullstein.
Wilson, E. O. & W. H. Bossert, 1973: Einführung in die Populationsbiologie. Berlin, Heidelberg, New York: Springer.
Winkler, E. & J. Schweikhardt, 1982: Expedition Mensch. Wien, Heidelberg: Ueberreuter.
Winkler, W. F., 1928: National- und Sozialbiologie. Leipzig: Quelle & Meyer.
Wolf, W., 1971: Das Problem von Anlage und Umwelt – Das Wechselwirkungsmodell. In: Funk-Kolleg Erziehungswissenschaft. Bd. 3, S. 15–28. Frankfurt: Fischer.
Wuketits, F. M., 1980: Kausalitätsbegriff und Evolutionstheorie. Berlin: Duncker & Humblot.
Wuketits, F. M., 1981: Biologie und Kausalität. Berlin, Hamburg: Paul Parey.
Wuketits, F. M., 1983: Evolutionäre Erkenntnistheorie – Die neue Herausforderung. In: Lorenz, K. & F. M. Wuketits (Hrsg.), 1983: Die Evolution des Denkens, S. 11–28. München: Piper.
Wurzbacher, G., 1971: Sozialisation – Enkulturation – Personalisation. In: Röhrs, H. (Hrsg.), 1971: Der Aufgabenkreis der Pädagogischen Soziologie, S. 247–276. Frankfurt: Akademische Verlagsgesellschaft.
Wurzbacher, G. (Hrsg.), 1974: Sozialisation und Personalisation. 3. Aufl. Stuttgart: Enke.
Wurzbacher, G. (Hrsg.), 1977: Die Familie als Sozialisationsfaktor. 2. Aufl. Stuttgart: Enke.

Zajonc, R. B., 1971: Attraction, Affiliation, and Attachment. In: Eisenberg, J. F. & W. S. Dillon (Eds.), 1971: Man and Beast: Comparative Social Behavior, p. 141–179. Washington: Smithonian Inst. Press.
Zeier, H., 1978: Evolution von Gehirn, Verhalten und Gesellschaft. In: Stamm, R. A. & H. Zeier (Hrsg.), 1978: Lorenz und die Folgen – Die Psychologie des 20. Jahrhunderts. Bd. VI, S. 1088–1121. Zürich: Kindler.
Zingg, R. M., 1940: Feral Man and Extreme Cases of Isolation. The American Journal of Psychology **53**, 487–517.

Namensverzeichnis

Sachverzeichnis

Biologie und Evolution interdisziplinär

Kreationismus
Kritik des modernen Antievolutionismus
Von Dr. R. Jeßberger, Stanford/California. 1990. 192 S. mit 16 Zeichn. Geb. ca. DM 39,80

Kognitive, organische und gesellschaftliche Evolution
Gemeinsamkeiten und Unterschiede
Von Dr.-Ing. O. Diettrich, Brüssel. 1989. 216 S. mit 12 Abb. Geb. DM 38,–

Der Aufbau der Vernunft
Eine biologisch-philosophische Denkanleitung zur Mehrheitsfähigkeit der Vernunft
Von Prof. a. D. Dr. Fritz Preuß, St. Peter-Ording. 1989. 155 S. mit 2 Abb. Kart. DM 28,–

Der Aufbau des Menschlichen
Die Mitschöpfung der Lebewesen an ihrer Gestaltung. Eine biologische Evolutionstheorie des Konkreten Vitalismus
Von Prof. a. D. Dr. Fritz Preuß, St. Peter-Ording. 1988. 222 S. mit 5 Abb. Kart. DM 28,–

Der Kreis um Konrad Lorenz
Ideen, Hypothesen, Ansichten
Hrsg. von Prof. Dr. W. M. Schleidt, Wien. Mit Beitr. zahlr. Wissenschaftler. 1988. 206 S. mit 6 Abb. Geb. DM 38,–

Probleme genereller Determiniertheit allen Geschehens
Von em. Prof. Dr. B. Rensch, Münster. 1988. 121 S. mit 5 Abb. und 3 Tab. Geb. DM 34,–

Dynamismus des Lebens
Von Prof. Dr. Dr. h. c. Hans Linser, Gießen. 1988. 176 S. mit 8 Abb. Geb. DM 49,–

Das Abenteuer der kollektiven Vernunft
Evolution und Involution der Wissenschaft
Von Prof. Dr. E. Oeser, Wien. 1988. 226 S. mit 50 Abb. Geb. DM 48,–

Psychozoikum
Evolution und Mechanismus der menschlichen Erkenntnisfähigkeit
Von Prof. Dr. E. Oeser, Wien. 1987. 213 S. mit 45 Abb. Geb. DM 48,–

Die Evolutionäre Erkenntnistheorie
Bedingungen – Lösungen – Kontroversen
Hrsg. von Prof. Dr. R. Riedl und Dr. F. M. Wuketits, beide Wien. Mit Beiträgen von 27 Evolutionsforschern und Naturwissenschaftlern. 1987. 288 S. mit 6 Tab. Geb. DM 39,80

Begriff und Welt
Biologische Grundlagen des Erkennens und Begreifens
Von Prof. Dr. R. Riedl, Wien. 1987. 226 S. mit 59 Abbildungen und 2 Beilagen. Gebunden DM 39,80

Die Neutralitätstheorie der molekularen Evolution
Von Prof. Dr. M. Kimura, Mishima/Japan. Aus dem Englischen übersetzt von M. Sperlich und Prof. Dr. D. Sperlich, beide Tübingen. 1987. 303 S. mit 58 Abb. und 17 Tab. Geb. DM 49,80

Selbst-Organisation
Ordnungsprozesse in sozialen Systemen aus ganzheitlicher Sicht
Von Priv.-Doz. Dr. G. J. B. Probst, St. Gallen. 1987. 180 S. mit 6 Abb. und 10 Übers. Geb. DM 39,80